市政工程丛书
Municipal Engineering Series

U0366267

市政道路桥梁工程
质量通病防治指南

安关峰 主编

中国建筑工业出版社

图书在版编目（CIP）数据

市政道路桥梁工程质量通病防治指南 / 安关峰主编 .— 北京：
中国建筑工业出版社，2019.8
（市政工程丛书）
ISBN 978-7-112-23895-8

Ⅰ.①市… Ⅱ.①安… Ⅲ.①市政工程—道路工程—工程质量—
质量控制—指南②市政工程—桥梁工程—工程质量—质量控制—
指南 Ⅳ.① U415.12-62 ② U445.1-62

中国版本图书馆 CIP 数据核字（2019）第 129966 号

责任编辑：李玲洁　田启铭
责任校对：芦欣甜　柳　冉
书籍设计：付金红

市政工程丛书

市政道路桥梁工程质量通病防治指南

安关峰　主编
*
中国建筑工业出版社出版、发行（北京海淀三里河路 9 号）
各地新华书店、建筑书店经销
北京雅盈中佳图文设计公司制版
北京缤索印刷有限公司印刷
*
开本：787×1092 毫米　1/16　印张：20¾　字数：451 千字
2019 年 10 月第一版　2019 年 10 月第一次印刷
定价：179.00 元
ISBN 978-7-112-23895-8
　　（34217）

编委会

主　　编：安关峰

副 主 编：尹浩辉　盛　飞

编　　委：李建明　张连录　林朝庆　黄秋筠　李传辉　林敬辉　张　伟
　　　　　钟　亮　陈卫文　赖富才　李远文　吴旷怀　胡秀春　罗星燕
　　　　　刘　均　李纯刚　温博捷　温放棠　李　戈　陈晓东　黄　捷

主编单位：广州市市政工程协会
　　　　　广州市市政集团有限公司

参编单位：广州交通投资集团有限公司
　　　　　广东省基础工程集团有限公司
　　　　　广州市市政工程机械施工有限公司
　　　　　广州建筑股份有限公司
　　　　　广东省建筑机械施工有限公司
　　　　　广州市恒盛建设工程有限公司
　　　　　广州市公路工程公司
　　　　　广州市市政工程维修处
　　　　　广州城建职业学院
　　　　　广州大学

前　言

市政工程是指市政设施建设工程。在我国，市政设施是指在城市区、镇（乡）规划建设范围内设置、基于政府责任和义务为居民提供有偿或无偿公共产品和服务的各种建筑物、构筑物、设备等。城市生活配套的各种公共基础设施建设都属于市政工程范畴，比如常见的城市道路、桥梁、隧道、城市轨道交通、给水排水工程、综合管廊工程、垃圾处理处置工程等，与生活紧密相关的雨水、污水、上水、中水、电力、电信、热力、燃气等各种管线工程，还有城市广场、城市绿化、城市照明等工程。

"百年大计，质量第一"是每个市政人的职业追求，是每一个施工企业的立命之本。为贯彻党的十九大建设质量强国和弘扬"追求卓越，铸就经典"的国优精神，广州市市政工程协会与广州市市政集团有限公司会同行业内 21 家大型企业与高校，专门组成编制委员会，结合市政工程行业特点，综合了市政各专业，编制了市政工程丛书，以期推动市政工程质量上水平、出精品，为城市奉献高品质的设施。本册为《市政道路桥梁工程质量通病防治指南》（以下简称《指南》）。

《指南》按照现行设计、施工技术标准及质量验收规范要求，以市政工程为分析对象，汇集了各施工单位、监理单位及有关专家近年来治理质量通病的经验和措施；以正面典型、规范施工工艺为模板；全面列举质量通病现象，分析产生原因，介绍施工工艺要求和预防措施，以图文并茂的形式展现了质量通病治理的效果，使质量通病治理和防治更加标准化、形象化、具体化、实用化。

《指南》共分为 3 章，主要内容包括：第 1 章道路工程、第 2 章桥梁工程、第 3 章养护维修加固工程。《指南》共列举了道路工程 38 项、桥梁工程 128 项、养护维修加固工程 24 项，共计 190 项质量通病项目。全书每项质量通病都介绍了通病现象、规范标准相关规定、原因分析、预防措施，并通过参考图示、图片的形式加以说明，具有适用面广、针对性强、简明扼要、图文并茂等特点。

《指南》具有实操性、实用性、示范性，对治理、防治质量通病具很强的指导作用，对建设各方提高工程质量水平具有借鉴意义。

本书内容丰富、图文并茂，可以供从事市政工程建设、管理、监理、监督、设计、施工、维护的管理和专业技术人员的使用，同时可作为大专院校工程专业的教学科研参考书。

本《指南》在使用过程中，敬请各单位总结和积累资料，随时将发现的问题和意见寄交广州市市政工程协会，供今后修订时参考。通信地址：广州市环市东路 338 号银政大厦 8 楼，邮编：510060，E-mail：13318898238 @126.com。

编委会

2018 年 12 月

目　录

第1章 道路工程

1.1 道路路基工程

1.1.1 通病名称：路床、路基严重积水

1. 通病现象

填挖路床凹凸不平、排水不畅，积水比较严重（图1.1-1、图1.1-2）。

图1.1-1 新挖路床严重积水　　　　　　　图1.1-2 新填路基积水

2. 规范标准相关规定

（1）设计规范标准相关规定

《城市道路工程设计规范（2016年版）》CJJ 37—2012

12.2.1 道路路基应符合下列规定：

1 路基必须密实，均匀，应具有足够的强度、稳定性、抗变形能力和耐久性；并应结合当地气候、水文和地质条件，采取防护措施。

4 路基工程应包括排水系统、防排水设施和防护设施的设计。

（2）施工规范标准相关规定

《城镇道路工程施工与质量验收规范》CJJ 1—2008

6.1.2 当施工中破坏地面原有排水系统时，应采取有效处理措施。

6.2.1 施工前，应根据工程地质、水文、气象资料、施工工期和现场环境编制排水与降水方案。在施工期间排水设施应及时维修、清理，保证排水畅通。

6.2.2 施工排水与降水应保证路基土壤天然结构不受扰动，保证附近建筑物和构筑物的安全。

6.2.3 施工排水与降水设施，不得破坏原有地面排水系统，且宜与现况地面排水系统及道路工程永久排水系统相结合。

6.2.4 当采用明沟排水时，排水沟的断面及纵坡应根据地形、土质和排水量确定。当需用排水泵时，应根据施工条件、渗水量、扬程与吸程要求选择。施工排出水，应引向离路基较远的地点。

6.3.10 挖方施工应符合下列规定：

1 挖土时应自上向下分层开挖，严禁掏洞开挖。作业面中断或作业后，开挖面应做成稳定边坡。

2 机械开挖作业时，必须避开构筑物、管线，在距管道边 1m 范围内应采用人工开挖；在距直埋缆线 2m 范围内必须采用人工开挖。

6.3.12 填方施工应符合下列规定：

7 路基填筑中宜做成双向横坡，一般土质填筑横坡宜为 2% ~ 3%，透水性小的土类填筑横坡宜为 4%。

3. 原因分析

（1）设计原因

1）没有结合当地气候、水文和地质条件采取防护措施。

2）路基工程没有进行排水系统的设计，导致路基积水。

（2）施工原因

1）施工前编制施工组织设计没有了解施工期间的气象资料，按填、挖路基的不同施工状况认真考虑排水方法，制定应急预案。

2）施工前没有对周围环境，特别是现有排水系统进行深入的了解，以致路床积水时没法及时找到相应的处理措施。

3）路床、路基面平整度差，凹凸不平，在凹陷处积水。

4）施工过程中，地面原有排水系统可能已遭受破坏，施工排水考虑不周，积水无法排到边沟等排水设施。

5）土基面没有设置排水横坡或路床、路基横坡不满足排水要求。

（3）材料原因

采用透水性小的土类填筑路基时，横坡设置为 2% ~ 3%。

4. 预防措施

（1）设计措施

1）路基工程设计时应结合当地气候、水文和地质条件采取适当的防护措施。

2）路基工程设计时应进行排水系统、防排水设施的设计。

（2）施工措施

1）施工前，应根据道路沿线周围环境气象资料及现有道路排水系统等因素，编制好雨季施工方案，落实防雨措施及排水措施（如设置排水边沟或其他排水设施等）。

2）开挖时，应对原有管线做好保护工作，避免扰动或破坏现有管线，以致现有管线漏水浸泡新挖路床。

3）采用机械开挖时，应严格按相关操作规程执行。

4）雨季施工时，应根据工程特点集中安排机具和劳力，组织快速施工，分段突击，本着完成一段再开一段的原则，当日施工当日完成，做到随填随压，避免工作面全面铺开，对填土路基应按规范要求的横坡整平压实，以防积水。

（3）材料措施

1）路基填筑时，应根据不同的土质选取合适的横坡，一般土质填筑横坡宜为2%～3%，透水性小的土类填筑横坡宜为4%。

2）当路基因雨造成翻浆时，应采用换土处理。

5. 治理措施

（1）对于路基上的积水应进行清除。

（2）对于含水量过大的土，可采用翻松晾晒或均匀掺入石灰粉来降低含水量，达到最佳含水量时重新进行碾压。

6. 工程实例图片（图 1.1-3）

图 1.1-3　土基表面平整、无积水现象

1.1.2　通病名称：路基出现"弹簧土"

1. 通病现象

路基土压实时，受压处下陷，四周土上下抖动弹起（图 1.1-4）。

2. 规范标准相关规定

（1）设计规范标准相关规定

《城市道路工程设计规范（2016 年版）》CJJ 37—2012

图 1.1-4　土基表面出现"弹簧土"现象

12.2.1　道路路基应符合下列规定：

1　路基必须密实、均匀，应具有足够的强度、稳定性、抗变形能力和耐久性；并应结合当地气候、水文和地质条件，采取防护措施。

12.2.2　路基设计回弹模量和湿度状况应符合下列规定：

1　快速路和主干路路基顶面设计回弹模量值不应小于 30MPa。次干路和支路不应小于 20MPa；当不满足上述要求时，应采取措施提高回弹模量。

（2）施工规范标准相关规定

《城镇道路工程施工与质量验收规范》CJJ 1—2008

6.3.1 路基施工前，应将现状地面上的积水排除、疏干，将树根坑、井穴、坟坑等进行技术处理，并将地面整平。

6.3.2 路基范围内遇有软土地层或土质不良、边坡易被雨水冲刷的地段，当设计未做处理规定时，应按本规范第 3.0.5 条办理变更设计，并据以制定专项施工方案。

6.3.12 填方施工应符合下列规定：

1 填方前应将地面积水、积雪（冰）和冻土层、生活垃圾等清除干净。

2 填方材料的强度（CBR）值应符合设计要求，其最小强度值应符合表 6.3.12-1 规定。不应使用淤泥、沼泽土、泥炭土、冻土、有机土以及生活垃圾的土做路基填料。对液限大于 50%、塑性指数大于 26、可溶盐含量大于 5%、700℃有机质烧失量大于 8% 的土，未经技术处理不得用作路基填料。

5 不同性质的土应分类、分层填筑，不得混填，填土中大于 10cm 的土块应打碎或剔除。

6 填土应分层进行。下层填土验收合格后，方可进行上层填筑。路基填土宽度每侧应比设计规定宽 50cm。

13 压实应符合下列要求：

1）路基压实度应符合表 6.3.12-2 的规定。

6）压实应在土壤含水量接近最佳含水量时进行。其含水量偏差幅度经试验后确定。

3. 原因分析

（1）设计原因

1）路基设计时，对强度、稳定性、抗变形能力考虑不足。

2）没按规范要求设计路基的弹性模量。

（2）施工原因

1）路基施工前，没有对现场的积水、淤泥、洞穴、生活垃圾、树根等进行技术处理。

2）填土范围有含水量过大软弱土层，未做有效处理，水分又无法散发，压实时就会产生弹簧现象。

3）土基压实没有在土壤接近最佳含水量时进行。

（3）材料原因

1）回填土含水量过大。

2）路基填料力学性能达不到规范要求。

4. 预防措施

（1）设计措施

1）路基设计时，应根据道路等级、交通流量并应结合当地气候、水文和地质条件充分考虑，保证路基具有足够的强度、稳定性、抗变形能力和耐久性。

2）按规范要求设计路基的弹性模量。

（2）施工措施

1）路基施工前，应将现状地面上的积水排除、疏干。将树根、井穴、坟坑等进行技术处理，并将地面整平。

2）道路填方用土使用前应进行 CBR 强度试验。

3）如遇软弱土层时应采用有效的措施处理，严重时应进行相应的设计变更。

4）不应使用淤泥、沼泽土、泥炭土、冻土、有机土以及含生活垃圾的土做路基填料。对液限大于 50%、塑性指数大于 26、可溶盐含量大于 5%、700℃有机质烧失量大于 8% 的土，未经技术处理不得用作路基填料。

5）雨季施工时，应根据工程特点集中安排机具和劳力，组织快速施工，分段突击，本着完成一段再开一段的原则，当日施工当日完成，做到随填随压，避免工作面全面铺开，对填土路基应按 2% ~ 3% 的横坡整平压实，以防积水。

6）执行分层验收制度。

（3）材料措施

1）含水量较大的土经晾晒后方可回填。

2）采用透水性较好、力学性能较好的土回填。

5. 治理措施

（1）对于含水量过大的土，可采用翻松晾晒或均匀掺入石灰粉来降低含水量，达到最佳含水量时重新进行碾压。

（2）填料不符合要求应挖出进行换土处理。

6. 工程实例图片（图 1.1-5）

图 1.1-5　路基平整、密实

1.1.3　通病名称：路肩松散

1. 通病现象

路肩不够密实，有松散、滑坡现象（图 1.1-6）。

2. 规范标准相关规定

（1）设计规范标准相关规定

《城市道路工程设计规范（2016 年版）》CJJ 37—2012

12.2.1　道路路基应符合下列规定

1　路基必须密实，均匀，应具有足够的强度、稳定性、抗变形能力和耐久性；并

图 1.1-6　路肩松散

应结合当地气候、水文和地质条件，采取防护措施。

（2）施工规范标准相关规定

《城镇道路工程施工与质量验收规范》CJJ 1—2008

6.3.12 填方施工应符合下列规定：

6 填土应分层进行。下层填土验收合格后，方可进行上层填筑。路基填土宽度每侧应比设计规定宽 50cm。

6.5.1 路肩应与路基、基层、面层等各层同步施工。

6.5.2 路肩应平整、坚实，直线段肩线应直顺，曲线段应顺畅。

3. 原因分析

（1）设计原因

设计对路基超宽填筑和路肩横向反坡没作具体要求。

（2）施工原因

1）土路肩碾压不到位，压实度未达到设计或规范的要求。

2）路肩没有按要求修坡或路肩横向反坡。

3）路肩与路面衔接位置被车轮反复走压下沉形成沟槽。

（3）材料原因

路肩填方采用砂性土或松散粒料，易被冲刷。

4. 预防措施

（1）设计措施

设计图纸应对路基超宽填筑作具体要求，如图 1.1-7 所示。

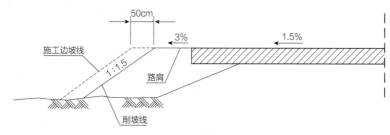

图 1.1-7 路基超宽填筑

（2）施工措施

1）填土路肩应按路基、基层、面层分步施工、加宽碾压、分层压实，达到设计要求应设置排水横坡，挖土路肩应修整排水横坡并压实。

2）路面完工后，对填补的亏土路肩，必须碾压或夯实。

（3）材料措施

路肩填方如属砂性土或松散粒料，应种草皮、灌木丛等加以保护。

5. 治理措施

（1）把路肩松散的填料清除，然后在衔接处采用开挖台阶的方式与已施工的路基连接，一般台阶底为 2% ~ 4% 向内倾斜的坡度。

（2）路基填筑严格按设计要求加宽填筑，提高路基边缘的带的压实遍数，确保边缘带碾压频率高于或不低于行车带。

6. 工程实例图片（图 1.1-8）

图 1.1-8　道路路肩严格按设计进行修坡

1.1.4　通病名称：软基处理路段工后沉降超标

1. 通病现象

经软基处理的路基发生沉降、开裂等下陷变形现象（图 1.1-9）。

2. 规范标准相关规定

（1）设计规范标准相关规定

《城市道路工程设计规范（2016 年版）》CJJ 37—2012

12.2.1　道路路基应符合下列规定：

1　路基必须密实，均匀，应具有足够的强度、稳定性、抗变形能力和耐久性；并应结合当地气候、水文和地质条件，采取防护措施。

图 1.1-9　道路路面由于路基下沉造成路面开裂

5　对特殊路基，应查明情况，分析危害，结合当地成功经验，采取相应措施，增强工程可靠性。

12.2.6　对软土、黄土、膨胀土、红黏土、盐渍土等特殊土地区的路基设计，应查明特殊土的分布范围与地层特征、特殊土的物理、力学和水理特性，以及道路沿线的水文与地质条件；进行路基变形分析和稳定性验算；应合理确定特殊地基处理处治的设计方案，满足路基变形和稳定性要求。

（2）施工规范标准相关规定

《城镇道路工程施工与质量验收规范》CJJ 1—2008

6.7.2　软土路基施工应符合下列规定：

8　采用袋装砂井排水应符合下列要求：

1）宜采用含泥量小于 3% 的粗砂或中砂做填料。砂袋的渗透系数应大于所用砂的渗透系数。

2）砂袋存放使用中不应长期暴晒。

3）砂袋安装应垂直入井，不应扭曲、缩颈、断割或磨损，砂袋在孔口外的长度应能顺直伸入砂垫层不小于30cm。

4）袋装砂井的井距、井深、井径等应符合设计要求。

9　采用塑料排水板应符合下列要求：

1）塑料排水板应具有耐腐性、柔韧性，其强度与排水性能应符合设计要求。

2）塑料排水板储存与使用中不得长期暴晒，并应采取保护滤膜措施。

3）塑料排水板敷设应直顺，深度符合设计规定，超过孔口长度应伸入砂垫层不小于50cm。

11　采用碎石桩处理软土地基应符合下列要求。

1）宜选用含泥量小于10%、粒径19～63mm的碎石或砾石作桩料。

2）应进行成桩试验，确定控制水压、电流和振冲器的振留时间等参数。

3）应分层加入碎石（砾石）料，观察振实挤密效果，防止断桩、缩颈。

4）桩距、桩长、灌石量等应符合设计规定。

12　采用粉喷桩加固土桩处理软土地基应符合下列要求：

1）石灰应采用磨细Ⅰ级钙质石灰（最大粒径小于2.36mm、氧化钙含量大于80%），宜选用SiO_2和Al_2O_3含量70%，烧失量小于10%的粉煤灰、普通或矿渣硅酸盐水泥。

2）工艺性成桩试验桩数不宜小于5根，以获取钻进速度、提升速度、搅拌、喷气压力与单位时间喷入量等参数。

3）柱距、桩长、桩径、承载力等应符合设计规定。

13　施工中，施工单位应按设计与施工方案要求记录各项控制观测数值，并与设计单位、监理单位及时沟通反馈有关工程信息以指导施工。路堤完工后，应观测沉降值与位移至符合设计规定并稳定后，方可进行后续施工。

6.7.3　湿陷性黄土路基施工应符合下列规定：

5　强夯处理路基时应符合下列要求：

1）夯实施工前，必须查明场地范围内的地下管线等构筑物的位置及标高，严禁在其上方采用强夯施工，靠近其施工必须采取保护措施。

2）施工前应按设计要求在现场选点进行试夯，通过试夯确定施工参数，如夯锤质量、落距、夯点布置、夯击次数和夯击遍数等。

3）地基处理范围不宜小于路基坡脚外3m。

4）应划定作业区，并应设专人指挥施工。

5）施工过程中，应设专人对夯击参数进行监测和记录。当参数变异时，应及时采取措施处理。

3. 原因分析

（1）设计原因

1）软土路基设计没有进行路基变形分析和稳定性验算或分析和验算不准确。

2）没有进行详勘，地质报告与现场不符，导致软基处理设计参数不合理。

3）对路基施工，没有要求进行全过程沉降动态观测及提出沉降控制标准。

（2）施工原因

1）水泥搅拌桩：

① 没按要求试桩取得相关参数进行施工控制。

② 没有按设计要求的搅拌工艺进行施工导致桩身强度和压缩模量不满足要求。

③ 桩距、实际施工桩长不符合设计要求，复合地基承载力达不到要求。

2）碎石桩：

① 没按要求试桩取得相关参数进行施工控制。

② 成桩施工参数未满足工艺要求，桩距、桩长、桩直径、密实度（标准贯入击数）不满足要求或未满足设计规范，复合地基承载力达不到要求。

③ 没有及时清除桩管带出的泥土，或孔口泥土掉入孔口内影响成桩质量。

3）堆载预压：

① 堆载量不够或堆载时间不够，工后沉降未达到要求。

② 路基预压期内沉降后没有及时补方或补方厚度不够。

③ 塑料排水板或袋装砂井堆载预压后，塑料排水板或袋装砂井的施工深度未达到设计要求，砂垫层施工不符合设计要求，边沟排水不畅等原因，或工后沉降达不到设计要求。

④ 加载过快造成土层结构破坏。

⑤ 排水垫层厚度或宽度不满足要求，集水井数量不够或抽水不及时。

⑥ 竖向排水体间距或长度不满足要求。

4）真空预压：

① 没有进行现场试验取得相关参数控制施工。

② 场地杂物太多，将真空系统的密封膜刺破，造成漏气，达不到预压效果。

③ 排水垫层厚度或宽度不满足要求，集水井数量不够或抽水不及时。

④ 竖向排水体间距或长度不满足要求。

⑤ 密封沟未进入饱和黏土层、密封膜被上下土层刺破、密封墙局部漏水等导致真空度不满足要求。

5）强夯置换：

① 达不到下沉量控制指标。

② 强夯后未整平，未经低能再夯实一遍。

③ 被机械行驶扰动。

（3）材料原因

1）水泥搅拌桩：

水泥质量差、水泥用量不足。

2）碎石桩：

碎石或砾石等桩料含泥量过大，达不到设计要求。

3）堆载预压、真空预压：

① 排水垫层渗透系数不满足要求。

② 竖向排水体渗透系数不满足要求。

4. 预防措施

（1）设计措施

1）对于软土路基设计，应查明软土的分布范围与地层特征、软土的物理、力学和水理特性，以及道路沿线的水文与地质条件；并根据以上资料进行路基变形分析和稳定性验算；从而合理确定地基处理处治的设计方案，满足路基变形和稳定性要求。

2）软土路基设计前，应对设计范围沿线进行详勘，确保地质资料的准确性，为软基路基设计提供依据。

3）在施工图设计时，对路基施工要求全过程的沉降动态观测，并提出沉降控制标准。

（2）施工措施

1）总体要求：

① 做好施工前的准备，包括施工机械、原材料的检验、施工工艺参数试验，确保施工能顺利进行。

② 严格按施工设计图施工。

2）水泥搅拌桩：

按设计或规范要求进行试桩，提供满足设计要求的各种操作参数和水泥用量，验证搅拌均匀程度及成桩直径，确定该地质条件下的施工桩长。

3）碎石桩：

① 按设计或规范要求进行试桩，提供满足设计要求的各种施工操作参数。

② 施工过程中，应及时挖除桩管带出的泥土，孔口泥土不得掉入孔口。

③ 施工中应认真记录沉桩深度、制桩时间，每次碎石灌入量，反插次数等。

④ 施工中如发现土层有较大变化，投料量或沉桩速度异常时，应立即停工，会同相关单位协商处理。

4）堆载预压：

① 对有预压要求的路段，在施工中应尽可能早地安排堆载，延长堆载时间。

② 堆载顶面要平整密实并应有横坡。

③ 沉降后应及时补方，一次补方厚度不应超过一层填筑的厚度，并适当压实。

④ 严禁在预压期不补填，而在预压后期，或在路面施工时一次补填的做法，以免引起过大的沉降。

⑤ 压载后应待孔隙水充分流散后方可继续加载，并应分级加载，不得过快、过大。

5）真空预压：

① 在试验段布置监测断面，埋设孔隙水压力仪、测斜仪、表面沉降板和真空度测定仪等仪器，用以监测软基在加固前后的应力、应变变化情况及控制填土。

② 清理场地并安设排水（气）管，砂垫层表面要清除杂物，不能有碎石、竹签等尖锐物，防止刺破表面加铺的密封膜。

6）强夯置换：

① 在饱和淤泥、淤泥质土及含水量过大的土层强夯，宜铺 0.5 ~ 2.0cm 厚的砂石才进行强夯，适当降低夯击能或采用人工降低地下水位后再强夯。

② 强夯完成后填平凹坑，用落距 6m 的低能锤满夯一遍，使夹层土密实，强夯处避免重型机械行驶扰动。

（3）材料措施

1）水泥搅拌桩：

选用符合质量要求水泥，且用量合理，符合设计要求。

2）碎石桩：

碎石或砾石等桩料含泥量应少于设计和规范的规定。

3）堆载预压、真空预压

① 选取的排水砂垫层材料渗透系数应符合设计要求。

② 选取的竖向排水体渗透系数应满足设计要求。

5. 治理措施

（1）在路面铺筑前产生的沉降超标，应查明原因，针对不同的软基处理方法进行加固处理。

（2）路面铺筑后产生的沉降超标，一般路基的整体下沉可不做处理。对于局部位置的沉降超标，可采用罩面处理。

6. 工程实例图片（图 1.1-10 ~ 图 1.1-15）

图 1.1-10 堆载预压现场

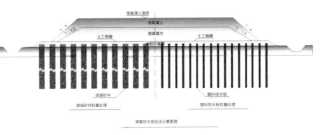

图 1.1-11 排水固结法

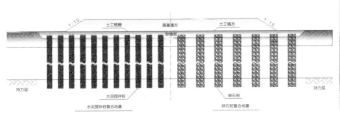

图 1.1-12 水泥搅拌桩、碎石桩复合地基加固

图 1.1-13 真空预压现场

图 1.1-14　强夯置换现场　　　　　　　　图 1.1-15　砂垫层现场

1.2　道路基层工程

1.2.1　通病名称：水泥稳定基层开裂

1. 通病现象

水泥稳定基层开裂（图 1.2-1）。

图 1.2-1　水泥稳定基层开裂

2. 规范标准相关规定

（1）设计规范标准相关规定

《城镇道路路面设计规范》CJJ 169—2012

4.3.3　半刚性基层应符合下列规定：

1　半刚性基层应具有足够的强度和稳定性，较小的温缩和干缩变形和较强的抗冲刷能力，在冰冻地区应具有一定的抗冻性。

3　用作上基层的半刚性材料宜选用骨架密实型级配，应具有一定的强度、抗疲劳开裂性能与抗冲刷能力。

4　各类半刚性材料的压实度和 7d 龄期无侧限抗压强度代表值应符合表 4.3.3 的规定。

（2）施工规范标准相关规定

《城镇道路工程施工与质量验收规范》CJJ 1—2008

7.5.1　原材料应符合下列规定：

1　水泥应符合下列规定：

1）应选用初凝时间大于 3h、终凝时间不小于 6h 的 32.5 级、42.5 级普通硅酸盐水泥、矿渣硅酸盐、火山灰硅酸盐水泥。水泥应有出厂合格证与生产日期，复验合格方可使用。

2）水泥贮存期超过 3 个月或受潮，应进行性能实验，合格后方可使用。

3　粒料应符合下列要求：

1）级配碎石、砂砾、未筛分碎石、碎石土、砾石和煤矸石、粒状矿渣等材料均可做粒料原材。

2）当作基层时，粒料最大粒径不宜超过 37.5mm。

3）当作底基层时，粒料最大粒径：对城市快速路、主干路不应超过 37.5mm；对次干路及以下道路不应超过 53mm。

4）各种粒料，应按其自然级配状况，经人工调整使其符合表 7.5.2 的规定。

5）碎石、砾石、煤矸石等的压碎值：对城市快速路、主干路基层与底基层不应大于 30%；对其他道路基层不应大于 30%，对底基层不应大于 35%。

6）集料中有机质含量不应超过 2%。

7）集料中硫酸盐含量不应超过 0.25%。

8）钢渣尚应符合本规范第 7.4.1 条的有关规定。

7.5.4　城镇道路中使用水泥稳定土类材料，宜采用搅拌厂集中拌制。

7.5.6　摊铺应符合下列规定：

1　施工前应通过试验确定压实系数。水泥土的压实系数宜为 1.53 ~ 1.58；水泥稳定砂砾的压实系数宜为 1.30 ~ 1.35。

2　宜采用专用摊铺机械摊铺。

3　水泥稳定土类材料自搅拌至摊铺完成，不应超过 3h。应按当班施工长度计算用料量。

4　分层摊铺时，应在下层养护 7d 后，方可摊铺上层材料。

7.5.7　碾压应符合下列规定：

2　宜采用 12 ~ 18t 压路机作初步稳定碾压，混合料初步稳定后用大于 18t 的压路机碾压，压至表面平整、无明显轮迹，且达到要求的压实度。

7.5.9　养护应符合下列规定：

2　养护期间应封闭交通。

3. 原因分析

（1）设计原因

设计对基层的压实度和 7d 龄期无侧限抗压强度要求偏低。

（2）施工原因

1）软基没处理好，土基不均匀沉降。

2）土基回弹模量未达到要求，压实度不够，土基出现不均匀下沉。

3）稳定基层碾压遍数不够或含水量不佳。

4）稳定层无法形成具有一定强度的、密实的板状结构。

（3）材料原因

1）稳定基层的原材料不符合要求。

2）稳定基层混合料配合比不符合要求。

4. 预防措施

（1）设计措施

进行道路基层设计时，应根据该道路的交通定位确定稳定基层的压实度和 7d 龄期无侧限抗压强度，并符合《城镇道路路面设计规范》CJJ 169—2012 的规定。

（2）施工措施

1）混合料运输时，应采取措施防止水分损失。

2）水泥稳定石屑应在搅拌站集中拌制，摊铺机摊铺，确保养生时间，控制车辆通行，特别要严禁重型车辆通行。

3）水泥稳定石屑应严格控制水泥用量，防止水泥掺量过大或过小。

4）软基处理及路基压实度等达到要求后宜用专用机械摊铺稳定基层。

5）水泥稳定基层混合料，宜在水泥初凝前碾压，并注意养护。

（3）材料措施

1）选择合格的原材料进场，不合格材料坚决退货。

2）对砂砾级配要做筛分检验，控制在规定范围。

3）对于不合格的材料，可进行人工调配至合格。

4）混合料配合比应符合要求，计量准确；含水量应符合施工要求，并搅拌均匀。

5. 治理措施

（1）水泥稳定基层在未摊铺面层出现裂缝时，可将其至少翻松 10cm 以上，然后再摊平碾压密实，严禁贴薄层。

（2）在沥青面层铺筑后出现的裂缝，可在裂缝内灌胶乳化沥青或填缝料进行修补。以减少水分的渗入，裂缝比较严重时，可将面层挖除，在将面层挖除，在面层处加铺土工布、塑料网格等隔裂材料，然后铺筑沥青面层。

6. 工程实例图片（图 1.2-2）

图 1.2-2　摊铺碾压后的水泥稳定石屑基层

1.2.2　通病名称：水泥稳定土基层松散、离析

1. 通病现象

道路基层表面松散，出现粗、细骨料集中或离析现象（图 1.2-3）。

2. 规范标准相关规定

（1）设计规范标准相关规定

《城镇道路路面设计规范》CJJ 169—2012

4.3.3　半刚性基层应符合下列规定：

3　用作上基层的半刚性材料宜选用骨架密实型级配，应具有一定的强度、抗疲劳开裂性能与抗冲刷能力。

图 1.2-3　水泥稳定土基层松散、离析

（2）施工规范标准相关规定

《城镇道路工程施工与质量验收规范》CJJ 1—2008

7.5.4　城镇道路中使用水泥稳定土材料，宜采用搅拌厂集中拌制。

7.5.5　集中搅拌水泥稳定土类材料应符合下列规定：

1　集料应过筛，级配应符合设计要求。

2　混合料配比应符合要求，计量准确；含水量应符合施工要求，并搅拌均匀。

7.6.3　摊铺应符合下列规定：

2　砂砾应摊铺均匀一致，发生粗、细料集中或离析现象时，应及时翻拌均匀。

7.6.4　碾压成活应符合下列规定：

1　碾压前应洒水，洒水量应使全部砂砾湿润，且不导致其层下翻浆。

2　碾压过程中应保持砂砾湿润。

3　碾压时应自路边向路中侧向碾压。采用 12t 以上压路机进行，初始碾速宜为 25 ~ 30m/min；砂砾初步稳定后，碾速宜控制在 30 ~ 40m/min。碾压至轮迹不应大于 5mm，砂石表面应平整、坚实，无松散和粗、细集中等现象。

3. 原因分析

（1）设计原因

设计对基层的配合比没有作出细致的要求，由施工单位随意选取粗细集料的粒径及其之间比例。

（2）施工原因

1）在装卸运输过程中离析。

2）用机械摊铺时出现粗、细料集中，未施行重新搅拌措施。

3）现场搅拌时，搅拌不均匀。

4）养护不足。

（3）材料原因

混合料配合比不符合设计要求。

4．预防措施

（1）设计措施

设计除明确基层的压实度和无侧限抗压强度外，还应明确基层不同集料的粒径及其之间比例。

（2）施工措施

1）骨料堆放要采用小料堆，避免大料堆放时大颗粒流到外侧。

2）通常干拌时间不少于10s，对于粗骨料含量大的混合料干拌时间是13～15s，混合料的湿拌时间一般在35s左右。

3）卡车装料时，应分三个不同的位置往车中装载，第一次靠近车厢的前部，第二次靠近后部车厢门，第三次在中间，可以消除装载时的离析现象。卸料时要尽量使混合料整体卸落。

4）尽可能连续摊铺混合料，调整摊铺机的速度，使摊铺机的产量和拌合机的产量相匹配。

（3）材料措施

填料的含量应严格控制，减少混合料中小于0.075mm颗粒的含量。

5．治理措施

（1）混合料由于集料级配不好或配合比控制不当而造成的离析，应通过增加细料或者粒料进行复拌，以消除离析现象。

（2）进入施工现场的混合料发现有离析现象时应在现场路床外拌匀后再摊铺，或者退料。

6．工程实例图片（图1.2-4）

图1.2-4　水泥稳定石屑基层密实，无离析现象

1.2.3　通病名称：道路基层表面纵、横坡度及平整度不符合要求

1．通病现象

道路基层表面纵、横坡度及平整度不符合要求，出现表面积水（图1.2-5）。

图 1.2-5　基层表面平整度不符合要求，出现积水

2. 规范标准相关规定

（1）设计规范标准相关规定

《城市道路工程设计规范（2016 年版）》CJJ 37—2012

12.2.1　道路路基应符合下列规定：

1　路基必须密实、均匀，应具有足够的强度、稳定性、抗变形能力和耐久性；并应结合当地气候、水文和地质条件，采取防护措施。

（2）施工规范标准相关规定

《城镇道路工程施工与质量验收规范》CJJ 1—2008

5.4.1　施工中应根据施工方案布设施工中线与高程控制桩，并根据工序要求布设测桩。

5.4.6　当工程规模较大，测量桩在施工中可能被损坏时，应设辅助平面测量基线与高程控制桩。

5.4.7　施工中应及时完成中线桩的恢复与校测。

7.1.2　高填土路基与软土路基，应在沉降值符合设计规定且沉降稳定后，方可施工道路基层。

7.1.5　基层施工中严禁用贴薄层方法整平修补表面。

7.5.7　碾压应符合下列规定：

2　宜采用 12～18t 压路机作初步稳定碾压，混合料初步稳定后用大于 18t 的压路机碾压，压至表面平整、无明显轮迹，且达到要求的压实度。

7.8.2　水泥稳定土类基层及底基层质量检验应符合下列规定：

4　表面应平整、坚实、接缝平顺，无明显粗、细骨料集中现象，无推移、裂缝、贴皮、松散、浮料。

3. 原因分析

（1）设计原因

路基设计时，对强度、稳定性、抗变形能力考虑不足。造成路基下沉而影响基层的平整度。

（2）施工原因

1）基层表面高程控制不好，在高低不平的状态下碾压。

2）分层摊铺时，不是层层平，层间高低起伏，最后采用贴薄层方法整平修补表面。

3）原土路床高低不平，基层材料虚铺厚度不一致，碾压后，无法达到高程与平整度的要求。

4）原路基不均匀沉降，造成基层的不均匀沉降，未采取有效的调平措施。

（3）材料原因

混合料原材料不符合设计要求，有较多的大颗粒骨料。

4. 预防措施

（1）设计措施

路基设计时，充分考虑路基的强度、稳定性、抗变形能力，避免路基下沉而影响基层的平整度。

（2）施工措施

1）从路基开始，严格控制道路纵横断面高程和平整度，使基层每一层混合料虚铺厚度一致，压实度自然就会达到一致。

2）采用平地机，在基层每层料初压后进行刮平，直至每层的高程和平整度达到要求为止。

3）使用摊铺机摊铺基层混合料，经试验取得机铺压实系数，对于表层的混合料的高程和平整度控制效果更好。

4）必须在路基检验合格后才能进行基层的摊铺工作。

（3）材料措施

填料的含量应严格控制，填料中最大颗粒的粒径及含量应符合规范要求。

5. 治理措施

先初压，初压后，若发现局部平整度不好或纵、横坡度达不到要求时，可将其至少翻松 10cm 以上，再重新摊平碾压密实，严禁贴薄层。

6. 工程实例图片（图 1.2-6）

图 1.2-6　摊铺碾压后的基层表面平整、无积水现象

1.3 水泥混凝土路面工程

1.3.1 通病名称：混凝土板块出现裂缝

1. 通病现象

混凝土路面表层出现发状裂纹、横向裂缝；混凝土板块角隅处出现断缝；混凝土板块出现横向、纵向或不规则的断缝（图 1.3-1）。

2. 规范标准相关规定

（1）设计规范标准相关规定

《城镇道路路面设计规范》CJJ 169—2012

12.2.1 道路路基应符合下列规定：

1 路基必须密实、均匀，应具有足够的强度、稳定性、抗变形能力和耐久性；并应结合当地气候、水文和地质条件，采取防护措施。

4.3.3 半刚性基层应符合下列规定：

1 半刚性基层应具有足够的强度和稳定性，较小的温缩和干缩变形和较强的抗冲刷能力，在冰冻地区应具有一定的抗冻性。

图 1.3-1 水泥混凝土路面出现裂缝

6.5.5 混凝土板厚度计算宜符合下列规定：

1 依据所设计的道路技术等级，确定路面结构的设计安全等级以及相应的设计基准期、目标可靠度和变异水平等级。

5 根据道路等级和交通等级，并按设计道路所在地的路基土质、温度和湿度状况、路面材料供应条件和材料性质以及当地已有路面使用经验，进行结构层组合设计，初选各结构层的材料类型和厚度。

6.7.1 纵向接缝设计应符合下列规定：

1 纵向接缝的布设应依据路面宽度和施工铺筑宽度按以下规定确定：

1）当一次铺筑宽度小于路面宽度时，应设置纵向施工缝。纵向施工缝宜采用平缝形式，上部应锯切槽口，深度宜为 30mm ~ 40mm，宽度宜为 3mm ~ 8mm，槽内应灌塞填缝料；

2）当一次铺筑宽度大于 4.5m 时，应设置纵向缩缝。纵向缩缝宜采用假缝形式，锯切的槽口深度应大于施工缝的槽口深度。当采用粒料基层时，槽口深度应为板厚的 1/3；当采用半刚性基层时，槽口深度应为板厚的 2/5。

6.7.2 横向接缝布置应符合下列规定：

1 每日施工结束或因临时原因中断施工时，必须设置横向施工缝，其位置应选在缩缝或胀缝处。设在缩缝处的施工缝，应采用传力杆的平缝形式；设在胀缝处的施工缝，其构造与胀缝相同。当有困难需设在缩缝之间，施工缝应采用设拉杆的企口缝形式。

（2）施工规范标准相关规定

《城镇道路工程施工与质量验收规范》CJJ 1—2008

6.8.1 土方路基（路床）质量检验应符合下列规定：

1 路基压实度应符合本规范表 6.3.12-2 的规定。

2 弯沉值，不应大于设计规定。

7.8.2 水泥稳定土类基层及底基层质量检验应符合下列规定：

2 基层、底基层的压实度应符合下列要求：

1）城市快速路、主干路基层大于等于 97%；底基层大于等于 95%。

2）其他等级道路大于等于 95%；底基层大于等于 93%。

3 基层、底基层 7d 的无侧限抗压强度应符合设计要求。

10.2.2 混凝土配合比设计应符合下列规定：

1 混凝土弯拉强度应符合下列规定：

1）各交通等级路面板的设计 28d 弯拉强度标准值 f_r 应符合表 10.2.2-1 的规定。

混凝土弯拉强度标准值 f_r 表10.2.2-1

交通等级	特重	重	中等	轻
弯拉强度标准值（MPa）	5.0	5.0	4.5	4.0

10.6.6 横缝施工应符合下列规定：

3 缩缝应垂直板面，宽度宜为 4mm ～ 6mm。切缝深度：设传力杆时，不应小于面层厚的 1/3，且不得小于 70mm；不设传力杆时不应小于面层厚的 1/4，且不应小于 60mm。

4 机切缝时，宜在水泥混凝土强度达到设计强度 25% ～ 30% 时进行。

10.7.1 水泥混凝土面层成活后，应及时养护。可选用保湿法和塑料薄膜覆盖等方法养护。气温较高时，养护不宜少于 14d；低温时，养护期不宜少于 21d。

10.7.2 昼夜温差大的地区，应采取保温、保湿的养护措施。

10.7.3 养护期间应封闭交通，不应堆放重物；养护终结，应及时清除面层养护材料。

10.7.4 混凝土板在达到设计强度的 40% 以后，方可允许行人通行。

3. 原因分析

（1）设计原因

1）设计在道路路基或基层设计时考虑不周，导致路基或基层强度不足下沉而造成混凝土路面开裂。

2）设计未根据道路等级和交通等级等确定路面厚度，造成路面厚度不足而出现裂缝。

3）设计未按规范要求设置纵、横接缝钢筋而出现裂缝。

（2）施工原因

1）混凝土表层出现裂缝主要是混凝土施工质量差、养护不到位，表层风干收缩所致。

2）昼夜温差大，没有采用保温、保湿的措施。

3）混凝土板块横向裂缝主要原因是缩缝切缝时间过迟，切缝间距过大或深度不够，混凝土收缩而产生横向裂缝。

4）路基或基层的压实度达不到规范或设计的要求，产生不均匀沉降，拉裂或折断混凝土板块。

5）基层沉降较大，板下脱空。

（3）材料原因

混凝土的弯拉强度达不到规范或设计要求。

4．预防措施

（1）设计措施

1）设计在道路路基或基层设计时充分考虑道路的等级和交通等级，确保路基或基层强度满足规范要求。

2）设计应根据道路等级和交通等级等确定路面厚度。

3）设计应按规范要求设置纵、横接缝钢筋。

（2）施工措施

1）水泥混凝土面层成活后，应及时采取措施养护，养护时间不宜小于 14d。

2）养护期间必须经常保持混凝土面层湿润，绝不能暴晒和风干。

3）应掌握好缩缝的切缝时间。

4）角隅处要注意对混凝土的振捣，必要时可加设钢筋。软路基地段，可作加固设计成钢筋混凝土路面板。

5）水泥混凝土路面对路基的各种沉降比较敏感，特别是不均匀的沉降，很容易使混凝土板块断裂。因此，对路基和基层的压实度、稳定性、均匀性应更加严格要求。

6）混凝土振捣时，注意靠近模板部位的振捣；防止发生过振产生混凝土分层。

（3）材料措施

做好混凝土配合比试验，确保混凝土的弯拉强度达到规范或设计要求。

5．治理措施

（1）对于轻微裂缝（<0.5mm）的非结构性损坏裂缝宜采用封缝修补的方法或灌浆法。

（2）对于裂缝比较宽，板体的刚度明显削弱的裂缝，需要进行部分厚度或全厚度修补，以恢复其整体性和承载力。

6．工程实例图片（图 1.3-2、图 1.3-3）

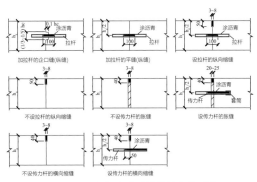

图 1.3-2　混凝土路面接缝处理的形式　　　　图 1.3-3　混凝土路面接缝良好没有出现裂缝

1.3.2　通病名称：混凝土表面拉毛或压纹不均匀

1. 通病现象

混凝土表面拉毛或压纹不均匀（图 1.3-4）。

图 1.3-4　混凝土表面拉毛或压纹不均匀

2. 规范标准相关规定

（1）设计规范标准相关规定

《城镇道路路面设计规范》CJJ 169—2012

6.3.9　路面表面构造应采用刻槽、压槽、拉槽或拉毛等方法制作。构造深度在使用初期应满足本规范表 3.2.8-2 的要求。

（2）施工规范标准相关规定

《城镇道路工程施工与质量验收规范》CJJ 1—2008

10.6.4　人工小型机具施工水泥混凝土路面层，应符合下列规定：

7　真空脱水作业应符合下列要求：

5）真空吸水作业后，应重新压实整平，并拉毛、压痕或刻痕。

8　成活应符合下列规定：

1）现场应采取防风、防晒等措施；抹面拉毛等应在跳板上进行，抹面时严禁在板面上洒水、撒水泥粉。

10.6.5　混凝土面层应拉毛、压痕或刻痕，其平均纹理深度应为 1mm ～ 2mm。

3. 原因分析

（1）设计原因

设计单位对使用初期的构造深度没作相应的要求。

（2）施工原因

1）施工操作不当。

2）拉毛、压痕或刻痕的时间太晚。

3）施工机具不正常。

4）混凝土表面不平整，混凝土路面平整度不满足规范的要求。

（3）材料原因

混凝土配合比不当，粗骨料偏多，使路面表面的砂浆厚度不能满足构造深度要求。

4. 预防措施

（1）设计措施

设计单位应在设计文件中明确使用初期的构造深度。

（2）施工措施

1）掌握好混凝土路面拉毛、压痕或刻痕的时间。一般在水泥初凝后以刻纹机施工时不粘浆又能压入一定的深度为好。

2）施工工艺应根据现场情况进行调试，并根据实际情况进行调整。

3）确保施工机具能正常使用。

4）确保混凝土表面的平整度达到规范的要求。

（3）材料措施

路面施工前做好配合比的试配工作。

5. 治理措施

混凝土表面拉毛或压纹不均匀造成摩擦系数不足的，应用表面刻槽来提高路面的摩擦系数。

图 1.3-5　混凝土路面表面压纹好

6. 工程实例图片（图 1.3-5）

1.3.3　通病名称：道路交叉口板块分块不均匀或板角开裂

1. 通病现象

道路交叉口板块分块不均匀、板角开裂（图 1.3-6）。

2. 规范标准相关规定

（1）设计规范标准相关规定

《城镇道路路面设计规范》CJJ 169—2012

6.7.3 交叉口接缝布设应符合下列规定：

1 当两条道路正交时，各条道路应保持本身纵缝的连贯。相交路段内各条道路的横缝位置应按相对道路的纵缝间距作相应变动，两条道路的纵横缝应垂直相交。当两条道路斜交时，主要道路的直道部分应保持纵缝的连贯，相交路段内的横缝位置应按次要道路的纵缝间距作

图 1.3-6 道路交叉口板块板角开裂

相应变动，保证与次要道路的纵缝相连接。相交道路弯道加宽部分的接缝布置，应不出现或少出现错缝和锐角板。当出现错缝和锐角板时，应按本规范第 6.6.1 条（2）款加设防裂钢筋或角隅钢筋。

2 混凝土板分块不宜过小，最小边长不应小于 1.5m，与主要行车方向垂直的边长不应大于 4.0m。

3 在次要道路弯道加宽段起终点断面处的横向接缝，应采用胀缝形式。膨胀量大时，应在直线段连续布置 2～3 条胀缝。

（2）施工规范标准相关规定

《城镇道路工程施工与质量验收规范》CJJ 1—2008

5.4.11 交叉路口路面高程作业测量应按设计规定的高程方格网、等分圆网等，分层测定高程。

10.3.1 施工前，应按设计规定划分混凝土板块，板块划分应从路口开始，必须避免出现锐角。曲线段分块，应使横向分块线与该点法线方向一致。直线段分块线应与面层胀、缩缝结合，分块距离宜均匀。分块线距检查井盖的边缘，宜大于 1m。

10.4.2 模板安装应符合下列规定：

1 支模前应核对路面标高、面板分块、胀缝和构造物位置。

3. 原因分析

（1）设计原因

1）设计单位没有对交叉路口的分块进行具体规定或设置不当。

2）设计单位在次要道路弯道加宽段起终点断面的横向接缝没有按胀缝进行设计。

（2）施工原因

1）没有按路口施工设计大样图进行分块。

2）现场施工较随便，随意划线分块、切缝。

3）板角出现锐角。

4）板角与基层接触面积较小，单位面积所承受的压力大，容易断裂。

（3）材料原因

路面的混凝土强度不足。

4. 预防措施

（1）设计措施

1）设计单位没有对交叉路口的分块进行具体规定或设置不当。

2）设计单位在次要道路弯道加宽段起终点断面的横向接缝没有按胀缝进行设计。

（2）施工措施

1）应按设计要求进行划线分块。

2）划线时要避免出现锐角。

3）要掌握好切缝的时间。如温差 <10℃，最长时间不得超过 24h；软切缝不宜超过 6h。

4）加强板块施工缝预埋钢筋质量控制。

5）角隅板块要加钢筋。

（3）材料措施

1）路面的混凝土强度需按设计要求进行配合比试验，合格后才能使用。

2）加强胀缝填料的质量控制。

5. 治理措施

（1）对于锐角板角出现开裂情况时，应与相邻板块同时凿除修复，以避免再次出现锐角板角。

（2）对于破损范围较大的板角开裂，应进行全深度的清凿，校正传力杆位置，重新浇筑混凝土板。

（3）对于板角位置小范围出现开裂，则根据裂缝的大小而分别采用封缝修补、灌浆、部分厚度或全厚度修补。

6. 工程实例图片（图1.3-7）

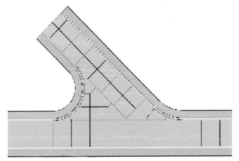

图 1.3-7　交叉口分块例图

1.3.4　通病名称：道路纵横缝不直顺

1. 通病现象

道路路面的纵横切缝不直顺（图 1.3-8）。

2. 规范标准相关规定

（1）设计规范标准相关规定

《城镇道路路面设计规范》CJJ 169—2012

6.7.1　纵向接缝设计应符合下列规定：

图 1.3-8　道路纵缝不直顺

2　纵缝应与路线中线平行。在路面等宽的路段内或路面变宽路段的等宽部分，纵缝的间距和形式应保持一致。路面变宽段的加宽部分与等宽部分之间，应以纵向施工缝隔开。加宽板在变宽段起终点处的宽度不应小于1m。

6.7.2　横向接缝布置应符合下列规定：

2　横向缩缝可等间距或变间距布置，应采用假缝形式。快速路和主干路、特重和重交通道路、收费广场以及邻近胀缝或自由端部的3条缩缝，应采用设传力杆假缝形式。其他情况可采用不设传力杆假缝形式。

（2）施工规范标准相关规定

《城镇道路工程施工与质量验收规范》CJJ 1—2008

10.4.1　模板应符合下列规定：

1　模板应与混凝土的摊铺机械相匹配。模板高度应为混凝土板设计厚度。

2　钢模板应直顺、平整，每1m设置1处支撑装置。

3　木模板直线部分板厚不宜小于5cm，每0.8m～1m设1处支撑装置；弯道部分板厚宜为1.5cm～3cm，每0.5m～0.8m设1处支撑装置，模板与混凝土接触面及模板顶面应刨光。

10.4.2　模板安装应符合下列规定：

2　模板应安装稳固、顺直、平整，无扭曲，相邻模板连接应紧密平顺，不应错位。

3　严禁在基层上挖槽嵌入模板。

10.6.6　横缝施工应符合下列规定：

4　机切缝时，宜在水泥混凝土强度达到设计强度25%～30%时进行。

3. 原因分析

（1）设计原因

设计时考虑不周，对变宽路段的路面纵缝的设置没有具体要求。

（2）施工原因

1）主要是纵缝模板安装不稳固，相邻模板连接不平顺或者出现错位。

2）模板的直顺度控制不严。

3）混凝土浇筑过程中，模板移位或变形。

4）混凝土面层成活过程中，压边修饰不好，砂浆毛刺互相搭接，影响直顺度。

5）分缝板移动、倾斜、歪倒造成不直顺。

6）切缝工作不细致，要求不严，造成弯曲。

（3）材料原因

在混凝土强度没有达到要求时进行切缝作业，造成道路路面的纵横切缝不直顺。

4. 预防措施

（1）设计措施

道路纵缝设计时，应将路面变宽段的加宽部分与等宽部分之间，以纵向施工缝隔开。

（2）施工措施

1）模板的刚度要符合要求，相邻板块之间要连接紧密，整体性好，不错位。

2）模板固定在基层上要稳固，要具有抵抗混凝土侧压力和施工干扰的足够强度和刚度。

3）应严格控制模板的直顺度。

4）混凝土浇筑时要密切监控模板的移位及变形情况。

5）在成活过程中，对板缝边缘要注意修饰和抹直、压实。

6）要保证胀缝板的正确位置，必须采取胀缝外加模板，以固定胀缝板不致移动。

7）切缝机切缝，要事先在路面上测设好直线，沿直线仔细操作，严防歪斜。

（3）材料措施

应严格控制切缝时间，机切缝时，宜在水泥混凝土强度达到设计强度 25%～30% 时进行。

5. 治理措施

对于道路路面的纵横切缝不直顺，由于其只影响路面的外观，而不影响道路使用，一般情况下不作处理。

6. 工程实例图片（图 1.3-9）

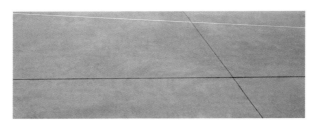

图 1.3-9　混凝土路面板块纵横缝顺直

1.3.5　通病名称：道路混凝土路面剥落

1. 通病现象

路面水泥浆脱皮、骨料外露（图 1.3-10、图 1.3-11）。

图 1.3-10　混凝土路面剥落　　　　图 1.3-11　混凝土路面剥落

2. 规范标准相关规定

（1）设计规范标准相关规定

《城镇道路路面设计规范》CJJ 169—2012

6.3.8　水泥混凝土面层的计算应力应满足本规范式 6.2.3 的要求。荷载疲劳应力应按本规范第 6.5.1 条计算，温度疲劳应力应按本规范第 6.5.2 条计算。面层设计厚度应依计算厚度按 10mm 向上取整。

（2）施工规范标准相关规定

《城镇道路工程施工与质量验收规范》CJJ 1—2008

10.2.4　混凝土配合比确定与调整应符合下列规定：

1　计算的普通混凝土、钢纤维混凝土配合比，应在实验室内经试配检验抗弯强度、坍落度、含气量等配合比设计的各项指标，并根据结果进行配合比调整。

2　实验室的基准配合比应通过搅拌机实际搅拌检验，并经试验段验证。

3　配合比调整时，水灰比不得增大，单位水泥量、钢纤维体积率不得减少。

10.6.3　采用轨道摊铺机铺筑时，最小摊铺宽度不宜小于 3.75m，应符合下列规定：

4　振实作业应符合下列要求：

1）轨道摊铺机应配备振捣器组，当面板厚度超过 150mm、坍落度小于 30mm 时，必须插入振捣。

2）轨道摊铺机应配备振动梁或振动板对混凝土表面进行振捣和修整。使用振动提浆饰面时，提浆厚度宜控制在（4±1）mm。

5　面层表面整平时，应及时清除余料，用抹平板完成表面整修。

10.6.4　人工小型机具施工水泥混凝土路面层，应符合下列规定：

8　成活应符合下列要求：

1）现场应采取防风、防晒等措施；抹面拉毛等应在跳板上进行，抹面时严禁在板面上洒水、撒水泥粉。

2）采用机械抹面时，真空吸水完成后即可进行。先用带有浮动圆盘的重型抹面机粗抹，再用带有振动圆盘的轻型抹面机或人工细抹一遍。

3）混凝土抹面不宜少于 4 次，先找平抹平，待混凝土表面无泌水时再抹面，并依据水泥品种与气温控制抹面间隔时间。

3. 原因分析

（1）设计原因

设计单位在对混凝土路面进行设计时考虑不足，设计的路面强度不足。

（2）施工原因

1）混凝土板养护洒水时间过早，水泥浆被稀释失效，析出砂粒，表面松散，开放交通后表层易磨耗，露出骨料。

2）混凝土刚成型后遇雨，还未终凝的表层被雨水冲刷，露出砂粒、骨料。

3）撒干水泥抹面。

4）振捣后混凝土板厚不够，拌砂浆找平形成一层砂浆层，表面水灰比不均匀，干缩后出现网状裂纹，在车轮的摩擦力作用下出现脱皮、骨料外露、麻面等。

5）混凝土材料中夹有木屑、纸、泥块、树叶等杂物。

（3）材料原因

混凝土的水灰比过大，板面出现严重泌水现象。

4．预防措施

（1）设计措施

设计单位在对混凝土路面进行设计时，应根据道路等级，交通流量等因素充分考虑，避免设计的路面强度不足。

（2）施工措施

1）混凝土成活时严禁洒水或撒干水泥抹面。

2）养护洒水时间，视气温而定，温度较低时，不能过早洒水，必须当混凝土终凝后再开始覆盖洒水养护。

3）雨季施工时应有防护措施，浇筑过程遇雨及时架好防雨罩棚。

4）混凝土浇筑时，防止混入木屑、碎纸和泥块等杂物。

5）混凝土应振捣密实。

（3）材料措施

严格控制混凝土的配合比。

5．治理措施

对于混凝土路面的剥落，破损严重处进行清凿并清理干净，然后采用混凝土进行修补，不严重时，可继续使用，到一定程度时再修补。

6．工程实例图片（图 1.3-12）

图 1.3-12　混凝土路面平整、密实，无剥落现象

1.3.6　通病名称：道路混凝土面板错台

1．通病现象

在纵横两侧的混凝土板面有明显的高差（图 1.3-13）。

2．规范标准相关规定

（1）设计规范标准相关规定

《城镇道路路面设计规范》CJJ 169—2012

4.1.1　路基应稳定、密实、均质，具有

图 1.3-13　混凝土板面相邻板块有明显的高差

足够的强度、稳定性、抗变形能力和耐久性。

4.1.2 路基设计应符合下列规定：

1 在不利季节，路基顶面设计回弹模量值，对快速路和主干路不应小于 30MPa；对次干路和支路不应小于 20MPa。当不能满足上述要求时，应采取措施提高路基的回弹模量。

2 路床应处于干燥或中湿状态。

4.2.1 垫层应具有一定的强度和良好的水稳定性。

4.3.3 半刚性基层应符合下列规定：

1 半刚性基层应具有足够的强度和稳定性，较小的温缩和干缩变形和较强的抗冲刷能力，在冰冻地区应具有一定的抗冻性。

3 用作上基层的半刚性材料宜选用骨架密实型级配，应具有一定的强度、抗疲劳开裂性能与抗冲刷能力。

（2）施工规范标准相关规定

《城镇道路工程施工与质量验收规范》CJJ 1—2008

6.8.1 土方路基（路床）质量检验应符合下列规定：

1 路基压实度应符合本规范表 6.3.12-2 的规定。

2 路基弯沉值，不应大于设计规定。

7.8.2 水泥稳定土类基层及底基层质量检验应符合下列规定：

2 基层、底基层的压实度应符合下列要求：

1）城市快速路、主干路基层大于等于 97%；底基层大于等于 95%。

2）其他等级道路基层大于等于 95%；底基层大于等于 93%。

3 基层、底基层 7d 的无侧限抗压强度应符合设计要求。

10.4.1 模板应符合下列规定：

1 模板应与混凝土的摊铺机械相匹配。模板高度应为混凝土板设计厚度。

2 钢模板应直顺、平整，每 1m 设置 1 处支撑装置。

3 木模板直线部分板厚不宜小于 5cm，每 0.8m ~ 1m 设 1 处支撑装置；弯道部分板厚宜为 1.5cm ~ 3cm，每 0.5m ~ 0.8m 设 1 处支撑装置，模板与混凝土接触面及模板顶面应刨光。

10.4.2 模板安装应符合下列规定：

1 支模前应核对路面标高、面板分块、胀缝和构造物位置。

2 模板应安装稳固、顺直、平整，无扭曲，相邻模板连接应紧密平顺，不应错位。

3 严禁在基层上挖槽嵌入模板。

10.6.4 人工小型机具施工水泥混凝土路面层，应符合下列规定：

1 混凝土松铺系数宜控制在 1.10 ~ 1.25。

3. 原因分析

（1）设计原因

在道路路基或基层设计时考虑不周，导致路基或基层强度不足而造成混凝土路面不均匀下沉。

（2）施工原因

1）模板安装时模板高程控制不严。

2）混凝土浇筑过程中，模板浮起或下降。

3）土基、基层的不均匀沉降引起混凝土板块之间的错台。

（3）材料原因

1）路基填料含水量过大或力学性能达不到规范要求，导致路基不均匀下沉而造成错台。

2）基层的原材料不符合要求或基层混合料配合比不符合要求，导致基层不均匀下沉而造成错台。

4. 预防措施

（1）设计措施

在道路路基或基层设计时充分考虑道路的等级和交通等级，确保路基或基层强度满足规范要求。

（2）施工措施

1）采用模板顶高程控制路面板设计高程。

2）严格控制相邻模板顶面不应有高差。

3）在浇筑混凝土的过程中，模板的标高，如有变化要及时调整。

4）在浇筑、成活过程中，应注意相邻板块之间的衔接。

5）在路基、基层检测合格后，方可进行混凝土的浇筑工作。

（3）材料措施

1）选择合格的原材料进场，不合格材料坚决退货。

2）采用透水性较好、力学性能较好的土回填。含水量较大的土经晾晒后方可回填。

3）稳定基层选用的砂砾级配要做筛分检验，控制在规定范围。混合料配合比应符合要求，计量准确；含水量应符合施工要求，并搅拌均匀。

5. 治理措施

（1）错台高差为 0.5～1cm 时，采用切削法修补，将高处凿下去与临板齐平。

（2）当错台高低落差大于 1.0cm 时，采用凿低补平罩面法修补。将低下去的一侧水泥板凿去 1～2cm，使用具有良好粘结力的混凝土材料罩平。修补长度按错台高度除以 1% 坡度计算。

（3）如错台引起碎裂，则应锯切 1m 以上宽度，同时安设传力杆或校正传力杆位置，重浇混凝土板块。

6. 工程实例图片（图 1.3-14）

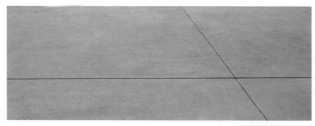

图 1.3-14　混凝土路面平整、纵横缝平顺，无高差现象

1.4　沥青混凝土路面工程

1.4.1　通病名称：块裂、网状裂缝

1. 通病现象

沥青路面出现蜘蛛网状、块状裂缝（图1.4-1）。

2. 规范标准相关规定

（1）设计规范标准相关规定

《城镇道路路面设计规范》CJJ 169—2012

图 1.4-1　沥青路面蜘蛛网状、块状裂缝

5.1.2　沥青路面在设计使用期内应具有足够的抗车辙、抗裂、抗疲劳的品质和良好的平整、抗滑、耐磨与低噪声性能等使用功能要求。

5.2.1　应根据使用要求、气候特点、交通荷载与结构层功能要求等因素，结合沥青层厚度和当地经验，合理地选择各结构层的沥青混合料类型，宜符合下列规定：

1　表面层宜选用 SMA、AC-C 和 OGFC 沥青混合料。

2　在各个沥青层中至少有一层应为密级配沥青混合料。

5.2.2　热拌沥青混合料应符合下列规定：

3　性能技术要求应符合下列规定：

1）高温稳定性应采用车辙试验的动稳定度来评价。按交通等级、结构层位和温度分区的不同，应分别符合表 5.2.2-3 的要求。对交叉口路段和长大陡纵坡路段的沥青混合料，应提高一个交通等级进行设计。

5.3.2　面层各层的混合料类型应与交通荷载等级以及使用要求相适应，并应符合下列规定：

1　表面层应选用优质混合料铺设，并根据道路交通等级选择。

1）轻交通道路，宜选用密级配 AC-F 型混合料。

2）中交通道路，宜选用密级配粗型 AC-C 型混合料。

3）重交通和特重交通道路，应选用 SMA 混合料、密级配粗型 AC-C 混合料，结合料应使用改性沥青。

4）支路可选用沥青表面处治和沥青封层。

5）交通量小的支路可选用冷拌沥青混合料。

2　中面层和下面层应采用密级配 AC 型混合料。在特重交通和重交通道路上，宜使用 SMA 混合料或改性沥青密级配 AC 型混合料。

5.3.5　应减少半刚性基层沥青路面收缩开裂和反射裂缝，可选择采取下列措施：

1　适当增加沥青层的厚度。

2　在半刚性材料层上设置沥青稳定碎石或级配碎石等柔性基层。

3　在半刚性基层上设置应力吸收层或铺设经实践证明有效的土工合成材料等。

5.3.6　沥青路面各结构层之间应保持紧密结合，并应符合下列规定：

1　各个沥青层之间应设粘层。

2　各类基层上应设透层。

3　快速路、主干路的半刚性基层上宜设下封层。

（2）施工规范标准相关规定

《城镇道路工程施工与质量验收规范》CJJ 1—2008

8.2.19　接缝应符合下列规定：

1　沥青混合料面层的施工接缝应紧密、平顺。

4　对冷接茬施作前，应在茬面涂少量沥青并预热。

8.5.1　热拌沥青混合料面层质量应符合下列要求：

3　表面应平整、坚实，接缝紧密，无枯焦；不应有明显轮迹、推挤裂缝、脱落、烂边、油斑、掉渣等现象，不得污染其他构筑物。面层与路缘石、平石及其他构筑物应接顺，不得有积水现象。

3. 原因分析

（1）设计原因

1）路面结构设计时没有考虑变速移动荷载的动效应。

2）沥青混凝土面层设计对各层沥青混合料车辙试验动稳定度和低温弯曲破坏应变没有提出相应的技术要求。

（2）施工原因

1）基层为半刚性基层的道路，使用过程中会受到环境温度变化影响，形成不规则的网状、块状裂缝。

2）路基层刚度不足，沥青混凝土面层由于温差导致沥青面层出现网裂现象。

3）沥青路面施工过程中压实度不足。

（3）材料原因

沥青材料老化、变硬、发脆以及环境温度的周期性变化导致沥青路面的整体收缩而造成网裂、块裂。

4．预防措施

（1）设计措施

1）路面结构设计时应充分考虑变速移动荷载的动效应、提高抗剪能力，延长路面使用寿命。

2）沥青材料可根据需要选用 A 级道路石油沥青或 SBS 改性沥青，石油沥青宜选用 70 号，骨料宜选用间断级配形成嵌锁结构，沥青混合料配合比设计中尽量减少细集料的用量。

3）路面应具有平整、耐久、抗压、抗推移及抗车辙等特点。

4）沥青混凝土面层设计除应符合相关规范要求外，还应针对车辙、拥包等病害情况，提出各层沥青混合料车辙试验动稳定度和低温弯曲破坏应变的技术要求。

（2）施工措施

1）沥青路面应进行试验段施工，以进行配合比验证和获取各项摊铺参数。

2）在沥青面层摊铺前，对下表层应认真检查，确保基层及时清除杂质，处理好软基层，保证稳定并喷洒透层沥青，保证与基层联结良好。在保证路基、基层和附属构筑物质量符合要求并对施工设备进行检查确保其处于良好状态的前提下进行面层施工。

3）沥青面层各层应满足最小施工厚度的要求，保证上下层的结合。

4）从设计施工养护上采取措施有效地排除结构层的积水。

5）加强现场摊铺温度的检测和控制。

6）加强碾压控制，防止漏压或过压。

7）应重点对路基的基层及底基层的承载力加强检测，前一道工序不合格，坚决不能进入下一道工序。

（3）材料措施

1）从沥青材料着手，选用稠度低、温度敏感性低的高品质改性沥青、橡胶沥青等。

2）沥青面层材料质量和混合料质量严格按现行规范的要求进行选定、拌制和施工。

5．治理措施

（1）缝宽小于 2mm 时，可不作处理。

（2）缝宽大于 2mm 时，可采用改性乳化沥青或改性沥青灌缝。灌缝前须先清除缝内垃圾，缝边碎粒料，并保持缝内干燥。灌缝后撒粗砂或 3～5mm 石屑。

6．工程实例图片（图 1.4-2、图 1.4-3）

图 1.4-2　沥青路面碾压施工

图 1.4-3　沥青路面平整、坚实、美观

1.4.2 通病名称：纵、横向裂缝

1. 通病现象

沥青路面出现垂直、平行于道路中线的裂缝（图1.4-4）。

2. 规范标准相关规定

（1）设计规范标准相关规定

《城镇道路路面设计规范》CJJ 169—2012

图1.4-4 沥青路面纵、横向裂缝

5.1.2 沥青路面在设计使用期内应具有足够的抗车辙、抗裂、抗疲劳的品质和良好的平整、抗滑、耐磨与低噪声性能等使用功能要求。

5.3.5 应减少半刚性基层沥青路面收缩开裂和反射裂缝，可选择采取下列措施：

1 适当增加沥青层的厚度。

2 在半刚性材料层上设置沥青稳定碎石或级配碎石等柔性基层。

3 在半刚性基层上设置应力吸收层或铺设经实践证明有效的土工合成材料等。

5.3.6 沥青路面各结构层之间应保持紧密结合，并应符合下列规定：

1 各个沥青层之间应设粘层。

2 各类基层上应设透层。

3 快速路、主干路的半刚性基层上宜设下封层。

（2）施工规范标准相关规定

《城镇道路工程施工与质量验收规范》CJJ 1—2008

8.2.19 接缝应符合下列规定：

1 沥青混合料面层的施工接缝应紧密、平顺。

4 对冷接茬施作前，应在茬面涂少量沥青并预热。

8.5.1 热拌沥青混合料面层质量检验应符合下列规定：

3 表面应平整、坚实，接缝紧密，无枯焦；不应有明显轮迹、推挤裂缝、脱落、烂边、油斑、掉渣等现象，不得污染其他构筑物。面层与路缘石、平石及其他构筑物应接顺，不得有积水现象。

3. 原因分析

（1）设计原因

1）设计在道路路基或基层设计时考虑不周，导致路基或基层不均匀下沉而造成沥青混凝土路面出现纵横裂缝。

2）路面结构设计时没有考虑变速移动荷载的动效应。

（2）施工原因

1）地基处理不当，造成地基不均匀沉降。

2）横向施工缝处理不好，接缝施工时接缝处未涂刷乳化沥青。

3）刚性、半刚性基层、路基纵向回填土压实不均匀，出现反射裂缝。

（3）材料原因

所选用沥青材料质量差。

4．预防措施

（1）设计措施

1）设计在道路路基或基层设计时充分考虑道路的等级和交通等级，确保路基或基层强度满足规范要求。

2）路面结构设计时应充分考虑变速移动荷载的动效应，提高抗剪能力，延长路面使用寿命。

（2）施工措施

1）合理组织施工，连续摊铺作业减少冷接缝。

2）接缝的处理，应先切割已摊铺压实的边缘、清除碎料，涂刷粘层乳化沥青，再铺筑新混合料并充分压实。

3）沥青罩面前沿刚性基层板缝铺设防裂贴，以减少或消除沥青面层的反射裂缝。

4）纵向摊铺尽量采用全路幅一次摊铺，若分幅摊铺时，前后幅应紧跟，避免前摊铺幅混合料冷却后才摊铺后半幅，确保热接缝。

5）无条件全路幅摊铺时，上、下层的施工纵缝应错开 15cm 以上，前后幅相接处为冷接缝时，应先将已施工压实完的边缘部分垂直切除一段并清除碎料，对侧壁涂刷粘层乳化沥青，再摊铺相邻路幅，摊铺时控制好松铺系数。

6）纵向沟槽回填应分层填筑、压实，压实度必须达到要求。

7）铺筑沥青面层前，老路面侧壁应涂刷粘层沥青，沥青面层应充分压实。

（3）材料措施

根据现行规范要求，按本地区气候条件和道路等级选取适合本地的沥青混合料类型。

5．治理措施

缝宽 2 ~ 5mm 时可采用改性乳化沥青灌缝。大于 5mm 时可用改性沥青灌缝。灌缝前须先清除缝内、缝边垃圾，碎粒料，并保持缝内干燥。灌缝后撒粗砂或 3 ~ 5mm 石屑。

6．工程实例图片（图 1.4-5、图 1.4-6）

图 1.4-5　沥青路面全路幅一次摊铺施工　　　图 1.4-6　沥青路面纵向接缝紧密、平顺

1.4.3 通病名称：推移裂缝

1. 通病现象

沥青路面因推移而出现脱层露底、开裂现象（图 1.4-7）。

2. 规范标准相关规定

（1）设计规范标准相关规定

《城镇道路路面设计规范》CJJ 169—2012

图 1.4-7 沥青路面推移开裂

5.3.6 沥青路面各结构层之间应保持紧密结合，并应符合下列规定：

1 各个沥青层之间应设粘层。

2 各类基层上应设透层。

3 快速路、主干路的半刚性基层上宜设下封层。

5.6.2 水泥混凝土路面加铺沥青路面应符合下列规定：

6 在旧水泥混凝土路面上加铺沥青层时宜用热沥青或改性乳化沥青、改性沥青做粘层。为防止渗水、减缓反射裂缝及加强层间结合，宜设置 10mm ~ 25mm 厚的聚合物改性沥青应力吸收层、橡胶沥青应力吸收层，或铺设长纤维无纺聚酯类土工织物等。

（2）施工规范标准相关规定

《城镇道路工程施工与质量验收规范》CJJ 1—2008

8.2.15 热拌沥青混合料应符合下列规定：

3 初压应符合下列要求：

1）初压温度应符合本规范表 8.2.5-2 的有关规定，以能稳定混合料，且不产生推移、发裂为度。

3. 原因分析

（1）设计原因

在旧水泥混凝土路面上加铺沥青层时没有考虑应力吸收层等。

（2）施工原因

1）沥青路面在下雨时施工，下表层有水。

2）层间加铺层厚度太薄。

3）汽车加减速冲击，未设置防反射裂缝层。

4）在路基施工过程中，混合料含水量较大或粒径偏细，在碾压过程中基层表面出现灰浆形成光滑的表面层，降低路面面层与基层之间的摩擦能力。

5）混凝土路面上加铺前未拉毛处理。

（3）材料原因

层间乳化沥青黏附力差。

4. 预防措施

（1）设计措施

在旧水泥混凝土路面上加铺沥青层时，宜设置聚合物改性沥青应力吸收层、橡胶沥青应力吸收层，或铺设长纤维无纺聚酯类土工织物等。

（2）施工措施

1）在多层沥青路面的层间撒布粘层乳化沥青应均匀。

2）适当提高沥青层厚度、限制行车车速以及行车载重。

3）在旧水泥混凝土路面加铺沥青路面前将旧水泥混凝土路面铣刨拉毛、加铺玻纤格栅和土工布等土工材料。

4）严禁在下雨或下表层有水时摊铺沥青。

5）控制路基混合料含水量在最佳含水量范围内。

（3）材料措施

在多层沥青路面的层间粘层乳化沥青应符合设计要求，必要时，可采用改性乳化沥青。

5. 治理措施

缝宽 2 ~ 5mm 时可采用改性乳化沥青灌缝。大于 5mm 时可用改性沥青灌缝。灌缝前须先清除缝内、缝边垃圾，碎粒料，并保持缝内干燥。灌缝后撒粗砂或 3 ~ 5mm 石屑。

6. 工程实例图片（图 1.4-8）

图 1.4-8　土工格栅施工

1.4.4　通病名称：坑槽、沉陷

1. 通病现象

沥青路面下沉、凹陷，部分路段有坑洞（图 1.4-9）。

2. 规范标准相关规定

（1）设计规范标准相关规定

《城镇道路路面设计规范》CJJ 169—2012

图 1.4-9　沥青路面下沉、凹陷，部分路段有坑洞

5.1.2　沥青路面在设计使用期内应具有足够的抗车辙、抗裂、抗疲劳的品质和良好的平整、抗滑、耐磨与低噪声性能等使用功能要求。

5.2.1　应根据使用要求、气候特点、交通荷载与结构层功能要求等因素，结合沥青层厚度和当地经验，合理地选择各结构层的沥青混合料类型，宜符合下列规定：

2　在各个沥青层中至少有一层应为密级配沥青混合料。

5.3.2　面层各层的混合料类型应与交通荷载等级以及使用要求相适应，并应符合下列规定：

2　中面层和下面层应采用密级配 AC 型混合料。在特重交通和重交通道路上，宜使用 SMA 混合料或改性沥青密级配 AC 型混合料。

5.3.6　沥青路面各结构层之间应保持紧密结合，并应符合下列规定：

1　各个沥青层之间应设粘层。

2　各类基层上应设透层。

3　快速路、主干路的半刚性基层上宜设下封层。

（2）施工规范标准相关规定

《城镇道路工程施工与质量验收规范》CJJ 1—2008

8.5.1　热拌沥青混合料面层质量检验应符合下列规定：

3　表面应平整、坚实，接缝紧密，无枯焦；不应有明显轮迹、推挤裂缝、脱落、烂边、油斑、掉渣等现象，不得污染其他构筑物。面层与路缘石、平石及其他构筑物应接顺，不得有积水现象。

3. 原因分析

（1）设计原因

1）设计的沥青面层厚度不足。

2）设计的中面层和下面层没有采用密级配混合料。

（2）施工原因

1）下表层含有泥、灰等杂质，施工厚度偏薄、碎石表面沥青膜剥落。

2）沥青路面空隙率大、压实度不足、存在碾压不均匀位置，水进入并滞留在面层中，在大量行车的快速作用下，反复的孔隙水压力将沥青从碎石表面剥离，甚至将沥青和碎石一起甩出。

3）路基不均匀沉降或路基有墓穴、枯井、树坑、沟槽，以及路基、路面不密实，碾压不均匀，经水浸蚀、车碾压作用引起路面不均匀以及局部沉陷、坑槽。

4）施工机械漏油，施工间隙机械堆放位置有油斑。

（3）材料原因

沥青用量不足。

4. 预防措施

（1）设计措施

1）沥青面层应具有足够的设计厚度，特别是上面层，保证在行车荷载作用下有足够的抗力。

2）沥青中、下层设计宜选用具有较高粘结力的较密实的级配。若采用空隙率较大的抗滑面层或使用酸性石料时，宜采用改性沥青或在沥青中掺加一定量的抗剥落剂以改善沥青和石料的黏附功能。

3）加强沥青路面防水设计，确保路面不积水。

（2）施工措施

1）在铺筑抗滑层前，由专人对下表层表面彻底清扫垃圾、铲除泥土，并喷洒粘层沥青。

2）避免柴油、机油滴漏到路面上。

3）抗滑层压实厚度要足够，必须大于混合料集料最大粒径的 2.5 倍以上。

4）在施工中重视渗水系数的大小控制，配备路面排水设施。

5）填方路基层填筑，满足上一层压实要求后，再填压下一层，压实前必须对含水量进行测定，含水量符合要求后再碾压；挖方路基预留 30cm 人工开挖，以免原土路基受到机械扰动；保证基层和底基层具有足够的强度和刚度、有足够的水稳定性、有足够的抗冲刷能力、收缩性小、有足够的平整度、各层间结合良好。

（3）材料措施

在沥青拌合时，确保沥青的用量符合设计配合比的量。

5．治理措施

（1）如路基完好，坑槽、沉陷深度仅涉及下面层的维修：

1）确定所需修补的坑槽、沉陷范围，一般可根据路面的情况略大于坑槽、沉陷的面积，修补范围应方正，并与行车方向平行或垂直。

2）若小面积的坑槽较多或较密时，应将多个小坑槽合并确定修补范围。

3）采用人工或机械的方法将修补范围内的面层削去，槽壁与槽底应垂直。槽底面应坚实无松动现象，并使周围好的路面不受影响或松动损坏。

4）将槽壁槽底部的松动部分、损坏的碎块及杂物清扫干净，然后在槽壁和槽底表面均匀涂刷一层粘层沥青，用量为 0.3 ~ 0.6kg/m^2。

5）将与原面层材料级配基本相同的沥青混合料填入槽内，摊铺平整，并按槽深 1.2 倍掌握好松铺系数。摊铺是要特别注意将槽壁四周的原青面层边缘压实铺平。

6）用压实机具在摊铺好的沥青混合料上反复来回碾压至与原路面平齐。入坑槽较深或面积较小，无法用压实机具一次成型时，应分层铺筑，下层可采用人工夯实，上层则应采用机械压实。

（2）如基层已损坏，须先将基层补强或重新铺筑。基层应坚实平整，没有松散和软弱现象。

6．工程实例图片（图 1.4-10、图 1.4-11）

图 1.4-10　沥青路面平整、无坑槽、沉陷　　图 1.4-11　沥青路面平整、无坑槽、沉陷

1.4.5　通病名称：松散

1. 通病现象

路面松散、脱皮等（图 1.4-12）。

2. 规范标准相关规定

（1）设计规范标准相关规定

《城镇道路路面设计规范》CJJ 169—2012

5.1.2　沥青路面在设计使用期内应具有足够的抗车辙、抗裂、抗疲劳的品质和良好的平整、抗滑、耐磨与低噪声性能等使用功能要求。

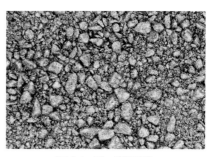

图 1.4-12　路面松散

5.2.1　应根据使用要求、气候特点、交通荷载与结构层功能要求等因素，结合沥青层厚度和当地经验，合理地选择各结构层的沥青混合料类型，宜符合下列规定：

1　表面层宜选用 SMA、AC-C 和 OGFC 沥青混合料。

2　在各个沥青层中至少有一层应为密级配沥青混合料。

5.3.2　面层各层的混合料类型应与交通荷载等级以及使用要求相适应，并应符合下列规定：

2　中面层和下面层应采用密级配 AC 型混合料。在特重交通和重交通道路上，宜使用 SMA 混合料或改性沥青密级配 AC 型混合料。

5.3.4　特重交通道路应适当加厚面层或采取措施提高沥青混合料的抗剪强度。

5.3.6　沥青路面各结构层之间应保持紧密结合，并应符合下列规定：

1　各个沥青层之间应设粘层。

2　各类基层上应设透层。

3　快速路、主干路的半刚性基层上宜设下封层。

（2）施工规范标准相关规定

《城镇道路工程施工与质量验收规范》CJJ 1—2008

8.5.1　热拌沥青混合料面层质量检验应符合下列规定：

3　表面应平整、坚实，接缝紧密，无枯焦；不应有明显轮迹、推挤裂缝、脱落、烂边、油斑、掉渣等现象，不得污染其他构筑物。面层与路缘石、平石及其他构筑物应接顺，不得有积水现象。

3. 原因分析

（1）设计原因

1）设计时，对沥青混凝土中的沥青针入度没有作具体的要求，导致沥青的粘结性能不良。

2）设计时，对沥青混凝土中的沥青用量没有作具体要求，导致施工时沥青用量偏低。

（2）施工原因

1）沥青混合料加热温度过高，造成沥青老化严重。

2）沥青路面空隙率偏大，水浸入沥青混凝土面层的空隙中，在重荷载、高低温反复作用下，破坏了沥青的粘结力。

3）施工过程中发生局部粗骨料偏多、路面压实度不足，导致沥青路面抗剪强度偏低。

4）嵌缝料散失，在低温、雨季施工时，受到酸雨、水侵蚀而损坏严重。

5）基层或下面层未洒透层油、粘层油，或透层油、粘层油质量差，层间受到污染，在雨天或低温天气施工，施工后上面层透水。

（3）材料原因

1）集料吸水率偏高、含泥量过多，集料与沥青的黏附性等级低、沥青含量不足。

2）沥青稠度偏低、用量偏少、沥青加热时温度过高而老化；沥青与矿料黏附力等级低。

4. 预防措施

（1）设计措施

1）设计时，对沥青混凝土中的沥青针入度应作具体的要求，选用针入度偏大的沥青。

2）设计时，对沥青混凝土中的沥青用量作具体要求，保证沥青混合料有足够的黏性。

（2）施工措施

1）控制沥青混合料拌合温度在规范规定的范围内。

2）料场加遮盖、增加场地排水系统、控制集料含水量，延长集料在拌合楼中的加热烘干时间。

3）层间洒布粘层油，保证摊铺碾压温度及时摊铺碾压，路面出现轻微松散、麻面、脱皮病害时及时修补以免病害扩大。

4）避免沥青路面在下雨或下层潮湿的情况下施工。

5）铺设沥青面层前，应彻底清除下层表面的泥土、杂物、浮尘等，并保持表面干燥。

6）喷洒粘层沥青并待乳化沥青破乳后，立即摊铺沥青混合料，使上下层粘结良好，确保加铺层厚度并充分压实。

（3）材料措施

1）合理控制沥青用量、增加沥青膜厚度、添加抗剥落剂。

2）控制集料加热温度不要过高以免加速沥青老化，适当提高混合料的沥青与石灰石矿粉含量，在沥青混合料中掺入抗剥落剂或水泥。

5. 治理措施

将松散的面层清除，重铺沥青混凝土面层。如涉及基层，则应先对基层进行处理。

6. 工程实例图片（图 1.4-13）

图 1.4-13　密实平整、无松散、脱皮现象沥青路面

1.4.6 通病名称：啃边

1. 通病现象

路面边缘材料破损或形成坑洞（图1.4-14）。

图 1.4-14 路面边缘材料破损

2. 规范标准相关规定

（1）设计规范标准相关规定

《城镇道路路面设计规范》CJJ 169—2012

9.1.1 路面排水应接入城镇排水系统。在城镇排水系统未建立时，应按临时排水设计。

9.2.1 路面排水设计应符合下列规定：

2 路面应设置双向或单向横坡，坡度宜为 1.0% ～ 2.0%。

9.2.4 雨水口的设置应符合下列规定：

1 道路汇水点、人行横道上游、沿街单位出入口上游、街坊或庭院的出入口等处均应设置雨水口。道路低洼和易积水地段应根据需要适当增加雨水口。人行道与车行道之间设有连续绿化带时，人行道内侧宜增设雨水口。

3 平箅式雨水口的箅面应低于附近路面 10mm ～ 20mm；立箅式雨水口进水孔底面应低于附近路面 10mm。

4 雨水口的间距宜为 25m ～ 50m。

5 雨水口的泄水能力应经计算确定。

（2）施工规范标准相关规定

《城镇道路工程施工与质量验收规范》CJJ 1—2008

8.5.1 热拌沥青混合料面层质量检验应符合下列规定：

3 表面应平整、坚实，接缝紧密，无枯焦；不应有明显轮迹、推挤裂缝、脱落、烂边、油斑、掉渣等现象，不得污染其他构筑物。面层与路缘石、平石及其他构筑物应接顺，不得有积水现象。

3. 原因分析

（1）设计原因

设计路面排水系统不合理，造成路面排水不畅。

（2）施工原因

1）面层和基层宽度不足，路肩不密实，排水状况不良，碾压不到边、不密实。

2）路面两边未设置路缘石，车辆会车或超车时碾压边缘，积水、路缘湿软。

（3）材料原因

沥青混合料的拌合、碾压温度控制不足。拌合时温度过高导致沥青丧失粘结力或碾压温度过低导致碾压不密实。

4．预防措施

（1）设计措施

合理设计路面排水系统，确保路面排水畅通。

（2）施工措施

1）加宽路面或路面基层（基层宽度超出沥青层20～30cm）并设置路缘石。

2）经常清除雨水口进水孔垃圾，使路面排水畅通。

3）路面边缘应充分碾压、压实后的沥青层应与缘石齐平。

4）摊铺时要正确掌握上面层的松铺系数。

5）用小型专用机械修边、压实。

（3）材料措施

严格控制沥青混合料的拌合、碾压温度。

5．治理措施

在啃边路段修补范围内，离沥青面层损坏边缘5～10cm处画出标线，选择合适的机具沿标线将面层材料挖除，经清扫后，在底面、侧面涂刷粘层沥青，然后按原路面的结构和材料进行修复，接缝处以热烙铁烫边，使接缝紧密。

图 1.4-15　小型压路机压边、修边施工图

6．工程实例图片（图 1.4-15）

1.4.7　通病名称：车辙

1．通病现象

车辆在路面上行驶后留下的永久车轮压痕（图 1.4-16）。

2．规范标准相关规定

（1）设计规范标准相关规定

《城镇道路路面设计规范》CJJ 169—2012

图 1.4-16　沥青路面车辙

5.1.1　沥青路面设计应包括交通量预测与分析，材料选择，混合料配合比设计，设计参数的测试和确定，路面结构组合设计与厚度计算，路面排水系统设计。

5.1.2　沥青路面在设计使用期内应具有足够的抗车辙、抗裂、抗疲劳的品质和良好的平整、抗滑、耐磨与低噪声性能等使用功能要求。

5.2.1　应根据使用要求、气候特点、交通荷载与结构层功能要求等因素，结合沥青层厚度和当地经验，合理地选择各结构层的沥青混合料类型，宜符合下列规定：

1　表面层宜选用 SMA、AC-C 和 OGFC 沥青混合料。

2 在各个沥青层中至少有一层应为密级配沥青混合料。

5.2.2 热拌沥青混合料应符合下列规定：

3 性能技术要求应符合下列规定：

1）高温稳定性应采用车辙试验的动稳定度来评价。按交通等级、结构层位和温度分区的不同，应分别符合表5.2.2-3的要求。对交叉口路段和长大陡纵坡路段的沥青混合料，应提高一个交通等级进行设计。

5.3.6 沥青路面各结构层之间应保持紧密结合，并应符合下列规定：

1 各个沥青层之间应设粘层。

2 各类基层上应设透层。

3 快速路、主干路的半刚性基层上宜设下封层。

（2）施工规范标准相关规定

《城镇道路工程施工与质量验收规范》CJJ 1—2008

8.5.1 热拌沥青混合料面层质量检验应符合下列规定：

3 表面应平整、坚实，接缝紧密，无枯焦；不应有明显轮迹、推挤裂缝、脱落、烂边、油斑、掉渣等现象，不得污染其他构筑物。面层与路缘石、平石及其他构筑物应接顺，不得有积水现象。

3. 原因分析

（1）设计原因

1）沥青路面设计时没有对交通量进行预测与分析，材料选择、混合料配合比设计失误。

2）道路结构组合设计时沥青面层每层的厚度过厚或层数过多。

（2）施工原因

1）早期重型车的通行使结构层的拉应力远远大于沥青面层的抗拉强度。

2）基层强度不足、水稳性不良。

3）压实度不足。

（3）材料原因

1）沥青软化点低、沥青用量偏高。

2）沥青配合比设计为密级配、粗细集料集中。

4. 预防措施

（1）设计措施

1）沥青混凝土面层设计除应符合相关规范要求外，还应针对上述防治范围内易产生车辙、拥包等病害情况，根据《城镇道路工程施工与质量验收规范》CJJ 1—2008提出各层沥青混合料车辙试验动稳定度和低温弯曲破坏应变的技术要求。

2）道路结构组合设计时沥青面层每层的厚度不宜过厚、层数不易过多，优化施工配合比，中下面层尽量采用骨架密实结构且优先选用改性沥青。

3）路面结构设计应做好交通量调查和预测工作，使路面结构组合与总体强度满足设计使用期限内交通荷载要求。

（2）施工措施

1）施工时，按照有关规范要求进行碾压，沥青混合料面层的压实度应达到97%以上。

2）沥青混合料生产过程中添加抗车辙剂，提高抗车辙能力。

（3）材料措施

1）选用粗集料应粗糙且有较多的破碎面，最好选用反击破石料。密级配沥青混凝土中的粗集料应形成良好的骨架作用，细集料充分填充空隙，形成良好的骨架密实结构。

2）根据气候条件按《沥青路面施工及验收规范》GB 50092—96选用合适标号的沥青，针入度不宜过大，中下面层一般选用70号重交通道路石油沥青，上面层选用SBS改性沥青。

3）对于通行重车比例较大的道路，或启动、制动频繁、陡坡的路段，可以选用橡胶沥青、环氧沥青等特种沥青材料。

5. 治理措施

（1）如仅在轮迹处出现下陷，而轮迹两侧未出现隆起时，则可先确定修补范围，一般可目测或直接将直尺架在凹陷上，与长直尺底面相接的路面处可确定为修补范围的轮廓线，沿轮廓线将5～10cm宽的面层完全凿去或用机器铣削，槽壁与槽底垂直。并将凹陷内的原面层凿毛，清扫干净后，涂刷0.3～0.6kg/m^{2}粘层沥青，用与原面层结构相同的材料修补，并充分压实，与路面接平。

（2）如在轮迹的两侧同时出现条状隆起，应先将隆起部位凿去或铣削，直至其深度大于原面层材料最大粒径的2倍，槽壁与槽底垂直，将波谷处的原面层凿毛，清扫干净后，涂刷0.3～0.6kg/m^{2}粘层沥青，再铺筑与面层相同级配的沥青混合料，并充分压实与路面接平。

（3）若因基层强度不足，水稳性不好等原因引起车辙时，则应对基层进行补强或将损坏的基层挖除，重新铺筑。新修补的基层应有足够的强度和良好的水稳性，坚实平整；如原为半刚性基层，可采用早期强度较高的水泥稳定碎石修筑，但其厚度不得小于15cm。修补时应注意与周边原基层的良好衔接。

（4）对于受条件限制或车辙面积较小的街坊道路，可采用现场冷拌的乳化沥青混合料修补。

6. 工程实例图片（图1.4-17）

图1.4-17　沥青路面平整、无车辙

1.4.8　通病名称：波浪、搓板

1. 通病现象

沥青路面出现像波浪、洗衣板纹理样病害（图 1.4-18、图 1.4-19）。

图 1.4-18　沥青路面波浪、搓板　　　图 1.4-19　沥青路面波浪、搓板

2. 规范标准相关规定

（1）设计规范标准相关规定

《城镇道路路面设计规范》CJJ 169—2012

5.1.1　沥青路面设计应包括交通量预测与分析，材料选择，混合料配合比设计，设计参数的测试和确定，路面结构组合设计与厚度计算，路面排水系统设计。

5.1.2　沥青路面在设计使用期内应具有足够的抗车辙、抗裂、抗疲劳的品质和良好的平整、抗滑、耐磨与低噪声性能等使用功能要求。

5.2.1　应根据使用要求、气候特点、交通荷载与结构层功能要求等因素，结合沥青层厚度和当地经验，合理地选择各结构层的沥青混合料类型，宜符合下列规定：

1　表面层宜选用 SMA、AC-C 和 OGFC 沥青混合料。

2　在各个沥青层中至少有一层应为密级配沥青混合料。

5.2.2　热拌沥青混合料应符合下列规定：

3　性能技术要求应符合下列规定：

1）高温稳定性应采用车辙试验的动稳定度来评价。按交通等级、结构层位和温度分区的不同，应分别符合表 5.2.2-3 的要求。对交叉口路段和长大陡纵坡路段的沥青混合料，应提高一个交通等级进行设计。

5.3.6　沥青路面各结构层之间应保持紧密结合，并应符合下列规定：

1　各个沥青层之间应设粘层。

2　各类基层上应设透层。

3　快速路、主干路的半刚性基层上宜设下封层。

（2）施工规范标准相关规定

《城镇道路工程施工与质量验收规范》CJJ 1—2008

8.5.1　热拌沥青混合料面层质量检验应符合下列规定：

3 表面应平整、坚实，接缝紧密，无枯焦；不应有明显轮迹、推挤裂缝、脱落、烂边、油斑、掉渣等现象，不得污染其他构筑物。面层与路缘石、平石及其他构筑物应接顺，不得有积水现象。

3. 原因分析

（1）设计原因

1）沥青路面设计时没有对交通量进行预测与分析，材料选择、混合料配合比设计失误。

2）道路结构组合设计时沥青面层每层的厚度过厚或层数过多。

（2）施工原因

1）摊铺机结构参数不稳定、行走装置打滑、摊铺速度快慢不匀、机械猛烈起步和紧急制动以及供料系统速度忽快忽慢。

2）挂线高程测量不准、量线失误或桩位移动。

3）摊铺机操作工不熟练，摊铺机不连续行走、曲线前进或在行走过程中熨平板高低浮动，摊铺机的熨平板未充分预热造成混合料粘结和熨不平。

4）运料车在倒料时撞击摊铺机，运输车卸料时混合料撒落在下层而未及时清除导致履带接地标高产生变化。

5）铺设沥青面层前未将下层表面清扫干净或未喷洒粘层沥青，旧路面上原有的搓板、波浪病害未彻底处理。

（3）材料原因

1）沥青用量过多或矿料级配偏细且细料集中。

2）层间粘结失效。

4. 预防措施

（1）设计措施

1）路面结构设计时应充分考虑变速移动荷载的动效应、提高抗剪能力，延长路面使用寿命。

2）沥青材料可根据需要选用 A 级道路石油沥青或 SBS 改性沥青，骨料宜选用间断级配形成嵌锁结构，沥青混合料配合比设计中尽量减少细集料的用量。

3）沥青路面应具有平整、耐久、抗压、抗推移及抗车辙等特点。

4）道路结构组合设计时，沥青面层每层的厚度不宜超过混合料集料最大粒径的 4 倍。

5）沥青混凝土面层设计除应符合相关规范要求外，还应针对上述防治范围内易产生车辙、拥包等病害情况，根据《城镇道路工程施工与质量验收规范》CJJ 1—2008 提出各层沥青混合料车辙试验动稳定度和低温弯曲破坏应变的技术要求。

（2）施工措施

1）在底面层施工时用走钢丝、中面层和表面层用非接触式平衡梁。

2）摊铺时摊铺机应该匀速，不停顿地连续摊铺，严禁时快时慢。

3）碾压作业按"由内到外，先轻后重，先慢后快"的规则进行。

4）选用有经验的摊铺机操作工，严禁摊铺机曲线前进以及运料车在倒料时撞击摊铺机。

5）摊铺前摊铺机的熨平板提前预热到 100℃，及时清除运输车卸料时撒落的混合料。

6）在摊铺沥青混合料前，须将下层顶面的浮尘、杂物清扫干净，并均匀喷洒粘层沥青，保证上下层粘结良好；基层、面层应充分碾压密实。

7）旧路上进行沥青加铺前，须先处理原路面上已发生的波浪、搓板病害。

（3）材料措施

1）合理设计与严格控制混合料的级配。

2）选用改性乳化沥青，加强层间粘结。

5. 治理措施

（1）如属混合料中沥青用量偏多引起的不很严重的搓板时，应将凸起部分铣削掉，并低于原路表，然后待开挖表面干燥后喷洒 0.3 ~ 0.6kg/m² 粘层沥青，再铺筑热稳定性符合要求的沥青混合料至与路面齐平。

（2）因上下面层相对滑动引起的搓板，或搓板较严重、面积较大时，应将其全部铲除，并低于原路面，其深度应大于用于修补沥青混合料最大集料粒径的 2 倍，槽壁与槽底垂直，清除下层表面碎屑、杂物及粉尘后喷洒 0.3 ~ 0.6kg/m² 粘层沥青，重新铺筑沥青面层。

（3）属于基层原因形成的搓板，则应对基层进行补强或将损坏的基层挖除，重新铺筑。新修补的基层应有足够的强度和良好的水稳性，坚实平整；如原为半刚性基层，可采用早期强度较高的水泥稳定碎石修筑，但其厚度不得小于 15cm。修补时应注意与周边原基层的良好衔接。

6. 工程实例图片（图 1.4-20）

图 1.4-20　沥青路面无波浪、搓板现象

1.4.9　通病名称：拥包

1. 通病现象

沥青路面出现的隆起现象（图 1.4-21）。

2. 规范标准相关规定

（1）设计规范标准相关规定

《城镇道路路面设计规范》CJJ 169—2012

5.1.2　沥青路面在设计使用期内应具有足够的抗车辙、抗裂、抗疲劳的品质和良好

图 1.4-21　沥青路面出现拥包现象

的平整、抗滑、耐磨与低噪声性能等使用功能要求。

5.2.1　应根据使用要求、气候特点、交通荷载与结构层功能要求等因素，结合沥青层厚度和当地经验，合理地选择各结构层的沥青混合料类型，宜符合下列规定：

1　表面层宜选用SMA、AC-C和OGFC沥青混合料。

2　在各个沥青层中至少有一层应为密级配沥青混合料。

5.3.2　面层各层的混合料类型应与交通荷载等级以及使用要求相适应，并应符合下列规定：

1　表面层应选用优质混合料铺设，并根据道路交通等级选择。

1）轻交通道路，宜选用密级配AC-F型混合料。

2）中交通道路，宜选用密级配粗型AC-C型混合料。

3）重交通和特重交通道路，应选用SMA混合料、密级配粗型AC-C混合料，结合料应使用改性沥青。

4）支路可选用沥青表面处治和沥青封层。

5）交通量小的支路可选用冷拌沥青混合料。

2　中面层和下面层应采用密级配AC型混合料。在特重交通和重交通道路上，宜使用SMA混合料或改性沥青密级配AC型混合料。

5.3.4　特重交通道路应适当加厚面层或采取措施提高沥青混合料的抗剪强度。

5.3.6　沥青路面各结构层之间应保持紧密结合，并应符合下列规定：

1　各个沥青层之间应设粘层。

2　各类基层上应设透层。

3　快速路、主干路的半刚性基层上宜设下封层。

（2）施工规范标准相关规定

《城镇道路工程施工与质量验收规范》CJJ 1—2008

8.5.1　热拌沥青混合料面层质量检验应符合下列规定：

3　表面应平整、坚实，接缝紧密，无枯焦；不应有明显轮迹、推挤裂缝、脱落、烂边、油斑、掉渣等现象，不得污染其他构筑物。面层与路缘石、平石及其他构筑物应接顺，不得有积水现象。

3. 原因分析

（1）设计原因

1）路面结构设计时对变速移动荷载的动效应、抗剪能力考虑不充分。

2）沥青材料选择不恰当。

3）沥青混凝土面层设计没有对各层沥青混合料车辙试验动稳定度和低温弯曲破坏应变提出具体的技术要求。

（2）施工原因

1）沥青混合料生产时沥青用量偏高、细料偏多、热稳定性不好。

2）施工时底层未清扫，未洒透层、粘层沥青。

3）稳定层未经充分压实，强度不足。

4）陡坡或平整度较差路段，在高温季节，不足以抵抗行车引起的水平剪应力。

（3）材料原因

1）在路基填筑施工中，对填筑材料质量把关不严，使用了不合格的填料（如膨胀土等）路基吸水后膨胀隆起。

2）层间粘结失效，沥青标号选择不当。

4. 预防措施

（1）设计措施

1）路面结构设计时应充分考虑变速移动荷载的动效应、提高抗剪能力，延长路面使用寿命。

2）沥青材料可根据需要选用 A 级道路石油沥青或 SBS 改性沥青，骨料宜选用间断级配形成嵌锁结构，沥青混合料配合比设计中尽量减少细集料的用量。

3）路面应具有平整、耐久、抗压、抗推移及抗车辙等特点。

4）沥青混凝土面层设计除应符合相关规范要求外，还应针对上述防治范围内易产生车辙、拥包等病害情况，根据《城镇道路工程施工与质量验收规范》CJJ 1—2008 提出各层沥青混合料车辙试验动稳定度和低温弯曲破坏应变的技术要求。

（2）施工措施

1）应确保基层有足够强度和良好的水稳性，坚实平整。

2）若存在基层强度不足、水稳性不好等位置，应对基层进行补强或将损坏的基层挖除，重新铺筑。

3）在摊铺沥青混合料面层前，下层表面应清扫干净，均匀洒布粘层沥青，确保上下层粘结良好。

（3）材料措施

1）在混合料配合比设计时，要控制细集料的用量，细集料不可偏多。

2）选用优质改性沥青，并严格控制沥青的用量。

3）根据当地气候条件，选用合适的沥青标号。

5. 治理措施

（1）凡由于沥青混合料本身级配偏细，沥青用量偏高，或者上下层粘结不好而形成的拥包，应将其全部铣削掉，并低于原路表，然后待开挖表面干燥后喷洒 0.3 ～ 0.6kg/m² 粘层沥青，再铺筑热稳定性符合要求的沥青混合料至与路面齐平。当拥包周边伴有路面下陷时，应将其一并处理。

（2）如基层已被推挤应将损坏部分挖除，重新铺筑。

（3）修补时应采用与原路面结构相同或强度较高的材料。如受条件限制，则对于面积较小的修补，可采用现场冷拌的乳化沥青混合料，但应严格控制矿料的级配和沥青用量。

6. 工程实例图片（图1.4-22）

图 1.4-22　坚实、平整、无拥包现象沥青路面

1.4.10　通病名称：泛油

1. 通病现象

沥青路面出现油斑现象（图 1.4-23）。

图 1.4-23　沥青路面泛油

2. 规范标准相关规定

（1）设计规范标准相关规定

《城镇道路路面设计规范》CJJ 169—2012

5.2.1　应根据使用要求、气候特点、交通荷载与结构层功能要求等因素，结合沥青层厚度和当地经验，合理地选择各结构层的沥青混合料类型，宜符合下列规定：

1　表面层宜选用 SMA、AC-C 和 OGFC 沥青混合料。

2　在各个沥青层中至少有一层应为密级配沥青混合料。

5.3.2　面层各层的混合料类型应与交通荷载等级以及使用要求相适应，并应符合下列规定：

1 表面层应选用优质混合料铺设，并根据道路交通等级选择。

1）轻交通道路，宜选用密级配 AC-F 型混合料。

2）中交通道路，宜选用密级配粗型 AC-C 型混合料。

3）重交通和特重交通道路，应选用 SMA 混合料、密级配粗型 AC-C 混合料，结合料应使用改性沥青。

4）支路可选用沥青表面处治和沥青封层。

5）交通量小的支路可选用冷拌沥青混合料。

5.3.6 沥青路面各结构层之间应保持紧密结合，并应符合下列规定：

1 各个沥青层之间应设粘层。

2 各类基层上应设透层。

3 快速路、主干路的半刚性基层上宜设下封层。

（2）施工规范标准相关规定

《城镇道路工程施工与质量验收规范》CJJ 1—2008

8.5.1 热拌沥青混合料面层质量检验应符合下列规定：

3 表面应平整、坚实，接缝紧密，无枯焦；不应有明显轮迹、推挤裂缝、脱落、烂边、油斑、掉渣等现象，不得污染其他构筑物。面层与路缘石、平石及其他构筑物应接顺，不得有积水现象。

3．原因分析

（1）设计原因

沥青材料选择不恰当。

（2）施工原因

1）沥青混合料拌合不均匀、空隙率低、压实度偏低。

2）聚积在施工机械上改性沥青结合料施工时成片脱落。

3）车轮粘带现象造成路面形成片状、带状油斑。

4）SMA 混合料搅拌时间偏低，添加的纤维素未搅拌均匀，有集中、结团现象。

（3）材料原因

所选用的沥青标号不适当、软化点低、沥青用量过多。

4．预防措施

（1）设计措施

沥青材料可根据需要选用 A 级道路石油沥青或 SBS 改性沥青，骨料宜选用间断级配形成嵌锁结构，沥青混合料配合比设计中尽量减少细集料的用量。

（2）施工措施

1）配合比设计时预留一定的孔隙率以容纳部分自由沥青，严格控制沥青用量。

2）严格控制沥青混合料的拌合时间，对 SMA 混合料等有特殊添加剂的搅拌时间适当延长。

3）路面修补时严禁人工大面积撒布沥青。

（3）材料措施

根据气候条件选用软化点高的沥青材料。

5. 治理措施

根据泛油程度不同，在高温季节撒铺不同规格和数量的矿料。撒料时应掌握先粗后细，少撒、勤撒的原则，然后用重碾强行将矿料压入光面。

6. 工程实例图片（图1.4-24）

图1.4-24 无泛油现象沥青路面

1.4.11 通病名称：翻浆

1. 通病现象

基层混合料在水的作用下渗透到沥青路面表面（图1.4-25）。

2. 规范标准相关规定

（1）设计规范标准相关规定

《城镇道路路面设计规范》CJJ 169—2012

图1.4-25 沥青路面翻浆

5.2.1 应根据使用要求、气候特点、交通荷载与结构层功能要求等因素，结合沥青层厚度和当地经验，合理地选择各结构层的沥青混合料类型，宜符合下列规定：

1 表面层宜选用SMA、AC-C和OGFC沥青混合料。

2 在各个沥青层中至少有一层应为密级配沥青混合料。

5.3.2 面层各层的混合料类型应与交通荷载等级以及使用要求相适应，并应符合下列规定：

1 表面层应选用优质混合料铺设，并根据道路交通等级选择。

1）轻交通道路，宜选用密级配AC-F型混合料。

2）中交通道路，宜选用密级配粗型AC-C型混合料。

3）重交通和特重交通道路，应选用SMA混合料、密级配粗型AC-C混合料，结合料应使用改性沥青。

4）支路可选用沥青表面处治和沥青封层。

5）交通量小的支路可选用冷拌沥青混合料。

2 中面层和下面层应采用密级配AC型混合料。在特重交通和重交通道路上，宜使用SMA混合料或改性沥青密级配AC型混合料。

5.3.4 特重交通道路应适当加厚面层或采取措施提高沥青混合料的抗剪强度。

5.3.6 沥青路面各结构层之间应保持紧密结合，并应符合下列规定：

1 各个沥青层之间应设粘层。

2 各类基层上应设透层。

3 快速路、主干路的半刚性基层上宜设下封层。

9.1.2 应根据道路所在区域和道路等级，结合路基、桥涵结构物进行排水设计，合理选择排水方案，布置排水设施，形成完整、畅通的排水体系。

9.3.1 对年降水量为 600mm 以上，路基土渗透系数小于 10^{-4}mm/s 的地区的快速路、主干路，宜设置路面内部排水系统。

（2）施工规范标准相关规定

《城镇道路工程施工与质量验收规范》CJJ 1—2008

8.5.1 热拌沥青混合料面层质量检验应符合下列规定：

3 表面应平整、坚实，接缝紧密，无枯焦；不应有明显轮迹、推挤裂缝、脱落、烂边、油斑、掉渣等现象，不得污染其他构筑物。面层与路缘石、平石及其他构筑物应接顺，不得有积水现象。

3．原因分析

（1）设计原因

1）设计沥青面层厚度不足。

2）面层孔隙率较大，未设置下封层和没有采取结构层内排水设施，促使雨水下渗，加促翻浆形成。

（2）施工原因

1）道路基层拌合不均匀，层厚不一致，造成早期沉降的不均匀；在雨水季节里雨水侵入、渗透到基层、路基土内，在车辆荷载的重复作用下，路基土、基层土积水增加，其强度降低，致使路基土、基层土翻浆。

2）表面处理和贯入式面层竣工初期结构层尚未达到应有密实度就遇到雨季。

3）低温季节施工的半刚性基层路面开放交通过早，雨水透过沥青面层滞留在基层顶面使基层表面粉水化。

（3）材料原因

道路基层材料用料不当。

4．预防措施

（1）设计措施

1）根据道路等级和交通量要求，选择合适的面层类型和适当的厚度。沥青混凝土面层宜采用二层或三层式，其中一层采用密级配。当各层均为沥青碎石时，基层表面必须做下封层。

2）设计时，对孔隙率大、易渗水的路面，应考虑设置排除结构层内积水的结构措施。

3）基层表面设计一层隔水、防水层。

（2）施工措施

1）在低温季节施工时，石灰稳定类材料可掺入早强剂，以提高其早期强度。

2）表面处治和贯入式面层经施工压实后，空隙率仍然较大，这两种类型面层宜在热天或少雨季节施工。

（3）材料措施

采用含粗粒料的水泥、石灰粉煤灰稳定类材料作为高等级道路的上基层，粒料级配应符合要求，细料含量要适当。

5. 治理措施

（1）采取切实措施，使路面排水畅顺，及时清除雨水进水孔垃圾，避免路面积水和减少雨水下渗。

（2）对轻微翻浆路段，将面层挖除后，清除基层表面软弱层，铺设下封层后铺筑沥青面层。

（3）对严重翻浆路段，将面层、基层挖除，如涉及路基，还要对路基处理之后，铺筑水稳性好、含有粗集料的半刚性材料作基层，用适宜的沥青结构层进行修复、并做好排除路面结构层内积水的技术措施。

6. 工程实例图片（图 1.4-26）

图 1.4-26　沥青路面无翻浆病害

1.4.12　通病名称：离析

1. 通病现象

沥青混凝土粗、细集料集中（图 1.4-27）。

2. 规范标准相关规定

（1）设计规范标准相关规定

《城镇道路路面设计规范》CJJ 169—2012

5.2.1　应根据使用要求、气候特点、交通荷载与结构层功能要求等因素，结合沥青

图 1.4-27　沥青混凝土粗、细集料集中

层厚度和当地经验，合理地选择各结构层的沥青混合料类型，宜符合下列规定：

1　表面层宜选用 SMA、AC-C 和 OGFC 沥青混合料。

2　在各个沥青层中至少有一层应为密级配沥青混合料。

5.3.2　面层各层的混合料类型应与交通荷载等级以及使用要求相适应，并应符合下列规定：

1　表面层应选用优质混合料铺设，并根据道路交通等级选择。

1）轻交通道路，宜选用密级配 AC-F 型混合料。

2）中交通道路，宜选用密级配粗型 AC-C 型混合料。

3）重交通和特重交通道路，应选用 SMA 混合料、密级配粗型 AC-C 混合料，结合料应使用改性沥青。

4）支路可选用沥青表面处治和沥青封层。

5）交通量小的支路可选用冷拌沥青混合料。

2　中面层和下面层应采用密级配 AC 型混合料。在特重交通和重交通道路上，宜使用 SMA 混合料或改性沥青密级配 AC 型混合料。

5.3.4　特重交通道路应适当加厚面层或采取措施提高沥青混合料的抗剪强度。

5.3.6　沥青路面各结构层之间应保持紧密结合，并应符合下列规定：

1　各个沥青层之间应设粘层。

2　各类基层上应设透层。

3　快速路、主干路的半刚性基层上宜设下封层。

（2）施工规范标准相关规定

《城镇道路工程施工与质量验收规范》CJJ 1—2008

8.2.3　各层沥青混合料应满足所在层位的功能性要求，便于施工，不容易离析。各层应连续施工并连结成为一体。

8.2.14　热拌沥青混合料的摊铺应符合下列规定：

6　摊铺沥青混合料应均匀、连续不间断，不得随意变换摊铺速度或中途停顿。摊铺速度宜为 2～6m/min。摊铺时螺旋送料器应不停顿地转动，两侧应保持有不少于送料器高度 2/3 的混合料，并保证在摊铺机全宽度断面上不发生离析。熨平板按所需厚度固定后不得随意调整。

3. 原因分析

（1）设计原因

沥青材料选择不恰当。

（2）施工原因

1）沥青混合料拌合时间短，搅拌叶脱落、振动筛破裂。

2）卡车卸料时不均匀，运输过程温度散失过快，保温时间太长、温降过快。

3）摊铺时摊铺机螺旋送料器横向输出量分布不匀。

4）摊铺方法不当，刮平时用力轻重不一，反复撒料、反复刮平。

（3）材料原因

集料产品质量及规格不统一，实际级配与配合比设计所采用的级配有较大的差距。

4. 预防措施

（1）设计措施

沥青材料可根据需要选用 A 级道路石油沥青或 SBS 改性沥青，骨料宜选用间断级配形成嵌锁结构。

（2）施工措施

1）从混合料生产方面：

① 经常检查振动筛，如果发现破裂比较严重，及时进行更换；

② 经常检查搅拌机中的相关部件，并严格控制搅拌时间，注意观察混合料中是否有明显的大骨料与小骨料聚集的现象；

③ 减少混合料粒径大小悬殊；

④ 控制沥青用量，使之偏高于设计用量。

2）从运输车辆方面

① 从拌合机贮料罐向运料车上卸料时，分三层放料，即每卸一斗混合料，汽车应挪动一个位置，等一层放完后，再逐次进行第二、三层放料，从而减少粗集料过于集中；

② 施工过程中，摊铺机前有运料车在等候卸料，即摊铺沥青混合料运输车的运量较摊铺速度有所富余，应及时调度。

3）沥青混合料摊铺方面

① 尽量采用大直径、低转速螺旋布料器的摊铺机，摊铺机螺旋 1/2 处，边端装反向螺旋叶片；

② 选用高性能的摊铺机来保持刮板输送料器和螺旋分料器稳定、连续地工作，混合料始终沿熨平板宽度方向均匀分布，控制布料器处于中挡或高挡位置；

③ 螺旋前导料板的间隙随机适度调整和螺旋的多级调整，并在螺旋分料器两端改装反向叶片，使混合料在分料的两端形成二次拌合，从而减少粗细集料堆积而有效抑制离析；

④ 均匀操作送料器和布料器，控制适宜的送料仓开口度；

⑤ 当路面摊铺宽度超过 9m 时，采用两台摊铺机，以阶梯形式搭接施工；

⑥ 摊铺机摊铺一车料将完时，控制摊铺机速度，关闭送料器，及时收斗、不能空斗，减少离析，等下车料倒入后再进行均匀送料和布料；

⑦ 在铺筑过程中保持摊铺机布料器不停转动，摊铺机两侧保持有不少于送料器高度 2/3 混合料，提高螺旋布料器的输送率，降低转速，减少不同物料颗粒之间的惯性差异；

⑧ 人工摊铺时，应扣锹放料，刮平时用力应轻重一致，当出现粗细料离析时，将其铲除补上新料。

（3）材料措施

1）原材料的取用，尤其是粗集料的取用应保证粗细均匀，生产过程中不允许装载机贴地装料、上料。

2）原材料进场后必须满足：

各品种材料应用墙体隔开，以免混杂；对细集料应采取覆盖措施，潮湿的细料将影响拌合机产量和混合料质量。

5. 治理措施

（1）对于表层离析，宜在碾压前处理，摊铺后立即进行补撒，填补空隙，然后碾压。也可待已碾压的路面温度降到室温后在离析部位均匀喷洒改性乳化沥青粘层油，洒布量以 0.3~0.6kg/m² 为宜，根据离析程度确定，不得少量，也不宜超量。

（2）对贯穿离析，一般成块状，应返工处理，混合料摊铺后宜立即更换均匀料，适当抚平，然后碾压，也可在路面碾压完毕后处理，挖除离析料，将边部切齐，均匀涂刷一层同标号的热沥青或改性乳化沥青，然后按松铺厚度加入均匀料，再碾压密实。

6. 工程实例图片（图 1.4-28）

图 1.4-28　沥青路面平整、坚实、无离析

1.4.13　通病名称：沥青路面与侧、平石衔接不平顺

1. 通病现象

沥青路面与侧、平石衔接不平顺（图 1.4-29）。

2. 规范标准相关规定

（1）设计规范标准相关规定

《城镇道路路面设计规范》CJJ 169—2012

4.3.3　半刚性基层应符合下列规定：

1　半刚性基层应具有足够的强度和稳

图 1.4-29　沥青路面与侧、平石衔接不平顺

定性，较小的温缩和干缩变形和较强的抗冲刷能力，在冰冻地区应具有一定的抗冻性。

（2）施工规范标准相关规定

《城镇道路工程施工与质量验收规范》CJJ 1—2008

8.5.1　热拌沥青混合料面层质量检验应符合下列规定：

3　表面应平整、坚实，接缝紧密，无枯焦；不应有明显轮迹、推挤裂缝、脱落、烂边、油斑、掉渣等现象，不得污染其他构筑物。面层与路缘石、平石及其他构筑物应接顺，不得有积水现象。

3. 原因分析

（1）设计原因

1）在设计中没有明确边沟基础承载力要求。

2）设计文件的排水系统不完整。

（2）施工原因

边沟与沥青路面的搭接处丰要存在半刚性与刚性的界面差、路基纵向回填土压实不均匀。

（3）材料原因

路基填筑材料选择失误。

4．预防措施

（1）设计措施

1）在设计中明确边沟基础承载力要求。对地质情况不符合设计要求的，提出相应地基处理措施。

2）设计时，应拦截影响路基稳定的地面水，排除到路基范围之外，保持路基处于干燥、坚固和稳定状态；对于影响路基稳定的地下水同样予以引导到路基范围以外，使全线的沟渠、管道、桥涵构成完整的排水系统。

（2）施工措施

1）在一般路段，边沟注意防渗、防冲，采取加固及防止渗漏措施；在填挖交界处引出边沟水时，注意出水口的加固。

2）在滑坡、陷穴等地段，可用挖鱼鳞坑、水平沟、种草、植树等方法对坡面进行调治与防护。

3）在摊铺沥青混合料前，在边沟缘石侧面均匀喷洒一层乳化沥青粘层，待破乳后再进行摊铺碾压。

（3）材料措施

在常年地下水位下的填筑材料宜采用透水性材料。

5．治理措施

缝宽 2～5mm 时可采用改性乳化沥青灌缝。大于 5mm 时可用改性沥青灌缝。灌缝前须先清除缝内、缝边垃圾，碎粒料，并保持缝内干燥。灌缝后撒粗砂或 3～5mm 石屑。

6．工程实例图片（图1.4-30）

图1.4-30 靠近侧石沥青路面施工

1.4.14 通病名称：检查井与周边沥青路面连接不平顺，局部破损、色差严重

1．通病现象

检查井与周边沥青混凝土连接不平顺，局部破损、色差严重（图1.4-31）。

2．规范标准相关规定

（1）设计规范标准相关规定

《城镇道路路面设计规范》CJJ 169—2012

4.3.3 半刚性基层应符合下列规定：

1 半刚性基层应具有足够的强度和稳定性，较小的温缩和干缩变形和较强的抗冲刷能力，在冰冻地区应具有一定的抗冻性。

（2）施工规范标准相关规定

《城镇道路工程施工与质量验收规范》CJJ 1—2008

图 1.4-31 检查井色差严重

8.5.1 热拌沥青混合料面层质量检验应符合下列规定：

3 表面应平整、坚实，接缝紧密，无枯焦；不应有明显轮迹、推挤裂缝、脱落、烂边、油斑、掉渣等现象，不得污染其他构筑物。面层与路缘石、平石及其他构筑物应接顺，不得有积水现象。

3. 原因分析

（1）设计原因

传统井盖需预制混凝土基座，重量大，安装难度大，很难确保井盖标高与路面一致，造成井盖凸起、凹陷或倾斜，行车冲击产生前后往复的受力状况，造成井盖周围路面开裂、破碎。

（2）施工原因

可调式防沉降井盖未与沥青面层施工同步。

（3）材料原因

井周边回填土材料选择有误。

4. 预防措施

（1）设计措施

设计时采用可调式防沉降井盖，安装时与面层沥青摊铺同步，确保井盖与面层沥青路面标高一致。

（2）施工措施

1）使用沥青作为结构层填充材料，确保柔性受力结构，方便调整标高；

2）结构层必须逐层填充并夯实，每层沥青厚度 5cm 为宜；沥青结构层必须使用强夯机或小型压路机压实，确保压实度；

3）面层施工时井盖周边使用振动压路机加振压平压实。

（3）材料措施

井周边的回填材料，可采用水稳性好、压缩性小的粒状材料或稳定类材料进行回填。

5. 治理措施

（1）当检查井高出路面时，可吊移盖框，降低井壁至合适标高后，再放上盖框，并处理好周边缝隙。

（2）当检查井低于路面时，可吊移盖框，以合适材料调平底座，调平材料达到强度后，再放上盖框，并处理好缝隙，使接缝密封不渗水。

6. 工程实例图片（图1.4-32）

图1.4-32　完工后的可调式防沉降井盖与周边沥青路面连接平顺、无局部破损、无色差现象

1.5　路缘石安装工程

1.5.1　通病名称：平缘石面出现积水

1. 通病现象

平缘石出现沉降，存在积水（图1.5-1）。

2. 规范标准相关规定

（1）设计规范标准相关规定

《城镇道路路面设计规范》CJJ 169—2012

图1.5-1　平石位置出现积水

4.3.3　半刚性基层应符合下列规定：

1　半刚性基层应具有足够的强度和稳定性，较小的温缩和干缩变形和较强的抗冲刷能力，在冰冻地区应具有一定的抗冻性。

6.1.2　平面和纵断面应与地形地物、地质水文、地域气候、地下管线、排水等要求结合，并应符合各级道路的技术指标，应与周围环境相协调，线形应连续与均衡。

6.3.2　道路最小纵坡不应小于0.3%；当遇特殊困难纵坡小于0.3%时，应设置锯齿形边沟或采取其他排水设施。

（2）施工规范标准相关规定

《城镇道路工程施工与质量验收规范》CJJ 1—2008

6.5.1　路肩应与路基、基层面层等各层同步施工。

6.5.2　路肩应平整、坚实，直线段肩线应直顺，曲线段应畅顺。

11.1.3　铺砌应采用干硬性水泥砂浆，虚铺系数应经试验确定。

11.1.4　铺砌控制基线的设置距离，直线段宜为5～10cm，曲线段视情况适度加密。

11.1.6　铺砌中砂浆应饱满，且表面平整、稳定、缝隙均匀。与检查井等构筑物相接时，应平整、美观，不得反坡。不得用在料石下填塞砂浆或支垫方法找平。

11.3.1　料石面层质量检验应符合下列规定：

3　表面应平整、稳固、无翘动，缝线直顺、灌缝饱满，无反坡积水现象。

16.1.7　路缘石应以干硬性砂浆铺砌，砂浆应饱满、厚度均匀。路缘石砌筑应稳固、直线段顺直、曲线段圆顺、缝隙均匀；路缘石灌缝应密实，平缘石表面应平顺不阻水。

3. 原因分析

（1）设计原因

1）设计的混凝土垫层的厚度或强度不足。

2）平缘石设计时，对纵坡小于 0.3% 的路段没要求设置锯齿形街沟，导致雨水没法排出，形成了积水。

（2）施工原因

路基边缘土基压实度不够，在活载的作用下，平缘石位置产生了不均匀沉降，形成了局部积水现象。

（3）材料原因

用于平缘石铺砌的砂浆强度不足。

4. 预防措施

（1）设计措施

1）设计应明确混凝土垫层的厚度、强度技术指标并符合规范要求。

2）纵坡小于 0.3% 的路段应按要求设置锯齿形街沟。

（2）施工措施

1）要保证平缘石位置基底的压实度，对于超挖和找补填垫的基底，必须补充夯实。

2）平缘石铺砌砂浆应饱满，且表面平整、缝隙均匀。

（3）材料措施

用于平缘石铺砌的砂浆的配合比应满足设计、规范要求。

5. 治理措施

对于路缘石下沉或没按设计要求设置锯齿形街沟的位置，应予翻挖，重作基层或垫层，重新安砌缘石。

6. 工程实例图片（图 1.5-2）

图 1.5-2　平缘石铺砌平顺，没有积水

1.5.2　通病名称：相邻路缘石接缝宽度不均匀

1. 通病现象

平石、侧石接缝太宽或不均匀（图 1.5-3）。

2. 规范标准相关规定

《城镇道路工程施工与质量验收规范》
CJJ 1—2008

图 1.5-3　相邻平石、侧石接缝太宽

11.1.3　铺砌应采用干硬性水泥砂浆，虚铺系数应经试验确定。

11.1.4　铺砌控制基线的设置距离，直线段宜为5m～10m，曲线段视情况适度加密。

11.1.6　铺砌中砂浆应饱满，且表面平整、稳定、缝隙均匀。与检查井等构筑物相接时，应平整、美观，不得反坡。不得用在料石下填塞砂浆或支垫方法找平。

11.3.1　料石面层质量检验应符合下列规定：

3　表面应平整、稳固、无翘动、缝线直顺、灌缝饱满，无反坡积水现象。

16.1.5　路缘石基础宜与相应的基层同步施工。

16.1.6　安装路缘石的控制桩，直线段桩距宜为10m～15m；曲线段桩距宜为5m～10m；路口处桩距宜为1m～5m。

16.1.7　路缘石应以干硬性砂浆铺砌，砂浆应饱满、厚度均匀。路缘石砌筑应稳固、直线段顺直、曲线段圆顺、缝隙均匀；路缘石灌缝应密实，平缘石表面应平顺不阻水。

3. 原因分析

（1）设计原因

对缘石缝宽没有设计标准值。

（2）施工原因

1）安装路缘石时没按要求设置缝宽。

2）施工时，路缘石铺砌较随意。

（3）材料原因

缘石材料不规则，造成接缝缝宽不一致。

4. 预防措施

（1）设计措施

设计时应对缘石的缝宽制定标准值。

（2）施工措施

1）准确放线，严格按设计要求设置缝宽。

2）严格按分线要求铺砌路缘石。

（3）材料措施

材料进场后，严格按要求进行检验，对于不合格材料严禁使用。

5. 治理措施

对于路缘石接缝宽度不满足规范要求时，应予翻挖，重新安砌缘石。

6. 工程实例图片（图1.5-4）

图1.5-4　路缘石铺砌平整、接缝一致

1.5.3 通病名称：转弯位立缘石不圆顺

1. 通病现象

转弯位置侧石不圆顺（图 1.5-5）。

2. 规范标准相关规定

（1）设计规范标准相关规定

《城镇道路路面设计规范》CJJ 169—
2012

图 1.5-5 转弯位置侧石不圆顺

6.1.2 平面和纵断面应与地形地物、地质水文、地域气候、地下管线、排水等要求结合，并应符合各级道路的技术指标，应与周围环境相协调，线形应连续与均衡。

（2）施工规范标准相关规定

《城镇道路工程施工与质量验收规范》CJJ 1—2008

16.1.2 路缘石宜采用石材或预制混凝土标准块。路口、隔离带端部等曲线段路缘石，宜按设计弧形加工预制，也可采用小标准块。

16.1.5 路缘石基础宜与相应的基层同步施工。

16.1.6 安装路缘石的控制桩，直线段桩距宜为 10m ~ 15m；曲线段桩距宜为 5m ~ 10m；路口处桩距宜为 1m ~ 5m。

16.1.7 路缘石应以干硬性砂浆铺砌，砂浆应饱满、厚度均匀。路缘石砌筑应稳固、直线段顺直、曲线段圆顺、缝隙均匀；路缘石灌缝应密实，平缘石表面应平顺不阻水。

16.1.9 路缘石宜采用 M10 水泥砂浆灌缝。灌缝后，常温期养护不应少于 3d。

3. 原因分析

（1）设计原因

没有根据道路的设计半径对弧形段立缘石分块预制提出技术要求。

（2）施工原因

施工放线不圆顺。

（3）材料原因

转弯位置采用的立缘石太长，以致转弯弧位成折线型。

4. 预防措施

（1）设计措施

根据道路的设计半径对弧形段立缘石分块预制提出技术要求。

（2）施工措施

做好转弯位的放线工作，坚持"多放点，反复看"的原则。

（3）材料措施

1）转弯位置立缘石长度宜采用 50cm，转弯半径小时立缘石长宜采用 30cm。

2）定制转弯位的立缘石。

5. 治理措施

在弧形段没有使用定制立缘石造成的线形不和顺，应按设计的半径定制圆弧立缘石进行更换。

6. 工程实例图片（图1.5-6）

图 1.5-6　道路弧位路缘石施工

1.5.4　通病名称：立缘石下沉、错位

1. 通病现象

道路立缘石沉降不均、高低不平；道路立缘石前后倾斜、顶面不平（图1.5-7）。

2. 规范标准相关规定

（1）设计规范标准相关规定

《城镇道路路面设计规范》CJJ 169—2012

4.3.3　半刚性基层应符合下列规定：

1　半刚性基层应具有足够的强度和稳定性，较小的温缩和干缩变形和较强的抗冲刷能力，在冰冻地区应具有一定的抗冻性。

图 1.5-7　道路立缘石沉降不均、高低不平；道路立缘石前后倾斜、顶面不平

（2）施工规范标准相关规定

《城镇道路工程施工与质量验收规范》CJJ 1—2008

16.1.5　路缘石基础宜与相应的基层同步施工。

16.1.6　安装路缘石的控制桩，直线段桩距宜为 10～15m；曲线段桩距宜为 5～10m；路口处桩距宜为 1～5m。

16.1.7　路缘石应以干硬性砂浆铺砌，砂浆应饱满、厚度均匀。路缘石砌筑应稳固、直线段顺直、曲线段圆顺、缝隙均匀；路缘石灌缝应密实，平缘石表面应平顺不阻水。

16.1.8　路缘石背后宜浇筑水泥混凝土支撑，并还土夯实。还土夯实宽度不宜小于 50cm，高度不宜小于 15cm，压实度不得小于 90%。

16.1.9　路缘石宜采用 M10 水泥砂浆灌缝。灌缝后，常温期养护不应少于 3d。

3. 原因分析

（1）设计原因

设计的混凝土垫层的厚度或强度不足。

（2）施工原因

1）立缘石位置路基、基层压实度未达到设计或规范要求，产生不均匀沉降引发立缘石不均匀下沉，高低不平。

2）立缘石安装时只顾及立缘石内侧上角的直顺度，不注意立面垂直度和顶面平整度。

3）立缘石后坐施工不规范，容易受到挤压而产生变形。

（3）材料原因

水泥稳定基层强度不符合设计要求。

4. 预防措施

（1）设计措施

设计应明确混凝土垫层的厚度、强度技术指标并符合规范要求。

（2）施工措施

1）立缘石基础应与路面基层结构相同，同时摊铺、同时碾压，压实度应达到规范要求。

2）立缘石应以干硬性砂浆铺砌，砂浆应饱满、厚度均匀。

3）立缘石后座混凝土浇筑要立模。

4）立缘石背后应按设计要求浇筑水泥混凝土支撑，并回土夯实。回土夯实宽度不宜小于50cm，高度不宜小于15cm，压实度不得小于90%。

5）立缘石施工时，要控制好侧石立面的垂直度、顶面的平整度。

（3）材料措施

严格按设计配合比配置水泥稳定基层。

5. 治理措施

对于路缘石下沉的位置，应予翻挖，重作基层或垫层，重新安砌缘石。

6. 工程实例图片（图1.5-8）

图1.5-8 道路立路缘石没有出现下沉、错位

1.6 人行道及广场工程

1.6.1 通病名称：人行道局部沉降或开裂

1. 通病现象

人行道局部沉降或开裂（图1.6-1）。

2. 规范标准相关规定

《城镇道路工程施工与质量验收规范》CJJ 1—2008

13.2.2 水泥混凝土预制人行道砌块的抗压强度应符合设计规定，设计未规定时，不宜低于30MPa。砌块应表面平整、粗糙、纹路清晰、棱角整齐，不得有蜂窝、露石、

图1.6-1 人行道凹凸不平、局部沉降积水严重

脱皮等现象；彩色道砖应色彩均匀。预制人行道砌石加工尺寸与外观质量允许偏差应符合规范表 11.2.1 的规定。

13.4.1　料石铺砌人行道面层质量检验应符合下列规定：

1　路床与基层压实度应大于或等于 90%。

13.4.2　混凝土预制砌块铺砌人行道（含盲道）质量检验应符合下列规定：

5　铺砌应稳固、无翘动，表面平整、缝线直顺、缝宽均匀、灌缝饱满，无翘边、翘角、反坡、积水现象。

3. 原因分析

（1）设计原因

1）设计没有对路床、路基的压实度应提出明确的技术指标要求。

2）没有结合地勘报告，对特殊路基段进行专项设计。

（2）施工原因

1）人行道路床、基层的压实度达不到设计要求，不均匀沉降引起人行道的局部沉降及开裂。

2）施工时，坐浆不均匀、平整度不足，铺筑后引起人行道块的凹凸不平。

（3）材料原因

人行道块材质差，受外力后导致局部开裂。

4. 预防措施

（1）设计措施

1）明确路基回填材料、分层碾压厚度等施工技术要求，对路床、路基的压实度应提出明确的技术指标要求。

2）结合地勘报告，对特殊路基段进行专项设计。

3）人行道路基结构层应具有足够的强度和水稳定性。

（2）施工措施

1）填方路基层填筑，满足上一层压实要求后，再填压下一层，压实前必须对含水量进行测定，含水量符合要求后再碾压；挖方路基预留 30cm 人工开挖，以免原土路基受到机械扰动；保证基层和底基层具有足够的强度和刚度、有足够的水稳定性、有足够的抗冲刷能力、收缩性小、有足够的平整度、各层间结合良好。

2）严格控制土路床和道路基层的平整度、宽度、高程、密实度，基层厚度的质量指标。

3）路基、基层压实度达到设计要求后方可进行下一工序的施工。

4）水泥砂浆的工作性，应以砌砖时能刚刚振出灰浆的稠度为好，这样能将砂浆振实，同时也能起到与基层和砖底面粘结的作用，增加整体强度和稳定性。

（3）材料措施

材料采购人员应该选购合格的材料供应商，质量管理部门应负责事先检验外观、强度、几何尺寸，不合格者不能进场。

5. 治理措施

人行道路面沉降或开裂的地方应予翻挖，重作基层或垫层，调换破损的人行道板。

6. 工程实例图片（图 1.6-2）

1.6.2　通病名称：管廊、管线检查井井盖衔接不平顺

1. 通病现象

管廊、管线检查井井盖位置凹凸不平（图 1.6-3）。

图 1.6-2　人行道面无沉降或开裂现象

2. 规范标准相关规定

《城镇道路工程施工与质量验收规范》CJJ 1—2008

13.2.2　水泥混凝土预制人行道砌块的抗压强度应符合设计规定，设计未规定时，

图 1.6-3　电缆沟检查井位置凹凸不平

不宜低于 30MPa。砌块应表面平整、粗糙、纹路清晰、棱角整齐，不得有蜂窝、露石、脱皮等现象；彩色道砖应色彩均匀。预制人行道砌石加工尺寸与外观质量允许偏差应符合规范表 11.2.1 的规定。

13.4.1　料石铺砌人行道面层质量检验应符合下列规定：

1　路床与基层压实度应大于或等于 90%。

13.4.2　混凝土预制砌块铺砌人行道（含盲道）质量检验应符合下列规定：

5　铺砌应稳固、无翘动，表面平整、缝线直顺、缝宽均匀、灌缝饱满，无翘边、翘角、反坡、积水现象。

3. 原因分析

（1）设计原因

设计时没有考虑各种井盖的高程，使人行道铺面的高程与井盖存在高差。

（2）施工原因

1）各种专业管线分别由相关专业主管单位主持施工，高程不统一，造成衔接位置不顺，凹凸不平。

2）管廊、管线检查井井盖位置设置没有统一的模式。

（3）材料原因

检查井盖厚度与设计不符。

4. 预防措施

（1）设计措施

井盖设置在机动车、非机动车、行人通行区域时，井盖应与路面高程齐平，允许偏

差应符合《城镇道路工程施工与质量验收规范》CJJ 1—2008 的有关规定。

（2）施工措施

1）各类管线应服从道路主体，统一协调，切记不同的施工单位、不同的操作班组，各自为政。

2）控制好井盖的高程。

（3）材料措施

材料采购人员应该选购合格的材料供应商，质量管理部门应负责事先检验井盖外观、强度、几何尺寸，不合格者不能进场。

5. 治理措施

（1）对于影响行人通行的高出地面的井盖应降低高程，保证平顺。

（2）对于不可降低的构筑物可将人行道铺面抬高，予以接顺

（3）对于选用了不合规格的井盖，必须进行更换。

6. 工程实例图片（图 1.6-4）

图 1.6-4　人行道与电缆沟检查井衔接平整

1.6.3　通病名称：人行道或广场砖松动

1. 通病现象

（1）人行道或广场砖凹凸不平（图 1.6-5）。

（2）人行道或广场砖松动（图 1.6-6、图 1.6-7）。

（3）人行道或广场砖剥落（图 1.6-8）。

2. 规范标准相关规定

《城镇道路工程施工与质量验收规范》CJJ 1—2008

12.1.3　广场与停车场的路基施工及检验标准应符合本规范第 6 章的有关规定。

图 1.6-5　人行道砖凹凸不平

图 1.6-6　人行道砖松动

图 1.6-7　人行道砖松动　　　　　　　　　　　图 1.6-8　人行道砖剥落

12.1.4　广场与停车场的基层施工及检验标准应符合本规范第 7 章的有关规定。

12.1.5　采用铺砌式面层应符合本规范第 11 章的有关规定。

13.1.2　人行道的路基施工应符合本规范第 6 章的有关规定。

13.1.3　人行道的基层施工及检验标准应符合本规范第 7 章的有关规定。

13.2.2　水泥混凝土预制人行道砌块的抗压强度应符合设计规定，设计未规定时，不宜低于 30MPa。砌块应表面平整、粗糙、纹路清晰、棱角整齐，不得有蜂窝、露石、脱皮等现象；彩色道砖应色彩均匀。预制人行道砌石加工尺寸与外观质量允许偏差应符合规范表 11.2.1 的规定。

13.4.1　料石铺砌人行道面层质量检验应符合下列规定：

1　路床与基层压实度应大于或等于 90%。

13.4.2　混凝土预制砌块铺砌人行道（含盲道）质量检验应符合下列规定：

5　铺砌应稳固、无翘动，表面平整、缝线直顺、缝宽均匀、灌缝饱满，无翘边、翘角、反坡、积水现象。

3. 原因分析

（1）设计原因

1）设计对铺装材料强度、尺寸偏差等技术指标没有提出要求。

2）设计没有明确基础的密实度及平整度技术指标。

（2）施工原因

1）人行道或广场的路基、基层压实度达不到设计和规范的要求。

2）铺筑人行道块或广场砖的过程中，坐浆不饱满。

3）直接在细砂上铺砌时，砖块间不紧密，缝隙太宽，并且没有采用细砂灌缝。

4）铺筑时没有将人行道或广场砖夯实。

（3）材料原因

砌浆强度达不到设计要求。

4. 预防措施

（1）设计措施

1）应根据工程的项目特点，选用合适的人行道砖材料，并对铺装材料强度、尺寸偏差等技术指标提出要求。

（2）应明确基础的密实度及平整度技术指标。

（2）施工措施

1）人行道或广场的路基、基层压实度达到要求后才能进行砖块的铺筑工作。

2）细砂或砂浆找平层不宜太厚。

3）砖块间应紧密或互扣铺砌，并按要求填缝。

（3）材料措施

砂浆强度应达到设计要求。

5. 治理措施

翻掉松动的铺面砖，凿去 12cm 的粘结层，重新铺以砂浆与面板；若采用找平层直铺面板的，可将垫层清除或补充，整平后重铺。

6. 工程实例图片（图 1.6-9）

图 1.6-9　人行道铺砌平顺、无松动现象

1.6.4　通病名称：大块广场砖面板隆起

1. 通病现象

广场砖（石材砖或预制混凝土板砖，一般平面尺寸较大，板厚较小）面板中间出现隆起、起鼓现象，底部中间脱空，四周受其他砖块挤压（图 1.6-10）。

2. 规范标准相关规定

《城镇道路工程施工与质量验收规范》CJJ 1—2008

图 1.6-10　大块广场砖面板隆起

12.2.1　料石面层质量检验应符合下列规定：

1　石材质量、外形尺寸及砂浆平均抗压强度等级应符合本规范第 11.3.1 条的有关规定。

2　石材安装除应符合本规范第 11.3.1 条有关规定外，料石偏差应符合表 12.2.1 的要求。

12.2.2　预制混凝土砌块面层质量检验应符合下列规定：

1　预制块强度、外形尺寸及砂浆平均抗压强度等级应符合本规范第 11.3.2 条的有关规定。

2　预制块安装除应符合本规范第 11.3.2 条的有关规定外，预制混凝土砌块面层允许偏差尚应符合表 12.2.2 的规定。

3. 原因分析

（1）设计原因

设计不合理，面板胀缝与胀缝之间距离过大。

（摘录）广场、停车场料石面层允许偏差   表12.2.1

项目	允许偏差	检验频率		检验方法
		范围	点数	
平整度（mm）	≤ 3	10m×10m	1	用 3m 直尺和塞尺连续量 2 尺，取较大值
缝宽（mm）	+3，−2	40m×40m	1	用钢尺量

（摘录）广场、停车场预制混凝土砌块面层允许偏差   表12.2.2

项目	允许偏差	检验频率		检验方法
		范围	点数	
平整度（mm）	≤ 5	10m×10m	1	用 3m 直尺和塞尺连续量 2 尺，取较大值
缝宽（mm）	+3，−2	40m×40m	1	用钢尺量

（2）施工原因

1）施工中面板之间间隙太小，且胀缝没填满填缝料，缝隙被细沙等填满。

2）交付使用后未对缩缝进行过养护，未清理及补灌填缝料。

（3）材料原因

1）填缝料不符合要求，填缝料最低弹性（复原率）及拉伸量达不到要求。

2）石材在铺砌前已经出现翘曲或隆起。

4. 预防措施

（1）设计措施

优化设计，根据地方温差等因素设置胀缝。

（2）施工措施

1）施工中注意面板缝隙要求。可以选择温度较高时铺砌面砖，以减小面砖热胀冷缩的影响。

2）交付使用后定期对胀缝进行养护，及时清理及补灌填缝料。

（3）材料措施

1）采用质量合格的填缝料。

2）选择强度和外形尺寸均符合设计要求的面砖进行铺砌。

5. 治理措施

广场砖路面隆起的地方应予翻挖，重作基层或垫层，调换隆起的广场砖块。

6. 工程实例图片（图 1.6-11）

图 1.6-11　广场砖面板平整，未发生隆起现象

1.6.5 通病名称：人行道砖拼缝直顺度差

1. 通病现象

人行道砖拼缝直顺度差、缝线不直顺，感观差（图1.6-12）。

2. 规范标准相关规定

《城镇道路工程施工与质量验收规范》CJJ 1—2008

12.2.1 料石面层质量检验应符合下列规定：

2 石材安装除应符合本规范第11.3.1条有关规定外，料石偏差应符合表12.2.1的要求。

图1.6-12 人行道砖面板直顺度差

（摘录）广场、停车场料石面层允许偏差　　　　　表12.2.1

项目	允许偏差	检验频率		检验方法
		范围	点数	
纵、横缝直顺度（mm）	≤ 5	40m×40m	1	用20m线和钢尺量
缝宽（mm）	+3，-2	40m×40m	1	用钢尺量

12.2.2 预制混凝土砌块面层质量检验应符合下列规定：

2 预制块安装除应符合本规范第11.3.2条的有关规定外，预制混凝土砌块面层允许偏差尚应符合表12.2.2的规定。

（摘录）广场、停车场预制混凝土砌块面层允许偏差　　　　　表12.2.2

项目	允许偏差	检验频率		检验方法
		范围	点数	
纵、横缝直顺度（mm）	≤ 10	40m×40m	1	用20m线和钢尺量
缝宽（mm）	+3，-2	40m×40m	1	用钢尺量

3. 原因分析

（1）设计原因

1）设计对铺装材料强度、尺寸偏差等技术指标没有提出要求。

2）设计没有明确基础的密实度及平整度技术指标。

（2）施工原因

1）铺设时没有严格控制好人行道砖基层平整度，导致人行道砖铺设不平整，这样也会影响缝线的直顺度。

2）人行道砖铺设前未精确测量放线、拉线，导致人行道砖安装位置不准确。

3）人行道砖安装后，受外力产生位置偏移。

（3）材料原因

人行道砖外观尺寸不合格，拼接铺设后尺寸偏差大。

4. 预防措施

（1）设计措施

1）应根据工程的项目特点，选用合适的人行道砖材料，并对铺装材料强度、尺寸偏差等技术指标提出要求。

2）应明确基础的密实度及平整度技术指标。

（2）施工措施

1）严格根据设计要求控制好人行道砖基础压实度及平整度，在人行道砖施工前要对基础进行检测合格后方可进行人行道砖的施工。

2）人行道砖铺设前要在人行道砖基础面用石灰粉或者白线标示出人行道砖铺设分界线，同时施工时采用橡胶锤锤击人行道砖确保人行道砖整体受力均匀、平整，确保人行道砖铺砌位置准确。

3）加强铺砌后的养护，养护期间严禁过重荷载使人行道砖移动。

（3）材料措施

人行道砖使用前严格对成品检查，不合格成品不能在工程中施工。

5. 治理措施

（1）对于不合格的铺装块料，应进行更换处理。

（2）基底平整度、密实度不符合要求的地方应予翻挖，重作基层或垫层。

6. 工程实例图片（图 1.6-13）

图 1.6-13　人行道面拼缝顺直、缝宽合理

1.6.6　通病名称：广场铺面不平整和局部位置积水

1. 通病现象

广场铺面不平整和局部位置积水等现象（图 1.6-14）。

2. 规范标准相关规定

施工规范标准相关规定

《城镇道路工程施工与质量验收规范》CJJ 1—2008

12.2.1　料石面层质量检验应符合下列规定：

2　石材安装除应符合本规范第 11.3.1 条有

图 1.6-14　广场铺面不平整

关规定外，料石偏差应符合表12.2.1的要求。

（摘录）广场、停车场料石面层允许偏差　　　　　　　表12.2.1

项目	允许偏差	检验频率		检验方法
		范围	点数	
平整度（mm）	≤ 3	10m×10m	1	用3m直尺和塞尺连续量2尺，取较大值

12.2.2　预制混凝土砌块面层质量检验应符合下列规定：

2　预制块安装除应符合本规范第11.3.2条的有关规定外，预制混凝土砌块面层允许偏差尚应符合表12.2.2的规定。

（摘录）广场、停车场预制混凝土砌块面层允许偏差　　　　表12.2.2

项目	允许偏差	检验频率		检验方法
		范围	点数	
平整度（mm）	≤ 5	10m×10m	1	用3m直尺和塞尺连续量2尺，取较大值

3. 原因分析

（1）设计原因

在进行路基设计之前，对所建道路路段的地势、路况、道路两侧情况考虑不足，路基设计方案不合理。

（2）施工原因

1）广场基层、面层施工时，标高控制不严格，没形成排水坡导致部分位置形成低洼积水面。

2）由于广场路床或基层密实度不合格导致广场面层出现不均匀沉降。

3）广场排水不畅，局部低洼处排水措施设置不合理，在雨后容易被垃圾堵塞导致积水。

（3）材料原因

人行道面砖不合格。

4. 预防措施

（1）设计措施

在进行路基设计之前，需要考虑调查所建道路路段的地势、路况、道路两侧情况，定出路基设计方案，方便排水。

（2）施工措施

1）控制施工标高，采用多组独立复测，确保测量准确，并在施工中随时跟踪复测。

2）控制广场路基路床施工质量，如填土厚度大，需严格根据填土施工要求分层填筑。

3）严格控制广场基层的标高、平整度、压实度等指标，确保基层施工质量。

4）广场砖铺砌时，精确测量放线、拉线，控制其表面平整度，并且注意垫层不能太厚。

5）广场应合理设置排水设施，并注意做好广场排水系统的清理养护工作。

（3）材料措施

选择强度和外形尺寸均符合设计要求的面砖进行铺砌。

5. 治理措施

（1）基底标高、平整度、密实度不符合要求的地方应予翻挖，重作基层或垫层。

（2）在低洼处合理布置排水设施。

6. 工程实例图片（图 1.6-15）

图 1.6-15　广场砖面板平整，排水顺畅，未发生积水现象

1.6.7　通病名称：广场砖面泛碱

1. 通病现象

广场铺面泛碱等现象（图 1.6-16、图 1.6-17）。

图 1.6-16　广场砖面板泛碱

图 1.6-17　广场砖面板泛碱

2. 规范标准相关规定

《城镇道路工程施工与质量验收规范》CJJ 1—2008

11.1.2　砌筑砂浆中采用的水泥、砂、水应符合下列规定：

1　宜采用现行国家标准《通用硅酸盐水泥》GB 175 或《矿渣硅酸盐水泥、火山灰质硅酸盐水泥及粉煤灰硅酸盐水泥》GB 1344 中规定的水泥。

2　宜用质地坚硬、干净的粗砂或中砂，含泥量应小于 5%。

3　搅拌用水应符合国家现行标准《混凝土用水标准》JGJ 63 的规定。宜使用饮用水及不含油类等杂质的清洁中性水，pH 值宜为 6 ～ 8。

11.1.3　铺砌应采用干硬性水泥砂浆，虚铺系数应经试验确定。

11.1.5　当采用水泥混凝土做基层时，铺砌面层胀缝应与基层胀缝对齐。

11.1.6　铺砌中砂浆应饱满，且表面应平整、稳定、缝隙均匀。与检查井等构筑物相接时，应平整、美观。不得反坡。不得用在料石下填塞砂浆或支垫方法找平。

11.1.7　伸缩缝材料应安放平直，并应与料石粘贴牢固。

11.1.8　在铺装完成并检查合格后，应及时灌缝。

3. 原因分析

（1）施工原因

1）铺设时接缝施工质量差，令防水效果变差，地面水（或潮湿）沿墙体或砂浆层侵入石材板；

2）安装时对石材洒水过多等原因，使水入侵石材板。

（2）材料原因

砌筑砂浆等粘结材料不合格，产生含碱、盐等成分物质。

4. 预防措施

（1）施工措施

1）作业前不可大量对石材和墙面淋水。

2）镶贴用的水泥砂浆宜掺入减水剂，以减少 $Ca(OH)_2$ 析出，粘贴法砂浆稠度宜为 6~8cm，灌浆法砂浆稠度宜为 8~12cm。

3）可采用水泥基商品胶粘剂（干混料）。

4）镶贴完成后，室外石材全面积喷涂有机硅防水剂或其他无色护面涂剂。

（2）材料措施

选择强度和外形尺寸均符合设计要求的面砖进行铺砌。

5. 治理措施

（1）尽快对墙体、板缝、板面等全面进行防水处理，防止水分继续入侵，使泛碱不再扩大。

（2）可使用市面上的石材泛碱清洗剂，在使用前，一定要先作小样试块，以检验效果和决定是否采用。待建筑材料充分干燥后，再用超强渗透、迅速固化的 NC304S 纳米级固化剂喷涂，或者用 NC304W 进行防水处理，可使泛碱现象不再发生。

6. 工程实例图片（图 1.6-18）

图 1.6-18　广场砖面板整洁，未发生泛碱现象

第2章　桥梁工程

2.1　基础工程

2.1.1　通病名称：桩基偏位、桩身不垂直

1. 通病现象

成桩后，桩中心位置出现纵、横向偏离设计桩中心位置，或桩中心出现倾斜造成桩身不垂直（图2.1-1）。

图2.1-1　桩基偏位（桩身不垂直）现象

2. 规范标准相关规定

（1）设计规范标准相关规定

1)《城市桥梁设计规范》CJJ 11—2011

2)《公路桥涵地基与基础设计规范》JTG D63—2007

（2）施工规范标准相关规定

《公路桥涵施工技术规范》JTG/T F50—2011

8.7.3　钻（挖）孔桩的桩中心位置允许偏差：群桩100mm，单排桩50mm；倾斜度：钻孔 <1%，挖孔 <0.5%。

3．原因分析

（1）设计原因

施工图纸桩中心坐标有误。

（2）施工原因

1）桩基放样错误。

2）桩机钻杆不垂直。

3）扩孔严重，钢筋笼入孔后未进行校正。

4．预防措施

（1）设计措施

设计人员认真复核无误后，再正式发出施工图。

（2）施工措施

1）测量导线点按规定及时复核，认真审图并准确计算桩基中心坐标。

2）准确放样桩位及时放样护桩，护桩设置在坚实不易损坏的地段，通过护桩经常性复核桩位，出现偏位时及时调整。

3）根据设计地质情况选择不同冲程进行钻进，当出现斜面岩或软硬差距较大的地层宜采取回填措施继续进行钻进。

（3）机械措施

1）钻机钻杆应设有自动调垂直装置。

2）钻机应平稳，并有限位装置。

5．治理措施

（1）变更轴线位置。

（2）桩位纠偏：将偏位的桩基周围挖开，将混凝土向下凿除，检查下部的桩身及钢筋笼的轴线位置，一般要检查到护筒埋置处。如果下部的桩身及钢筋笼的轴线偏位在规范允许范围内，那么上部的钢筋较直，上部按接桩处理，混凝土强度等级提高一个等级；如果是端承桩一般对受力影响不大；如果是摩擦桩，因桩身外的土已经被挖除，这一截接桩周围的土对桩基产生的是负摩擦力，对桩基的承载力影响大，必须经过设计验算。

（3）群桩处理：在偏位桩的两侧重新钻孔成桩。

（4）原位重钻：在原位采用冲击桩机将原桩毁除，按设计桩中心位置重新施工。

注：采用以上任何一种方法处理，必须经过建设方、监理方、设计方同意方可实施。

2.1.2　通病名称：桩基钢筋笼偏位、无保护层

1．通病现象

成桩后，钢筋笼偏位，造成钢筋笼一侧保护层过大，一侧保护层过小或无保护层（图 2.1-2）。

2．规范标准相关规定

（1）设计规范标准相关规定

《公路桥涵地基与基础设计规范》JTG D63—2007

5.2.2　为防止因骨架移动发生露筋现象，钢筋净保护层厚度不应小于 60mm。

（2）施工规范标准相关规定

《公路桥涵施工技术规范》JTG/T F50—2011

图 2.1-2　桩基钢筋笼偏位、无保护层现象

4.4.7　灌注桩钢筋骨架制作、运输和安装应符合下列规定：

2　应在骨架外侧设置控制混凝土保护层厚度的垫块，垫块的间距在竖向不应大于 2m，在横向圆周不应少于 4 处。

4　灌注桩钢筋笼骨架制作和安装质量应符合表 4.4.7 的规定：保护层厚度允许偏差为 ±20mm。

3．原因分析

（1）设计原因

1）钢筋笼保护层厚度设计值小于规范要求。

2）钢筋笼保护层垫块横、竖向间距设计不合理。

（2）施工原因

1）孔壁过软，控制钢筋笼保护层的耳环、混凝土预制垫块有可能陷入一侧孔壁内，导致钢筋笼偏位。

2）钢筋笼过长，未设加劲箍，刚度不够，造成变形

3）钢筋笼上未设垫块或耳环控制保护层厚度，或桩孔本身偏斜或偏位。

4）钢筋笼吊放未垂直缓慢放下，下放钢筋笼过程中对位不准，而是斜插入孔内，而导致钢筋笼偏位。

5）在灌注水下混凝土过程中由于对混凝土的坍落度、和易性以及混凝土的灌注速度控制不好，导致钢筋笼上浮，而引起的钢筋笼偏位。

4．预防措施

（1）设计措施

设计人员认真复核无误后，再正式发出施工图。

（2）施工措施

1）钢筋笼按设计要求设置混凝土垫块。

2）钢筋笼采取吊筋与钢护筒可靠固定。

3）筋过长，应分 2～3 节制作，分段吊放，分段焊接或设加劲箍加强。

4）在钢筋笼部分主筋上，应每隔一定距离设置混凝土垫块或焊耳环控制保护层厚度，桩孔本身偏斜、偏位应在下钢筋笼前往复扫孔纠正。

5）钢护筒的埋设深度及长度且保证顶口要高于原地面 20cm 和底口高程要低于设计钢筋笼顶端加强筋的高程。

5. 治理措施

（1）桩顶植筋：由于桩基钢筋偏位，导致锚入承台（柱）的桩基钢偏位，增加附加弯矩和剪力，采用桩顶植筋抵抗附加应力。施作方法：在桩基外壁正确桩位处用风镐钻孔，深度按钢筋植筋规范要求的锚固长度为准，外露长度与原设计锚入承台（柱）长度，钢筋直径与原设计为准，植盘锚固后需进行抗拉拔试验。

（2）沿桩身开挖基坑至下部桩身钢筋保护层在规范允许之内时（如果桩身钢筋保护层不能满足规范要求，继续向下凿除，直到能够满足规范要求），就凿除桩身钢筋笼保护层不符合要求段的表面混凝土，然后绑扎钢筋成钢筋网片，底面和四周均匀布置，钢筋安装完成后浇筑混凝土，这一截接桩周围的原基岩凿除后在用混凝土浇筑后，不影响桩基负摩擦力，不影响桩基受力结构。

注：采用以上任何一种方法处理，必须经过建设方、监理方、设计方同意方可实施。

2.1.3　通病名称：桩头质量不达标或短桩

1. 通病现象

成桩后，桩顶出现混凝土只见砂子不见石子的离析；泥浆、钻渣等与混凝土混合的"混浆"；桩顶超灌高度不足，设计桩顶部位仍是浮浆层等现象造成桩顶混凝土强度偏低，质量不达标；在灌注过程未控制好标高或者成桩过程中停料过早，造成桩长达不到设计桩长的短桩现象（图 2.1-3）。

图 2.1-3　桩头质量不达标现象

2. 规范标准相关规定

（1）设计规范标准相关规定

1）《城市桥梁设计规范》CJJ 11—2011

2）《公路桥涵地基与基础设计规范》JTG D63—2007

（2）施工规范标准相关规定

《公路桥涵施工技术规范》JTG/T F50—2011

9.2.11　灌注水下混凝土应符合下列规定：

9　混凝土灌注至桩顶部位时，应采取措施保持导管内的混凝土压力，避免桩顶泥浆密度过大而产生泥团或桩顶混凝土不密实、松散等现象；在灌注将近结束时，应核对混凝土的灌入数量，确定所测混凝土的灌注高度是否正确。灌注的桩顶高程应比设计高程高出不小于 0.5m，当存在地质较差、孔内泥浆密度过大、桩径较大等情况时，应适当提高其超灌的高度；超灌的多余部分在承台施工前或接桩前应凿除，凿除后的桩头应密实、无松散层。

3. 原因分析

（1）技术交底有不到位之处，内容不够全面。

（2）现场技术员缺乏质量意识，未掌握水下混凝土施工有关规定要求和注意事项。

（3）首批混凝土本身的质量问题，搅拌不熟，或混凝土中石料级配不好，混凝土和易性差。

（4）浇筑过程中，少量混凝土从贮料斗外直接漏到孔内，形成离析，砂浆浮在上面与泥浆混合。

（5）混浆主要是清孔不彻底，泥浆比重较大，浇桩过程中，沉淀变厚而下沉和混凝土混合。

（6）灌注尾声，施工人员量测桩顶超灌高度失误，超灌高度不足。

（7）灌注混凝土过程中，未设专人经常测量水中混凝土面的高度。

4. 预防措施

（1）施工措施

1）仔细熟读施工图，准确测量护筒顶标高并正确交底；终孔检查孔深时除采用测绳测量还必须采用钢尺对测绳进行复核测量，当发现孔深不够时不得终孔；混凝土灌注时超灌 0.5 ~ 1.0m。

2）浇灌前应检查钻机、搅拌机、发电机组等设备，确保其在桩身混凝土浇灌过程中运行良好，并注意机械设备日常维护保养。

3）清孔要彻底，灌注水下混凝土前要测泥浆指标，不达标要二次清孔。

4）浇筑过程中，加强现场测试，根据实际浇筑用量和混凝土面上升高度的关系，推算好最终用量。

5）灌注桩接近结束时，应用尼龙绳绑一金属重物，探入孔中，金属与混凝土内的石子摩擦，明显通过细绳可以感觉到。这种测试不仅在孔中心进行，还要在孔的周边进行几次，以绳子最长的混凝土面为准来控制。

6）为了防止颈缩造成短桩，应保持导管处在孔的中心，不可偏向一侧。

（2）材料措施

1）混凝土的原材料控制，定时抽检搅拌站混凝土砂、石子、掺合料、外加剂等材料的质量。

2）安排人员到搅拌站抽检混凝土出厂坍落度；混凝土运至现场时，严格检查混凝土均匀性和坍落度等，不符合要求时不得使用。

5. 治理措施

（1）将桩头上部混凝土浮浆凿除直到露出石子为止，桩头表面凿平整，清理干净，钢筋表面混凝土粘浆清理干净、调直，周围用钢护筒、模板或砖砌护壁，采用比原设计桩身混凝土强度等级高一个标号的混凝土重新浇筑到设计标高。

（2）接桩处理：挖至短桩处，清除表层的浮浆，凿出混凝土新鲜面和钢筋，钢筋接头预留应不在同一截面上，上下距离相差 35d，且不小于 50cm。对挖出的钢筋和声测管进行清洗，去除表面的泥浆和污垢。凿除钢筋笼主筋后计算需要接的钢筋笼长度，保证搭接后深入承台内钢筋长度，在钢筋场内准备接桩的上部钢筋笼，钢筋的搭接可采用单面焊或者帮条焊接，焊缝饱满，平顺，焊接长度不小于 10d，高度大于等于 0.3d，且不小于 4mm，宽度大于等于 0.7d，且不小于 8mm，焊接过程中应保证钢筋笼的垂直度不大于 1%，且能保证保护层的要求。声测管的对接应与钢筋笼的搭接同时进行，搭接的原则为垂直度满足要求，搭接处焊缝饱满，不漏水，声测管对接完毕后进行注水检测。

图 2.1-4　将桩头不达标混凝土往下凿除重新浇筑处理

6. 工程实例图片（图 2.1-4）

2.1.4　通病名称：断桩或夹层

1. 通病现象

桩身混凝土在某一部位出现不连续或某一部分的混凝土夹层严重变质导致整根桩承载力达不到设计要求（图 2.1-5）。

2. 规范标准相关规定

（1）设计规范标准相关规定

1)《城市桥梁设计规范》CJJ 11—2011

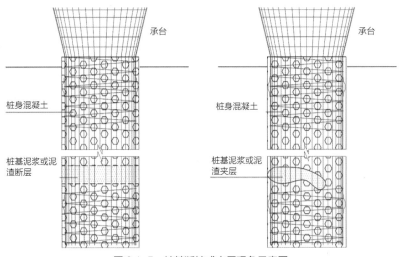

图 2.1-5　桩基断桩或夹层现象示意图

2）《公路桥涵地基与基础设计规范》JTG D63—2007

（2）施工规范标准相关规定

《公路桥涵施工技术规范》JTG/T F50—2011

3. 原因分析

（1）由于混凝土坍落度过小，或由于石料粒径过大、导管直径较小，在灌注过程中堵塞导管，且在混凝土初凝前无法疏通好，不得不提起导管，形成断桩。

（2）由于运输或等待时间过长等原因使混凝土发生离析，又没有进行二次搅拌，灌注时大量骨料卡在导管内，不得不提出导管进行清理，引起断桩。

（3）由于水泥结块或者在冬季施工时因集料含水量较大而冻结成块，搅拌时没有将结块打开，结块卡在导管内，而在混凝土初凝前不能疏通好，造成断桩。

（4）混凝土灌注过程中发生坍孔，无法清理，或使用吸泥机清理不彻底，使灌注中断造成断桩。

（5）由于检测和计算错误，导管长度不够使底口与孔底距离过大，首批灌注的混凝土不能埋住导管底部，从而形成断桩。

（6）在提拔导管时，盲目提拔，将导管提拔过量，使导管底口拔出混凝土面，或使导管口处于泥浆层，形成断桩。

（7）在提拔导管时，钢筋笼卡住导管，在混凝土初凝前无法提起，造成混凝土灌注中断，形成断桩。

（8）导管接口渗漏，使泥浆进入导管，在混凝土内形成夹层，造成断桩。

（9）处理堵管时，将导管提升到最小埋置深度，猛提猛插导管，使导管内混凝土连续下落与表面的浮浆、泥土相结合，形成夹泥缩孔。

（10）导管埋置深度过深，无法提起导管或将导管拔断，造成断桩。

（11）由于其他意外原因（如机械故障、停电、材料供应不足等）造成混凝土不能连续灌注，中断时间超过混凝土初凝时间，致使导管无法提起，形成断桩。

4. 预防措施

（1）灌注过程中严格遵守各项操作规程，保证灌注作业连续紧凑、有条不紊。反复检查各作业环节工作情况，反复细心探测混凝土面，并用理论方法计算混凝土面高度，结合混凝土灌注的实际情况，考虑有无扩孔和缩颈情况，分析比较后取混凝土面较低的数据作为拆除导管的依据。

（2）灌浆导管应由经验丰富的机班长操作，技术人员应现场指导并严格控制灌浆导管提升高度，严禁将灌浆导管提离混凝土面。

（3）导管的提升应匀速、平稳，适当控制灌注混凝土的时间。

（4）保证设备的正常工作，并有备用设备，灌注前提前通知配电部门保证灌注时不能停电，要注意天气变化，合理安排灌注时间。

（5）混凝土流动不畅造成堵管，可用粗长钢筋或竹竿疏通管内混凝土，用铁锤敲振导管处理；或将导管慢慢提升 1m 左右进行抖动和增加导管的高度，多灌注混凝土来增加其自重压力。如上述方法均无效时，拔出导管另行处理。

5. 治理措施

（1）断桩后如果能够提出钢筋笼，可迅速将其提出孔外，然后用冲击钻重新钻孔，清孔后下钢筋笼，再重新灌注混凝土。

（2）如果因严重堵管造成断桩，且已灌注混凝土还未初凝时，在提出并清理导管后用测锤量出已灌混凝土顶面位置，并准确计算漏斗和导管容积，将导管下沉到已灌混凝土顶面以上大约 10cm 处，加球胆重新开塞灌注，在此过程仔细观察计算好漏斗内的混凝土下落量，当导管刚下落填满球胆出导管口的瞬间，将导管迅速压入已灌混凝土顶面以下，即完成湿接桩。

（3）若断桩位置处于地表面 10m 以下，且混凝土已终凝，可使用直径略小于钢筋笼内径的冲击钻在原桩位进行冲击钻孔到钢筋笼底口以下 60cm 处，往孔内投放适量炸药，待钢筋笼松动后整体吊或一根根吊出，然后进行二次扩孔至设计直径，清孔后重新灌注混凝土。

（4）若断桩位置在地表面下 5m 范围内，且地质条件良好时，可开挖至断桩位置，将泥浆或掺杂泥浆的混凝土清除，露出良好的混凝土并凿毛，将钢筋上的泥浆清除干净后，支模浇筑混凝土，拆模后及时回填并夯实。

（5）若因坍孔、导管无法拔出等造成断桩而无法处理时，可由设计单位结合实际情况提出补桩方案，在原桩两侧进行补桩。

2.1.5　通病名称：桩基钢筋笼上浮

1. 通病现象

已经沉放到设计深度位置的钢筋骨架，在灌注混凝土过程中，骨架位置比原设计位置高出，俗称"浮笼"（图 2.1-6）。

2. 规范标准相关规定

（1）设计规范标准相关规定

1）《城市桥梁设计规范》CJJ 11—2011

2）《公路桥涵地基与基础设计规范》JTG D63—2007

（2）施工规范标准相关规定

《公路桥涵施工技术规范》JTG/T F50—2011

6.2.11　灌注水下混凝土应符合下列规定：

6　灌注时应采取措施防止钢筋骨架上浮。当灌注的混凝土顶面距钢筋骨架底部 1m 左右时，宜

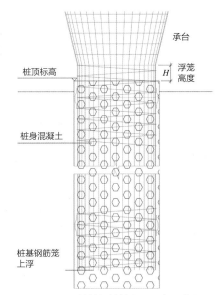

图 2.1-6　桩基钢筋笼上浮现象示意图

降低灌注速度；混凝土顶上升到骨架底部 4m 以上时，宜提升导管，使其底口高于骨架底部 2m 以上后再恢复正常灌注速度。

3. 原因分析

（1）钢筋笼骨架内径与导管间距小，粗骨料粒径太大，主筋搭接焊头未焊平，在导管提升与下沉回来过程中，法兰盘挂带钢筋笼。

（2）钢筋笼在下放过程中，骨架扭曲，箍筋变形，脱焊、脱落或者导管倾斜，使得钢筋与导管外壁紧密接触。

（3）有时因机具故障，灌注混凝土时停歇，导管与钢筋间混凝土凝结，提升导管时将钢筋带出。

（4）灌注混凝土速度过快，混凝土面升至钢筋笼底，产生向上"浮力"导致钢筋笼上浮上来。

4. 预防措施

（1）施工措施

1）严格细致地下好钢筋骨架，并将其牢固地绑扎或焊于孔口护筒，增加其重力。

2）下放导管时，应使导管确保在孔位的中心上。

3）在灌注混凝土时，当混凝土面接近钢筋骨架底口时，应放慢灌注速度，以缓解混凝土对钢筋骨架向上的冲击力。

4）注意导管出口与钢筋骨架底口不得平齐灌注混凝土。

（2）材料措施

严格按要求控制混凝土坍落度、流动性、初凝时间，及混凝土进场车数能保证灌注连续进行。

5. 治理措施

（1）刚开始灌注混凝土就出现"浮笼"，主要是导管与笼之间有挂带现象；应立即中止灌注混凝土，反复上下摇动导管或单向旋转。

（2）在灌注混凝土过程中，随着导管拔出，笼上浮，但混凝土面不动，亦是因导管与笼之间有挂带现象，应反复摇动导管，重复使之上下移动，以切断二者联系。

（3）在灌注过程中，随着混凝土面上升，笼上浮，即应控制混凝灌注量及速度。

2.1.6　通病名称：声测管被堵

1. 通病现象

桩基声测管在混凝土灌注时接口处出现漏浆或凿桩头机械破坏、混凝土块掉进声测管造成管体堵塞，无法进行超声波检测试验的现象（图 2.1-7）。

2. 规范标准相关规定

（1）设计规范标准相关规定

1）《城市桥梁设计规范》CJJ 11—2011

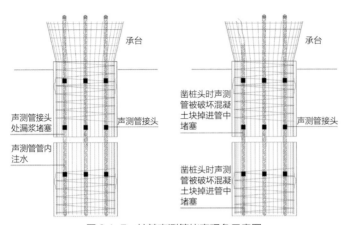

图 2.1-7　桩基声测管堵塞现象示意图

2）《公路桥涵地基与基础设计规范》JTG D63—2007

（2）施工规范标准相关规定

《建筑基桩检测技术规范》JGJ 106—2014

10.3.1　声测管埋设应符合下列规定：

2　声测管应有足够的径向刚度，声测管材料的温度系数应与混凝土接近；

3　声测管应下端封闭、上端加盖、管内无异物；声测管连接处应光顺过渡，管口应高出混凝土顶面 100mm 以上。

3. 原因分析

施工原因

（1）在安放桩基钢筋笼时，每节声测管连接完成后没有往管内灌水，以检测声测管是否漏水。

（2）在钢筋笼运输装卸过程中，由于桩孔倾斜或吊放不居中，经常发生声测管与孔壁撞击的现象；在导管下放或桩基灌注时偶尔也会发生导管撞击声测管的现象发生。

（3）声测管接头连接方式不当，桩基声测管接头方式采用插入式接头连接，这种连接方式刚度不足，上下两节声测管的连接拉力全靠钢丝提供，如遇撞击，钢丝就会变形或断掉，套管之间的塑料垫和渗入的混凝土浆就会横亘在上下两道管之间，形成堵管现象。我作业区改用用法兰式连接接头，法兰接头由一对法兰、一个垫片及若干个螺栓螺母组成。使连接处严密不漏。法兰连接密封性很强，从而使声测管接头处堵管情况也减少很多。

（4）接头位置如果连接不紧密，法兰螺丝未全部拧紧时，两个法兰之间就可能存在空隙，形成滞凝的浆体。

（5）下完钢筋笼后，声测管没有注入净水，混凝土浆体或污水如果渗入声测管。

（6）钢筋笼下放之后，声测管上部端口未及时封闭或者封闭不完全，致使泥浆、杂物等漏入引起堵管现象。

（7）声测管漏出地面过高，搬移钻机时碰掉声测管盖子或者将其弄断，又没来得及采取措施堵封就有泥浆、杂物等渗入。

（8）破桩头时，导致有混凝土碎块等杂物掉入，导致卡管。

声测管常用疏通工具为声测管疏通水泵，包括（高压）水泵、抽水管、冲洗管、电线等。

4. 预防措施

（1）声测管在每一节焊接完后，孔内要灌水，水要经过净化处理后才能灌声测管，达到预防探测管底部堵塞目的。声测管施工时接头焊接要牢固，不得漏浆，顶、底口封闭严实，声测管与钢筋笼用粗钢丝软连接。

（2）声测管必须与钢筋笼可靠固定；声测管安装完成后必须做密封试验。

（3）使用品质优良的声测管。

（4）声测管接头方式采用法兰式连接。

（5）钢筋笼副笼制作时，在声测管周围加两条螺纹钢。

（6）钢筋笼运输或下放时，避免碰撞声测管管体或接头，安装时确保法兰螺丝拧紧，橡胶垫片安装位置准确。钢筋笼桩孔下放时，应使钢筋笼保持竖直状态并慢速匀速入孔，避免与孔壁碰撞。

（7）下完钢筋笼后，声测管及时注入净水并将声测管上部端口处完全封闭。桩基灌注时采用人工上下抽动。使用衬管的方法效果最好，但是会相应增加一些成本。

（8）桩基灌注前导管安装和灌注时导管升降均应在桩中心处竖直线上均匀慢速运动。

（9）声测管漏出地面时，搬移钻机等作业时避免碰掉声测管盖子或者将其弄断，如这种情况出现要及时采取措施堵封避免泥浆、杂物等渗入。

（10）破桩头时，如这种情况出现要及时封堵。

5. 治理措施

（1）顶部堵塞的情况不及时封闭声测管上口，导致混凝土浆体流入，这种实心部分都是含有一定沙或小石子的水泥浆体，浆体呈流塑状，用高压水泵或一般水泵即可冲洗干净；如声测管中没注水，准备 3.5m、2m、1m 的螺纹 22 钢筋和 40cm 长的錾子各一根，粗细配套的锚具和夹片一套，按深度递进的方式先后用 40cm 錾子、1m、2m 和 3.5m 的螺纹 22 钢筋冲击堵塞部分，2m 和 3.5m 的钢筋由于长度较长，可先用锚具锚固，大锤击打锚具的方式将钢筋打入，夹片用钢丝扎在一起，并在夹片下部用数根钢丝扎紧固定夹片。往复数次冲击后，用水泵将碎状物冲洗出来，顶部堵塞的情况一般 3.5m 的钢筋便足够长了。

（2）上部堵管的情况，上部堵管，这里指 4 ~ 20m 堵管的情况，用实心钢柱制作1m 和 50cm 长的大錾子各一个，前端加工成尖锥形并硬化处理，后有圆孔，穿 100m 直径 4mm 钢丝绳并扎紧固定，钢丝绳缠绕在转轮上，每次冲击 20min 左右，再用水泵将碎状物冲洗出来，再接着冲击和冲洗。

（3）声测管中部堵管的情况，中部堵管，这里指 20 ～ 40m 堵管的情况，可用 1m 或者 50cm 长实心钢錾冲击配合水泵冲洗的方法疏通，考虑到声测管堵塞处较深，导致发生卡管的现象，也可以采用直径 22mm、长 2m 或 3.5m 螺纹钢筋代替实心钢錾或者钢绞线冲击配合水泵冲洗的方式，此深度范围内可用人工抽拔钢绞线往返冲击。

（4）声测管下部堵管的情况，下部堵管，一般指 40m 深度以下堵管的情况，此种情况人工抽拔钢绞线工作强度太大，可采用将钢绞线锚固在挖机的铲斗或者吊车的小弯钩上，将钢绞线提起至半空中冲击堵管部分，然后用水泵将处理的碎状物冲洗出来。用长 100m 直径 4mm 的钢丝绳吊着长 3.5m 直径 22mm 的螺纹钢上下往返冲击。由于钢筋相对 32cm 实心钢柱较细且具有弯折弹性，虽然较长但却不易发生卡管现象。

（5）声测管用水泵管（每米处均有刻度标识）疏通完毕后，用长 30cm 直径 3.2cm 的钢柱体（做成探测头形状，略大）测深，测试疏通后的声测管深度，由于此种探头比声测探头长且粗些。

2.1.7　通病名称：导管进水

1. 通病现象

在浇混凝土过程中，导管拔空脱离了混凝土面或管节连接不严密造成泥水进入导管中，造成桩身变小或断桩（图 2.1-8）。

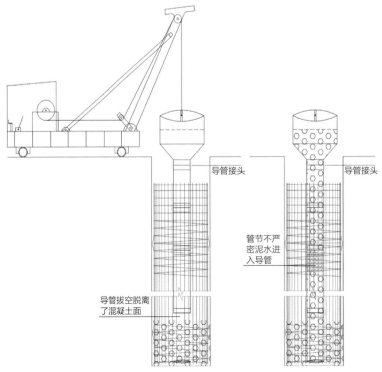

图 2.1-8　导管进水现象示意图

2. 规范标准相关规定

（1）设计规范标准相关规定

1）《城市桥梁设计规范》CJJ 11—2011

2）《公路桥涵地基与基础设计规范》JTG D63—2007

（2）施工规范标准相关规定

《公路桥涵施工技术规范》JTG/T F50—2011

8.2.9 灌注水下混凝土前的准备工作应符合下列规定：

2 水下混凝土宜采用钢导管灌注，导管的内径宜为 200mm ～ 350mm。导管使用前应进行水密承压和接头抗拉试验，严禁采用压气试压。进行水密试验的水压应不小于孔内水深 1.3 倍的压力，亦不应小于导管壁和焊缝可能承受灌注混凝土时最大内压力 P 的 1.3 倍。

3. 原因分析

（1）施工人员操作失误，过快上拔导管。

（2）若是首批混凝土储量不足，或虽然混凝土储量已够，但导管底口距孔底的间距过大，混凝土下落后不能埋没导管底口，以致泥水从底口进入。

（3）导管组拼时操作不良，胶垫安放不平正或胶垫质量不良，组拼后未经水密试验造成的。

4. 预防措施

（1）应该提高组拼质量，组拼后经水密试验，严格检查工地组拼接头的质量。

（2）导管接头确保拧紧，焊缝严密、牢固，灌入过程混凝土下放防过快，避免形成高压气囊。

（3）灌注过程中勤测导管埋深，导管提升不能过猛，防止导管提离混凝土面，导致导管进水。

（4）控制导管提离孔底规范要求的距离，以便隔水栓顺利冲击为宜，且隔水栓须与首批混凝土同步下落。

5. 治理措施

（1）若因是首批混凝土储量不足导管口脱空离开混凝土面时应立即将导管提出，将散落在孔底的混凝土拌合物用反循环钻机的钻杆通过泥石泵吸出，或者用空气吸泥机、水力吸泥机以及抓斗清出，不得已时需要将钢筋笼提出采取复钻清除。然后重新下放骨架、导管并投入足够储量的首批混凝土，重新灌注。

（2）在混凝土灌注的中期，遇到导管进水时，可依次将导管拔出，用吸泥机或潜水泥浆泵将原灌注混凝土表面的沉淀物全部吸出，将装有底塞的导管重压插入原混凝土表面 2m 以下，然后在无水导管中继续灌注，将导管适当提升，继续灌注的混凝土可冲开导管底塞流出。

2.1.8　通病名称：导管堵管

1. 通病现象

在桩基础灌注过程中，混凝土在导管中堵塞，无法送料现象（图2.1-9）。

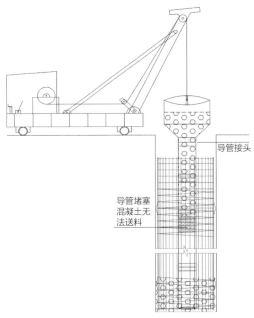

图2.1-9　导管堵塞混凝土无法送料现象示意图

2. 规范标准相关规定

（1）设计规范标准相关规定

1）《城市桥梁设计规范》CJJ 11—2011

2）《公路桥涵地基与基础设计规范》JTG D63—2007

（2）施工规范标准相关规定

1）《公路桥涵施工技术规范》JTG/T F50—2011

8.2.11　灌注水下混凝土应符合下列规定：

4　首批混凝土入孔后，混凝土应连续灌注，不得中断。

2）《城市桥梁工程施工与质量验收规范》CJJ 2—2008

10.3.5　灌注水下混凝土应符合下列规定：

3　浇筑水下混凝土的导管应符合下列规定：

1）导管内壁应光滑圆顺，直径宜为20cm～30cm，节长宜为2m；

3）导管轴线偏差不宜超过孔深0.5%，且不宜大于10cm。

3. 原因分析

（1）施工原因

1）隔水塞规格选择不合理：隔水塞规格偏大，外径接近导管内径，则下降过程中被导管异径部位卡住而堵管；隔水塞规格偏小，胶皮密封不好，下降过程中混凝土浆液卡住隔水塞，造成堵管。

2）导管弯曲，同心度差，初灌时，容易卡住隔水塞，造成堵管。

3）埋管深度过大，埋深大于 12m，导管的灌注阻力增大，导管中的混凝土难以排出导管外，如不及时拔管，混凝土在导管中就可能被挤紧而堵管。

4）清孔不好，泥浆密度过大，泥皮厚，对导管外混凝土的上升产生较大的阻力，降低了导管的排混凝土能力，使混凝土易在导管中被挤密堵管。

5）水塞效应：导管混凝土灌注出口与漏斗之间的落差较大，灌注速度较快，则易将大量空气带入导管中产生高压气塞，如果气塞挤破导管焊缝或导管垫子，导致漏水则引起水塞效应堵管。

（2）材料原因

1）水灰比控制不当：水灰比过大，水泥浆液与骨料会产生离析，粗骨料下沉，造成堵管，水灰比过小，混凝土流动度小，导管排混凝土不畅通，造成堵管。

2）骨料选配不好：粗骨料粒径过大，用量过多，细骨料用量偏少，混凝土流动度小，在灌注过程中，粗骨料易下沉，造成堵管。

3）天气炎热，混凝土中水分容易蒸发，使混凝土粘结在导管内壁上，形成很厚的壁膜引起堵管。

4. 预防措施

（1）设计措施

设计人员认真复核无误后，再正式发出施工图。

（2）施工措施

1）加强操作人员的培训，提高他们的技术素质、管理水平和增强责任感，质检、配料搅拌、灌注等几个关键岗位要明确责任，强化管理，杜绝一切事故隐患。

2）导管质量必须符合要求，导管同心度不能超过规范要求，入孔内的导管其连接部位必须密封，不得使用弯曲或不同心的导管。

3）清孔要符合规范要求，

4）控制好导管埋深和出料落差，拔管前的导管的埋深最好控制在 6m 左右最佳，混凝土放料口至漏斗的落差要求控制在 1m 以内。

5）使用的水泥隔水塞，其直径比导管内径小 18 ~ 20mm 为好；使用隔水球，其直径比导管内径小 1.0mm 左右即可。

6）在灌注过程中，应定时上下拔动导管，拔动间距为 0.3m 左右，不得超过 0.5m，其作用是既可以密实导管下部的混凝土，提高桩体质量，也可以使混凝土在导管内畅通，防止混凝土凝结在导管侧壁。

5. 治理措施

（1）堵管发生后，快速拔管，快速清理，快速下管，用浓水泥浆冲洗原混凝土面浮渣，同时，将导管插（压）入原混凝土面内 1m 左右，再按初灌程序灌注水下混凝土。该方法适用于因埋深大、配料不合理等原因引起的堵管。但一般情况下，我们均采用此方法，其处理效果非常好。

（2）拔出导管，若孔内已灌注的混凝土已初凝，下入小一级的清孔钻具进行清孔，并在混凝土中钻进一段距离（其长度根据桩的类型确定）。然后下入一个与小孔相匹配的钢筋笼，钢筋笼的长度是混凝土中小钻孔长度的 2 倍，配筋率则根据桩型确定。再下入导管，清孔后按正常程序进行水下混凝土灌。拔出导管，若原灌注的混凝土表层尚未初凝，可用新导管插入原灌混凝土的表面 2m 以下深度，用潜水泥浆泵下入导管底将管内的泥浆抽干净，再用圆杆接长的小掏渣桶将管内表面混有泥浆的混凝土掏干净后继续灌注混凝土。该方法主要适用于因导管漏水，混凝土被稀释或水灰比过大，粗骨料离析沉淀而引起堵管。

（3）不拔出导管，用卷扬机提导管夹板冲振导管，通过冲振力来解除堵塞。该方法主要适用在堵塞强度不高的情况下使用，并应特别注意提导管夹板时，不能将导管底部提离出混凝土面。

2.1.9　通病名称：导管埋管

1. 通病现象

在桩基础灌注混凝土过程中，导管埋在混凝土中，没有及时拔出，混凝土硬化后，导管无法拔出，形成废桩（图 2.1-10）。

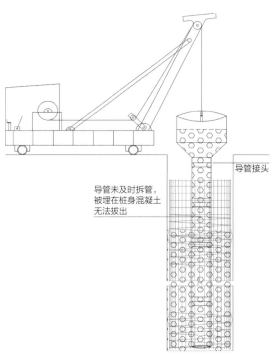

图 2.1-10　导管埋管现象示意图

2．规范标准相关规定

（1）设计规范标准相关规定

1）《城市桥梁设计规范》CJJ 11—2011

2）《公路桥涵地基与基础设计规范》JTG D63—2007

（2）施工规范标准相关规定

1）《公路桥涵施工技术规范》JTG/T F50—2011

8.3.5　灌注水下混凝土

4　灌注水下混凝土的技术要求

4）在灌注过程中，特别是潮汐地区和有承压力地下水地区，应注意保持孔内水头。

5）在灌注过程中，导管的埋置深度宜控制在 2m ～ 6m。

6）在灌注过程中，应经常测探井孔内混凝土面的位置，及时地调整导管埋深。

2）《城市桥梁工程施工与质量验收规范》CJJ 2—2008

10.3.5　灌注水下混凝土应符合下列规定：

4　水下混凝土施工应符合下列规定：

2）混凝土应连续灌注，中途停顿时间不宜大于 30min。

3．原因分析

（1）混凝土初凝时间短，或施工机具、电力供应等原因所致间歇时间长，重新浇筑混凝土时下部混凝土已硬化，导管拔不出来。

（2）导管被钢筋笼挂住。

（3）浇混凝土过程中孔壁坍方，大量泥砂将导管埋没。

（4）灌注过程中，由于导管埋入混凝土过深，一般往往大于 6m。

（5）由于各种原因，导管超过 30min 未提升，部分混凝土初凝，抱住导管。

4．预防措施

（1）混凝土初凝时间一定要保证正常浇筑时间的 2 倍，夏季施工时应加缓凝剂，保证混凝土的连续供应、浇捣。

（2）避免导管挂带钢筋笼。

（3）防止孔壁坍方措施：护筒原土深度至少 1m。根据现场土质特征，正确选用护壁泥浆。泥浆浓度不宜过低，严禁放清水入孔。在相邻刚浇灌完毕的邻桩旁成孔施工，距离不得小于 4 倍桩径，或最少间隔时间大于 36h。

（4）导管采用接头形式应为卡口式，可缩短卸导管引起的导管停留时间，各批混凝土均掺入缓凝剂，并采取措施，加快各种速度。

（5）随混凝土的灌入，勤提升导管，使导管埋深不大于 6m。

5．治理措施

（1）当导管挂带钢筋笼，如果发现钢筋笼埋入混凝土不深，可提起钢筋笼转动导管，使导管与钢筋笼脱离，否则只好放弃导管。

（2）埋导管时，用链式滑车、千斤顶、卷扬机进行试拔。

（3）导管埋入混凝土中拔不出，加力拔断导管，作断桩处理，同设计人员核定后重新补桩。

2.1.10　通病名称：灌注混凝土时桩孔坍孔

1. 通病现象

灌注水下混凝土过程中，发现护筒内泥浆水位突然上升溢出护筒，随即骤降并冒出水泡，为坍孔征兆。如用测深锤探测混凝土面与原深度相差很多时，可确定为坍孔（图2.1-11）。

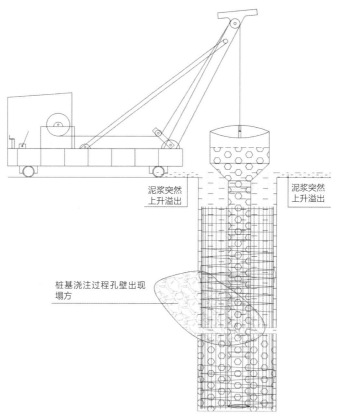

图2.1-11　灌注混凝土时桩孔坍孔现象示意图

2. 规范标准相关规定

（1）设计规范标准相关规定

1）《城市桥梁设计规范》CJJ 11—2011

2）《公路桥涵地基与基础设计规范》JTG D63—2007

（2）施工规范标准相关规定

《公路桥涵施工技术规范》JTG/T F50—2011

8.2.7　清孔应符合下列规定：

2　清孔方法应根据设计要求、钻孔方法、机具设备条件和地层情况决定。不论采用何种清孔方法，在清孔排渣时，均必须保持孔内水头，防止坍孔。

3. 原因分析

（1）灌注混凝土过程中，地下水压超过孔内水压，形成孔内外水头未能保持一定高差。

（2）护筒刃脚周围漏水；孔外堆放重物或有机器振动，使孔壁在灌注混凝土时坍孔。

（3）导管卡挂钢筋笼及堵管时，均易发生坍孔。

（4）孔内泥浆相对密度、黏度过低。

4. 预防措施

（1）如在松散砂黏土或流沙中钻进时，选用冲击钻，应控制进尺速度，选用较大相对密度、黏度、胶体率的高质量泥浆，低冲程锤击，使黏土膏片、卵石挤入孔壁起护壁作用。

（2）当地区水位变化太大时，采用适当的方法保持水头相对稳定。

（3）灌注混凝土过程中，要采取各种措施来稳定孔内水位，还要防止护筒及孔壁漏水。

（4）钻孔前针对技术资料分析土层结构，选择适宜的成孔方法和机具，合理安排成孔顺序，适当填筑作业平台及选择足够强度和尺寸的护筒。

5. 治理措施

发生灌注坍塌时，如坍塌数量不大，可采用吸泥机吸出混凝土表面坍塌的泥土，如不继续坍孔，可恢复正常灌注。如坍孔仍在继续且有扩大之势，应将导管及钢筋骨架一起拔出，用黏土或掺入 5% ~ 8% 的水泥将孔填满，待孔位周围地层稳定后再重新钻孔施工。

2.1.11　通病名称：承台表面出现蜂窝、麻面、烂根等

1. 通病现象

浇筑完混凝土拆模后，承台四周出现酥散、缺浆和许多小凹坑、麻点，形成粗糙面（图 2.1-12、图 2.1-13）。

图 2.1-12　承台出现蜂窝麻面现象　　　　　　图 2.1-13　承台出现蜂窝麻面现象

2．规范标准相关规定

（1）设计规范标准相关规定

《城市桥梁设计规范》CJJ 11—2011

（2）施工规范标准相关规定

《公路桥涵施工技术规范》JTG/T F50—2011

10.7.7　现浇混凝土承台质量检验，应符合本规范第10.7.1条规定，且应符合下列规定：

2　承台表面应无孔洞、露筋、缺棱掉角、蜂窝、麻面和宽度超过0.15mm的收缩裂缝。

3．原因分析

（1）混凝土配合比不好；

（2）模板在浇筑混凝土前没有充分浇水湿润或湿润不够；

（3）模板表面清理不干净；

（4）模板上的隔离剂涂刷不均匀或漏刷；

（5）模板拼缝不严密，混凝土浇筑时缝隙漏浆；

（6）混凝土振捣不密实，混凝土中气泡未排出。

4．预防措施

（1）严格控制混凝土配合比，混凝土拌合均匀，坍落度适合；

（2）控制混凝土下料高度，超过2m应设串筒或溜槽；

（3）浇灌应分层下料，分层振捣，防止漏振；

（4）模板缝应堵塞严密，防止漏浆；

（5）模板面清理干净，不得粘有干硬水泥砂浆等杂物，浇灌混凝土前，模板应浇水充分湿润，模板缝隙，应堵严；

（6）模板隔离剂应选用长效的，涂刷均匀，不得漏刷。

5．治理措施

（1）小蜂窝、麻面：洗刷干净后，用1：2或1：2.5水泥砂浆抹平压实；

（2）较大蜂窝，凿去蜂窝处薄弱松散颗粒，刷洗净后，采用A3级耐久性高强修补料进行仔细填塞捣实，较深蜂窝，如清除困难，可埋压浆管、排气管、表面抹砂浆或灌筑混凝土封闭后，进行水泥压浆处理。

2.1.12　通病名称：承台表面漏筋

1．通病现象

在钢筋混凝土浇筑过程中振捣不到位，保护层垫块没有设置或者固定不牢固，混凝土坍落度小，或拆模早，混凝土硬化前受外力导致剥落而使构件成型后钢筋外露的现象（图2.1-14）。

图2.1-14　承台表面漏筋

2. 规范标准相关规定

（1）设计规范标准相关规定

《城市桥梁设计规范》CJJ 11—2011

（2）施工规范标准相关规定

《公路桥涵施工技术规范》JTG/T F50—2011

10.7.7 现浇混凝土承台质量检验，应符合本规范第10.7.1条规定，且应符合下列规定：

2 承台表面应无孔洞、露筋、缺棱掉角、蜂窝、麻面和宽度超过 0.15mm 的收缩裂缝。

3. 原因分析

（1）灌筑混凝土时，钢筋保护层垫块位移或垫块太少或漏放，致使钢筋紧贴模板外露；

（2）结构构件截面小，钢筋过密，石子卡在钢筋上，使水泥砂浆不能充满钢筋周围，造成露筋；

（3）混凝土配合比不当，产生离析，模板部位缺浆或模板漏浆；

（4）混凝土保护层太小或保护层处混凝土振捣不实；或振捣棒撞击钢筋或踩踏钢筋，使钢筋位移，造成露筋；

（5）木模板未浇水湿润，吸水粘结或脱模过早，拆模时缺棱、掉角，导致露筋。

4. 预防措施

（1）浇灌混凝土，应保证钢筋位置和保护层厚度正确，并加强检验查；

（2）钢筋密集时，应选用适当粒径的石子，保证混凝土配合比准确和良好的和易性；

（3）浇灌高度超过 2m，应用串筒或溜槽进行下料，以防止离析；

（4）模板应充分湿润并认真堵好缝隙；

（5）混凝土振捣严禁撞击钢筋，操作时，避免踩踏钢筋，如有踩弯或脱扣等及时调整；

（6）混凝土要振捣密实，正确掌握脱模时间，防止过早拆模。

5. 治理措施

（1）表面漏筋，刷洗净后，在表面抹 1：2 或 1：2.5 水泥砂浆，将漏筋部位抹平；

（2）漏筋较深的凿去薄弱混凝土和突出颗粒，洗刷干净后，用比原来高一级的细石混凝土填塞压实。

2.1.13 通病名称：承台大体积混凝土出现裂缝

1. 通病现象

由于温度控制不当或养护问题，承台新浇筑混凝土后表面出现网状、龟裂状的细裂缝（图 2.1-15）。

注：承台混凝土裂缝产生原因比较多也非常复杂，这里只列举承台大体积混凝土由于养护或者温度控制原因引起的裂缝，其他如后期碱骨料反应、外力因素等不在考虑之列。

图 2.1-15　承台大体积混凝土出现裂缝

2. 规范标准相关规定

（1）设计规范标准相关规定

《城市桥梁设计规范》CJJ 11—2011

（2）施工规范标准相关规定

《公路桥涵施工技术规范》JTG/T F50—2011

10.7.7　现浇混凝土承台质量检验，应符合本规范第10.7.1条规定，且应符合下列规定：

2　承台表面应无孔洞、露筋、缺棱掉角、蜂窝、麻面和宽度超过 0.15mm 的收缩裂缝。

3. 原因分析

（1）水泥在水化过程中产生了大量的热量，因而使混凝土内部的温度升高，当混凝土内部与表面温差过大时，就会产生温度应力和温度变形，当温度应力超过混凝土内外的约束力时，就会产生裂缝；

（2）混凝土在早期温度上升和下降时，内部由于水化热产生压应力，表面产生拉应力，若拉应力超过混凝土的抗拉强度，就会产生裂缝；

（3）外界气温变化产生温差和温度应力，使混凝土产生裂缝；

（4）混凝土的收缩变形在表面产生拉应力而出现裂缝；

（5）过早拆除模板支架易使未达到强度的混凝土结构发生裂缝。

4. 预防措施

（1）优化混凝土配合比设计，尽可能降低水泥用量及选用水化热较低的水泥，采用"双掺技术"（掺粉煤灰和高效减水剂）；

（2）埋设冷却循环水管，进行温度监控、监测；

（3）控制混凝土入模温度；

（4）采取分层浇筑混凝土，利用浇筑面散热；

（5）浇筑完成后，承台表面进行 2 ~ 3 遍收面，即浇筑完成后收一次，在初凝后还未终凝前进行两遍收面，终凝后及时覆盖养护；

（6）养护时保持适宜的温度和湿度，混凝土中心与表面温度差应小于 25℃，混凝土拆模时，内外温差不应超过 25℃；

（7）在混凝土表面覆盖保温材料，尽可能延长养护时间；

（8）控制拆除模板支架时间。

5. 治理措施

（1）当裂缝宽度不大于 0.2mm 时，可采用表面密封法；

（2）当裂缝宽度大于 0.3mm 时，可采用嵌缝密闭法；

（3）当裂缝较深时，则采用灌浆修补法。

2.1.14　通病名称：围堰位置偏移

1. 通病现象

钢板桩、钢护筒或钢套箱下沉位置偏移量超过允许范围。

2. 规范标准相关规定

（1）设计规范标准相关规定

《城市桥梁设计规范》CJJ 11—2011

（2）施工规范标准相关规定

《城市桥梁工程施工与质量验收规范》CJJ 2—2008

10.7.2　扩大基础质量检验应符合下列规定：现浇混凝土基础的质量检验应符合本规范第 10.7.1 条规定，且应符合下列要求：

一般项目

1）现浇混凝土基础允许偏差应符合表 10.7.2-3 的要求。

现浇混凝土基础允许偏差　　　　　　　　　　表10.7.2-3

项目		允许偏差（mm）	检验频率		检验方法
			范围	点数	
断面尺寸	长、宽	±20	每座基础	4	用钢尺量，长、宽各 2 点
顶面高超		±10		4	用水准仪测量
基础厚度		+10 0		4	用钢尺量，长、宽向各 2 点
轴线偏位		15		4	用经纬仪测量，纵、横向各 2 点

3. 原因分析

（1）插打钢板桩、钢护筒及下沉钢箱或套箱时没有导向设备；

（2）河床岩面倾斜致使钢板桩、钢护筒或箱体无法在设计位置定位。

4. 预防措施

（1）插打钢板桩、钢护筒或下沉钢箱、套箱，必须有可靠的导向设备。

（2）可用锤击、振动等方法插打钢板桩、护筒。一般先将钢或逐条钢板桩插打到稳定深度，然后再依次打入设计深度。钢板桩的插打顺序一般由上游分两侧打入并向下游合龙。

（3）钢箱或套箱下沉前，应在箱体外围设置系环，使各方向均有控制。箱体下沉到预定位置后，应复核其纵向、横向轴线及标高，确认无误后予以固定。

（4）若河床岩面倾斜，可将钢护筒或箱体底部做成与河床相同的倾斜坡度，以增加稳定并减少漏水。

（5）选择在平潮时下放。

5. 治理措施

偏移位置较小时，可采用手拉葫芦、千斤顶等工具调整围堰位置；偏移位置较大时，重新施工围堰。

6. 工程实例图片（图 2.1-16）

图 2.1-16　钢套箱围堰采用槽钢定位下放

2.1.15　通病名称：钢板桩围堰渗漏

1. 通病现象

钢板桩围堰堰身渗漏量大，致使堰内无法正常施工（图 2.1-17）。

2. 规范标准相关规定

（1）设计规范标准相关规定

《城市桥梁设计规范》CJJ 11—2011

（2）施工规范标准相关规定

《城市桥梁工程施工与质量验收规范》CJJ 2—2008

图 2.1-17　承台钢板桩围堰渗水抽除

10.1.2　当基础位于河、湖、浅滩中采用围堰进行施工时，施工前应对围堰进行施工设计，并符合下列规定：

1　围堰顶宜高出施工期间可能出现的最高水位（包括浪高）0.5m ～ 0.7m；

4　围堰应严密，不得渗漏。

3. 原因分析

（1）锁口不密，个别桩入土不够，桩尖打裂、打卷等；

（2）水面以下的钢板桩接长的接缝处理不善；

（3）间隔有桩围堰内侧挡土设施不足，堰内土方流失；

（4）钢板桩入土深度不够，或打插过程中部分位置遇孤石、地下构筑物，未能插入到设计要求的位置；

（5）封底混凝土质量不好或还没有达到强度时进行抽水处理。

4. 预防措施

（1）应使用符合设计规格和质量要求的钢板桩，插打过程中遇到异常情况应查明原因。

（2）坚持锁口检查制度，用一块长 1.5 ～ 2.0m 符合类型、规格的钢板桩作标准，将所有同类型的钢板桩做锁扣检查。凡有锁扣不合的均应整修，直到符合要求方可使用。

（3）钢板桩或杉条桩围堰内侧，应有挡土设施，防止堰内土方流失。

（4）钢板桩接头处应设止水设施，相邻两钢板桩的接头应错开。

（5）钢板桩下沉前，应清除河床表面障碍物并探明有无地下构筑障碍物。如地下构筑物与围堰平面位置相碰，则应采取切实可行的施工技术措施，确保地下构筑物和围堰的安全和使用功能。

（6）封底混凝土浇筑采用导管法，控制导管安放距离小于混凝土流动半径 1.5 倍，混凝土浇筑时间选择在涨潮后进行。建议混凝土配合比中掺絮凝剂。混凝土的抽水时间应通过试验确定。

5. 治理措施

在抽水后，发现锁口不密的漏水，可用板条、棉絮、麻绒等在板桩外侧嵌塞，亦可在漏缝外侧水中撒下大量炉渣、木屑或谷糠等，随水夹带漏缝处自行堵塞。

6. 工程实例图片（图 2.1-18、图 2.1-19）

图 2.1-18　钢板桩围堰堵水细节处理

图 2.1-19　钢板桩围堰堵水处理

2.1.16　通病名称：钢套箱围堰渗漏

1. 通病现象

钢套箱围堰堰身渗漏量大，致使堰内无法正常施工。

2. 规范标准相关规定

（1）设计规范标准相关规定

《城市桥梁设计规范》CJJ 11—2011

（2）施工规范标准相关规定

《城市桥梁工程施工与质量验收规范》CJJ 2—2008

10.1.2　当基础位于河、湖、浅滩中采用围堰进行施工时，施工前应对围堰进行施工设计，并符合下列规定：

1　围堰顶宜高出施工期间可能出现的最高水位（包括浪高）0.5m ～ 0.7m；

4　围堰应严密，不得渗漏。

10.6.5　水中高桩承台采用套箱法施工时，套箱应架设在可靠的支承上，并具有足够的强度、刚度和稳定性。套箱顶面高程应高于施工期间的最高水位。套箱应拼装严密，不漏水。套箱底板与基桩之间缝隙应堵严。套箱下沉就位后，应及时浇筑水下混凝土封底。

3．原因分析

（1）钢套箱入土深度不够，或下沉过程中部分位置遇孤石、地下构筑物，未能插入到设计要求的位置；

（2）水面以下的钢套箱接长的接缝处理不善；

（3）基底未处理或处理不当，导致水从底部渗入。

（4）封底混凝土质量不好或还没有达到强度时进行抽水处理。

4．预防措施

（1）钢箱接头处应设有挡土设施，防止堰内土方流失。

（2）钢套箱下沉前，应清除河床表面障碍物并探明有无地下构筑障碍物。如地下构筑物与围堰平面位置相碰，则应采取切实可行的施工技术措施，确保地下构筑物和围堰的安全和使用功能。

（3）无底钢套箱下沉后至设计位置后，在进行封底混凝土前，要用高压水管和吸泥机在钢套箱内侧彻底清除河床沉淀下的淤泥，以免影响封底混凝土的质量。

（4）若河床岩面倾斜，可将钢护筒或箱体底部做成与河床相同的倾斜坡度，以增加稳定并减少漏水。

（5）封底混凝土浇筑采用导管法，控制导管安放距离小于混凝土流动半径1.5倍，混凝土浇筑时间选择在涨潮后进行。建议混凝土配合比中掺絮凝剂。混凝土的抽水时间应通过试验确定。

5．治理措施

漏水点较小时，可用棉絮、麻绒等在外侧嵌塞，亦可在漏缝外侧水中撒下大量炉渣、木屑或谷糠等，随水夹带漏缝处自行堵塞；漏水点较大时，可在漏水处施焊后再用上述办法处理。

6．工程实例图片（图2.1-20、图2.1-21）

图 2.1-20　钢套箱围堰下沉后进行封底

图 2.1-21　钢套箱围堰成功封底后没有出现
渗漏情况

2.2　下部结构工程

2.2.1　通病名称：立柱轴线偏位

1. 通病现象

立柱轴线偏位大（图 2.2-1）。

2. 规范标准相关规定

（1）设计规范标准相关规定

《城市桥梁设计规范》CJJ 11—2011

3.0.10　桥梁结构应满足下列功能要求：

1　在正常施工和正常使用时，能承受可能出现的各种作者；

图 2.2-1　立柱轴线偏位大

2　在正常使用时，具有良好的工作性能；

3　在正常维护下，具有足够的耐久性；

4　在设计规定的偶然事件发生时和发生后，能保持必需的整体稳定性。

3.0.16　桥梁结构应符合下列规定：

1　构件在制造、运输、安装和使用过程中，应具有规定的强度、刚度、稳定性和耐久性。

2　构件应减小由附件力、局部力、偏心力引起的应力。

（2）施工规范标准相关规定

《城市桥梁工程施工与质量验收规范》CJJ 2—2008

11.5.3　现浇混凝土墩台质量检验应符合本规范第 11.5.1 规定，且应符合下列规定：

一般项目

4　现浇混凝土柱允许偏差应符合表 11.5.3-2 的规定。

现浇混凝土柱允许偏差　　　　　　　表11.5.3-2

项目		允许偏差（mm）	检验频率		检验方法
			范围	点数	
断面尺寸	长、宽（直径）	±5	每根柱	2	用钢尺量，长、宽各1点，圆柱量2点
顶面高程		±10		1	用水准仪测量
垂直度		≤0.2%H，且不大于15		2	用经纬仪测量或垂线和钢尺量
轴线偏位		8		2	用经纬仪测量
平整度		5		2	用2m直尺、塞尺量
节段间错台		3		4	用钢板尺和塞尺量

3. 原因分析

（1）设计原因

没有按规范设计桥梁结构。

（2）施工原因

1）施工人员责任心不强，测量放样不准确。

2）钢筋骨架尺寸偏差大。

3）钢筋骨架就位、模板安装不牢固，混凝土振捣时对钢筋骨架造成较大扰动。

（3）材料原因

混凝土性能指标不符合要求。

4. 预防措施

（1）设计措施

严格按照有关规范进行设计。

（2）施工措施

1）严格按照有关规范、标准进行测量放样工作，按桥轴线校核柱子中心线。

2）模板的固定要牢靠，以控制模板在浇筑混凝土时不产生过大位移。

3）准确定位钢筋笼并有效固定。

4）振捣混凝土时，不得冲击振动钢筋、模板，以免模板变形。

（3）材料措施

选用合格的混凝土。

5. 治理措施

（1）凡偏位不影响结构质量时，只需进行少量局部剔凿和适当修整。

（2）凡偏位影响结构性能时，应会同有关部门研究结构加固或局部返工等处理方案后，按方案进行处理。

6. 工程实例图片（图 2.2-2）

2.2.2 通病名称：墩柱外观有色差

1. 通病现象

墩柱外观颜色深浅不一，存在色差，影响观感（图 2.2-3）。

2. 规范标准相关规定

《混凝土结构工程施工质量验收规范》GB 50204—2015

8.2.2 现浇结构的外观质量不应有一般缺陷

对已经出现的一般缺陷，应由施工单位按技术处理方案进行处理。对经处理的部位应重新验收。

检查数量：全数检查。

检验方法：观察，检查处理记录。

图 2.2-2 立柱轴线不偏位

图 2.2-3 墩柱外观有色差

3. 原因分析

混凝土在硬化后，某些表面色斑也在逐渐形成。因其变化随着混凝土的组成成分、时间长短、外界环境情况等不同而不同，故混凝土表面色斑种类繁多。尽管色斑种类复杂，但工地常见混凝土表面色斑从形成深度划分，总体上可以分为表层型色斑和深层型色斑两类。

（1）表层型色斑原因

1）模板锈斑污染。由于潮湿环境模板的涂刷不能很好阻止局部氧化，这些铁锈等氧化物很容易被混凝土表面吸附，形成锈斑，颜色多呈黄褐色。

2）脱模剂污染。工地使用的脱模剂种类很多，质量也高低不一。常用的油质脱模剂，都具有一定的染色，也就是污染问题。如采用柴油作脱模剂，混凝土表面颜色多发暗；采用机油（一般较黏稠，不易刷开）作脱模剂，表面颜色多发白。

3）外界环境污染。混凝土是一种极易受污染的物质。在城市、工厂等烟尘和粉尘污水多的地方，污染最为严重，影响面积也最广。通常对外界环境污染造成混凝土表面色斑，如粉尘污染、青苔污染、污水污染等等。

（2）深层型色斑原因

1）水泥质量的变化。由于水泥厂家生产工艺较差，或者出现生产量小供应量大的情况，致使水泥质量不稳定，经常发生波动，水泥成分的剧烈变化，极易导致混凝土表面色斑的产生。

2）拌合质量差。通常在混凝土使用的水泥质量不发生变化的条件下，拌合质量对混凝土表面颜色的影响占了主导地位。其影响因素主要有水灰比变化的影响等。由于对用水量掌握不准，搅拌的混凝土时干时稀，水灰比变化幅度大。一般情况下，水灰比小（坍落度小于 40mm）的混凝土干硬后多呈青灰色，颜色相对较深，水灰比大（坍落度大于 160mm）的混凝土干硬后多呈灰白色，颜色较浅。施工中混凝土水灰比的变化常使结构物混凝土出现盘与盘之间颜色明显的差异。

3）施工缝。通常施工缝的附近混凝土颜色深，且多呈条带状斑块，与混凝土浇筑的分层厚度基本一致，特别影响混凝土的外观形象。其主要形成原因有工地浇筑作业不连续，混凝土凝结时间短等原因。

4．预防措施

（1）表层型色斑

1）预防模板锈斑污染措施。

① 对施工用模板的涂刷应及时，并且使用质量好的脱模剂，如环氧树脂型脱模剂等，以阻止锈源的产生。

② 一旦混凝土出现锈斑，应及时处理。通常表层小面积可用钢刷刷除，范围较大采用 1∶10 的草酸溶液进行擦洗后再进行砂轮机打磨，以还原混凝土本色。

2）预防脱模剂污染措施。

采用优质脱模剂。目前工地上使用的优质脱模剂主要为环氧树脂型脱模剂，不污染混凝土，表面光洁，色泽均匀，并且可多次倒用。当使用液压油作脱模剂时，尽量选用质量好的品种。

3）预防外界环境污染措施。

尽量减少各种污染源，净化环境，以保护混凝土颜色不受或少受侵害。

（2）深层型色斑

1）预防水泥质量变化措施。

① 严格控制水泥来源，避免不同种类不同厂家水泥混用。所用水泥尽量选用生产工艺先进，生产供应能力强的大厂，对水泥质量无法保证的厂家，要予以更换。

② 加强水泥颜色的检测。要求工地每进一批水泥，就要对其颜色进行目测对比和混凝土本色的试验，如颜色发生较大的变化，应禁止使用。

2）预防拌合质量差措施。

① 混凝土拌合站应做到混凝土配合比各组分用量准确，特别是用水量的准确，确保水灰比在极小范围内波动。

② 严格控制混凝土的拌合质量，适当延长混凝土的拌合时间，确保拌合质量稳定。

3）预防施工缝问题措施。

① 合理安排施工，避免出现长时间的中断，确保工地浇筑作业的连续。

② 改善混凝土的性能。对运输距离远以及温度高的夏季，混凝土掺一定量的缓凝剂，

适当延长混凝土凝结时间，以应对工地出现的各种突发事件发生。

5. 治理措施

（1）表层型色斑治理措施

1）模板锈斑污染治理措施。表层小面积可用钢刷刷除，范围较大采用 1∶10 的草酸溶液进行擦洗后再进行砂轮机打磨，以还原混凝土本色。

2）脱模剂污染治理措施。

由于低质脱模剂污染面积通常较大，表面处理的难度大。小面积颜色较深可用磷酸配成溶液，对混凝土表面进行擦洗，再用钢刷刷除，使其先变成白色，后恢复混凝土本色。如颜色污染轻，可采用漂白剂进行擦洗。

3）外界环境污染治理措施。

对于灰尘、青苔等污染可简单进行清扫处理，表层小面积可用钢刷刷除，范围较大采用 1∶10 的草酸溶液进行擦洗后再进行砂轮机打磨。

（2）深层型色斑治理措施

混凝土深层色斑，不是污染造成的，而是混凝土的内部成分发生了变化，一旦混凝土表面形成色斑，基本上用简单的冲洗打磨等办法无法消除，从理论上说只能防止此类色斑的发生。

6. 工程实例图片（图 2.2-4）

图 2.2-4　墩身外观无色差

2.2.3　通病名称：墩柱底部"烂根"

1. 通病现象

墩柱底部钢筋外漏，出现"烂根"现象（图 2.2-5）。

图 2.2-5　墩柱底部烂根

2. 规范标准相关规定

（1）《混凝土结构工程施工质量验收规范》GB 50204—2015

8.2.2 现浇结构的外观质量不应有一般缺陷。

对已经出现的一般缺陷，应由施工单位按技术处理方案进行处理。对经处理的部位应重新验收。

检查数量：全数检查。

检验方法：观察，检查处理记录。

（2）《城市桥梁工程施工与质量验收规范》CJJ 2—2008

11.5.3 现浇混凝土墩台质量检验应符合本规范第 11.5.1 条规定，且应符合下列规定：

6 混凝土表面应无孔洞、漏筋、蜂窝、麻面

检查数量：全数检查。

检验方法：观察。

3. 原因分析

（1）设计原因

构件截面尺寸较小，设计钢筋过密，遇大石子卡在钢筋上水泥浆不能充满钢筋周围，使钢筋密集处产生露筋。

（2）施工原因

1）浇筑墩柱底部时混凝土振捣不到位。

2）混凝土振捣时垫块移位或垫块太少，钢筋紧贴模板，致使拆模后出现"烂根"现象。

3）混凝土振捣时，振捣棒撞击钢筋，将钢筋振散发生移位，造成露筋等"烂根"现象。

4）模板拼缝不严密、接缝处止浆不好或模板下底边与承台边结合不紧密，导致振捣时混凝土表面失浆造成"烂根"现象。

5）承台顶面平整度控制不严，安装模板时造成承台与模板底面间隙过大，导致浇筑混凝土后漏浆造成"烂根"现象。

4. 预防措施

（1）设计措施

设计时应考虑混凝土浇筑施工，优化局部截面配筋。

（2）施工措施

1）钢筋较密集时，要选配适当石子，以免石子过大卡在钢筋处，如遇普通混凝土难以浇灌时，可采用细石混凝土。

2）钢筋混凝土施工时垫足垫块，固定好，同时保证保护层厚度。

3）混凝土振捣须充分，避免漏振；严格控制振捣时间，不宜过长或过短。

4）混凝土振捣时严禁振动钢筋，防止钢筋变形位移。

5）混凝土浇筑前应对钢筋工程、模板工程进行严格验收。

6）模板工程须严格控制模板制作尺寸，施工中严格控制墩身模板与承台顶面的间隙，严格控制承台顶部标高，加强测量复核。

5. 治理措施

先用高强度环氧树脂砂浆修补根部，后在墩柱四周立模浇筑高一标号钢筋混凝土包裹根部补强。

图 2.2-6　墩柱底部混凝土平整

6. 工程实例图片（图 2.2-6）

2.2.4　通病名称：墩柱模板拼缝明显，出现错台

1. 通病现象

墩柱模板拼缝明显，出现错台（图 2.2-7）。

2. 规范标准相关规定

1）《混凝土结构工程施工质量验收规范》GB 50204—2015

图 2.2-7　墩柱出现错台

8.2.2　现浇结构的外观质量不应有一般缺陷

对已经出现的一般缺陷，应由施工单位按技术处理方案进行处理。对经处理的部位应重新验收。

检查数量：全数检查。

检验方法：观察，检查处理记录。

2）《城市桥梁工程施工与质量验收规范》CJJ 2—2008

11.5.3　现浇混凝土墩台质量检验应符合本规范第 11.5.1 条规定，且应符合下列规定：

3　现浇混凝土墩台允许偏差应符合表 11.5.3-1 的规定。

其中有：节段间错台允许偏差 5mm，墙面平整度允许偏差 8mm。

3. 原因分析

（1）模板工程原因

1）安装前没试拼，安装不平整、不严密。

2）模板刚度不足、变形后没及时调整。

3）模板横、竖接缝的螺栓过少或未拧紧。

4）墩、柱和台身混凝土顶部不圆顺或不顺直，与模板不密贴而造成错台。

（2）混凝土工程原因

浇筑混凝土过程中施工不当致使模板移位。

4．预防措施

（1）模板工程措施

1）在设计模板时，选择不易变形、表面光洁的板材，从而使模板具有足够的强度和刚度，以防止混凝土浇筑时，模板产生明显的挠曲和变形。

2）模板加工好后，首先检查模板材料的规格、几何尺寸是否与设计图纸相吻合；其次检查模板结构尺寸是否达到设计要求；最后检查模板平整度、错台、模板连接处是否达到设计及规范要求。

3）模板安装前应进行打磨、试拼，对接缝不平整、不严密部位进行调整、校正；确保模板的精度和吻合度并保证错台不大于2mm。随后对每个模板进行除锈、抛光打磨。涂刷模板漆和脱模剂。

4）模板在拆除、搬运不能随意敲打，堆放应平稳，二次使用应先检查是否变形，并及时校正。

5）模板横、竖接缝的螺栓在混凝土浇筑前应全部拧紧，不可采用"单跳花"或"双跳花"方法，以免造成螺栓断裂和模板变形。

6）对墩、柱和台身混凝土顶部不圆顺或不顺直部位，应先进行修整，再安装模板。

（2）混凝土工程措施

浇筑前进行技术交底，避免浇筑过程中对模板碰撞造成模板移位。

5．治理措施

（1）对于较小错台，可以进行打磨处理，

（2）对于较大错台，采用电钻、风炮机等工具对混凝土进行凿除后修补。

6．工程实例图片（图2.2-8）

图2.2-8　墩身平整无错台现象

2.2.5　通病名称：墩柱钢筋保护层不足

1．通病现象

墩柱施工常出现钢筋保护层不足的质量通病，保护层厚度可通过钢筋保护层厚度测定仪进行检测（图2.2-9）。

2．规范标准相关规定

施工规范标准相关规定

《混凝土结构工程施工质量验收规范》GB 50204—2015

5.5.3　钢筋安装偏差及检验方法应符合表5.5.3的规定。

图2.2-9　墩柱钢筋保护层检测

| 钢筋安装允许偏差和检验方法（节选） | | 表5.5.3 |

项目		允许误差（mm）	检验方法
纵向受力钢筋、箍筋的混凝土保护层厚度	基础	±10	尺量
	柱、梁	±5	尺量
	板、墙、壳	±3	尺量

3. 原因分析

（1）钢筋工程原因

1）骨架钢筋尺寸制作不规范，造成保护层厚度不足。

2）钢筋绑丝松动，造成保护层厚度不足。

3）钢筋保护层垫块设置不规范、设置数量过少或混凝土浇筑过程中脱落。

4）下层预留钢筋位置偏差大，造成上层墩柱钢筋保护层不足。

（2）模板工程原因

模板的吊装碰撞及变形校正不合格影响了保护层的合格率。

（3）测量工程原因

由于测量仪器、人员等原因，造成测量误差，影响保护层厚度。

（4）混凝土工程原因

1）混凝土浇筑时，由于浇筑高度较大，即使混凝土自由下落高度不超过2m，其冲击力还是会对柱子的保护层造成影响，如冲落绑扎不牢的垫块。

2）工人在振捣时，由于工人所在位置离墩柱底部过远，其挥动振动棒时，很难控制住振动棒的运动范围，因此振动棒会不时地打击钢筋笼和墩柱模板，造成钢筋笼的变形、垫块的掉落甚至墩柱模板的移位，最终影响到成型后墩柱的保护层厚度。

4. 预防措施

（1）严格按照结构物骨架钢筋尺寸制作，对钢筋重叠、密集区适当调整内骨架筋尺寸，来控制钢筋保护层厚度；

（2）规范垫块的安装使用，钢筋保护层垫块绑扎要牢固，受扰动或受力部位应增加设置；

（3）对下层预留钢筋位置偏差大，应向下凿除部分混凝土，先调整预留钢筋位置，再绑扎上层墩柱钢筋。

（4）提高模板的吊装水平和变形校正水平。

（5）提高测量精度，测量仪器定期由具有检测资质的检测单位校订，提高测量人员专业技能素质，并建立复测制度。

5. 治理措施

（1）未浇筑混凝土前发现钢筋保护层厚度不足时，应立刻检查造成保护层厚度不足原因，及时返工，确保钢筋保护层厚度。

（2）实体完成后检测发现钢筋保护层厚度不足时，对此部位混凝土进行凿毛，挂钢丝网，抹灰前刷一道结构胶，避免抹灰层空鼓和开裂，用高一标号水泥砂浆进行抹灰处理。

（3）问题较严重的，需提请设计重新核算后提出解决方案。

6. 工程实例图片（图 2.2-10）

图 2.2-10　保护层厚度控制

2.2.6　通病名称：盖梁出现裂缝

1. 通病现象

盖梁混凝土出现塑性收缩、干缩裂缝或受力裂缝（图 2.2-11）。

2. 规范标准相关规定

施工规范标准相关规定

《城市桥梁工程施工与质量验收规范》CJJ 2—2008

图 2.2-11　盖梁出现裂缝

11.5.5　现浇混凝土盖梁质量检验应符合本规范第 11.5.1 条规定，且应符合下列规定：

现浇混凝土盖梁不得出现超过设计规定的受力裂缝。

检查数量：全数检查。

检验方法：观察。

3. 原因分析

（1）设计原因

设计规范对桥墩顶帽局部受力没有明确的变形裂缝规定，混凝土开裂问题尚未成为设计控制指标。盖梁顶帽配筋数量不足将会导致盖梁出现裂缝。

（2）塑性收缩裂缝（龟裂）

1）混凝土浇筑后，早期养生不良，表面没有及时覆盖，受风吹日晒，表面游离水分蒸发过快，产生急剧的体积收缩，而此时混凝土早期强度低，不能抵抗这种变形应力而导致开裂。

2）使用收缩率较大的水泥，水泥用量过多，或使用过量的粉砂。

3）混凝土水灰比过大。模板、垫层过于干燥，吸水量大，也是导致这类裂缝出现的因素。

4）斜坡上浇筑混凝土，由于重力作用混凝土有向下流动的倾向，亦会产生收缩裂缝。

（3）干缩裂缝

1）混凝土成型后，养护不当，受到风吹日晒，表面水分散失快，体积收缩大，而内部湿度变化很小，收缩也小，因而表面收缩变形受到内部混凝土的约束，出现拉应力，引起混凝土表面开裂；或者平卧薄型构件水分蒸发，产生的体积收缩受到地基、垫层或台座的约束，而出现干缩裂缝。

2）混凝土构件长期露天堆放，表面湿度经常发生剧烈变化。

3）采用含泥量大的粉砂配制混凝土。

4）混凝土经过度振捣，表面形成水泥含量较多的砂浆层，收缩量加大。

5）后张法预应力构件露天生产后没有及时张拉等。

（4）受力裂缝

在长期外力作用下，混凝土的徐变导致混凝土的力学性能下降，加上外部荷载的低周长期作用导致混凝土材料的低周疲劳条件下抗拉强度的降低，进而导致混凝土产生裂缝。

4．预防措施

（1）设计措施

严格按照有关规范进行设计。

（2）塑性收缩裂缝（龟裂）

1）配制混凝土时，应严格控制水灰比和水泥用量，选择级配良好的石子，减小空隙率和砂率；同时要捣固密实，以减少收缩量，提高混凝土抗裂强度。

2）浇筑混凝土前，将基层和模板浇水湿透。

3）混凝土浇筑后，对裸露表面应及时用潮湿材料覆盖，认真养护。

4）在气温高、湿度低或风速大的天气施工，混凝土浇筑后，应及早进行洒水养护，使其保持湿润；大面积混凝土宜浇完一段，养护一段。此外，要加强表面的抹压和成品保护工作。

5）混凝土养护可采用表面喷氯偏乳液或其他类型的养护剂，或覆盖湿麻袋、塑料薄膜等方法；当表面发现微细裂缝时，应及时抹压一次，再覆盖养护。

6）设挡风设施。

（3）干缩裂缝

1）混凝土水泥用量、水灰比和砂率不能过大；严格控制砂、石含泥量，避免使用过量粉砂。混凝土应振捣密实，并注意对表面进行二次抹压（在混凝土初凝后终凝前，进行二次抹压），以提高混凝土抗拉强度，减少收缩量。

2）加强混凝土早期养护，并适当延长养护时间。长期露天堆放的预制构件，可覆盖草帘、麻袋，避免曝晒，并定期适当洒水养护，保持湿润。薄壁构件应在阴凉之处堆放并覆盖，避免发生过大的湿度变化。

3）将混凝土浇筑时间安排在一天较低气温的时候进行，减少混凝土水化热的原因引起的收缩裂缝。

（4）受力裂缝

准确计算结构的受力情况，确保结构的安全性和耐久性。

5. 治理措施

（1）表面细小裂缝

盖梁表面的细小裂缝（小于 0.2mm）大部分不会对混凝土的承载力构成影响，短时间内不会影响其安全性，但对结构的耐久性会构成危害，需要通过涂装保护法来达到保护目的，对缝宽小于 0.12mm 的裂缝采用裂缝修补胶涂刷封闭，缝宽 ≥ 0.12mm 的裂缝采用低压灌浆。

（2）受力裂缝

这类裂缝是由于结构受力引起，直接影响结构的安全性和耐久性。在结构计算的基础上，采用粘贴钢板（压力注胶法）与构件混凝土粘结成一体，对结构进行补强。

6. 工程实例图片（图 2.2-12）

图 2.2-12　盖梁无裂缝

2.2.7　通病名称：盖梁模板缺陷

1. 通病现象

盖梁梁身不平直，梁底不平，梁底下挠，梁侧模走动，形成下部漏浆、上口偏斜。盖梁与立柱接口处漏浆及烂根。梁面不平，影响支座安装（图 2.2-13）。

图 2.2-13　盖梁梁面不平

2. 规范标准相关规定

施工规范标准相关规定

《城市桥梁工程施工与质量验收规范》CJJ 2—2008

5.4.1　模板、支架和拱架制作及安装应符合施工设计图（施工方案）的规定，且稳固牢靠，接缝严密，立柱基础有足够的支撑面和排水、防冻融措施。

检查数量：全数检查。

检验方法：观察和用钢尺量。

3. 原因分析

（1）模板未按基准线校直，支撑不牢。

（2）模板支架地基未作处理，支架设置在软硬不均地基上，混凝土浇筑过程中，底模受荷载后，造成支架和底模的不均匀下沉，梁底模未设置预拱度或预拱度值不足，使梁底下挠。

（3）盖梁侧模刚度差，未设置足够的对拉螺栓。

（4）侧模下口围檩未撑紧，在混凝土侧压力作用下，侧模下口向外位移，底模不平未采取嵌缝措施。

（5）模板上口未设限位卡具，对拉螺栓紧固不均，斜撑角度过大（大于 60°），支撑不牢造成局部偏位。

（6）盖梁底模与立柱四周接口处缝隙未嵌实，或盖梁底模高出立柱顶面，造成漏浆及烂根现象。

4. 预防措施

（1）盖梁侧模在安装前应事先先定出盖梁两侧的基准线，侧模按基准线安装定位，并设斜撑校正模板的直线及垂直度。

（2）盖梁支架应设置在经过加固处理的地基上，加固措施应根据地基状况及盖梁荷载确定，当同一个盖梁部分支架设在基础上，部分支架设在地基上时，对基础以外的地基应作加固处理，应设置刚度足够的地梁，防止不均匀沉降。盖梁支架搭设需做荷载试验，以取得盖梁底模的正确预拱度值。

（3）盖梁侧模不论是采用木模或钢模，均应根据混凝土的侧压力，设计具有足够强度和刚度的模板结构，并应根据盖梁的结构状况设置必要的对拉螺栓，以确保侧模不变形。

（4）侧模上口应设置限位卡具或对拉螺栓，对拉螺栓在紧固时，应保持紧固一致，同时对所设置的斜撑角度不得大于 60°，并应牢固，这样才能确保盖梁模板上口线条顺直，不偏斜。

（5）盖梁底模与立柱四周的接缝间隙，应嵌缝密实，防止漏浆。立柱的顶标高宜比盖梁底标高高出 1 ～ 2cm，这样可防止盖梁与立柱根部接缝处可能出现烂根现象。

5. 治理措施

（1）模板缺陷导致盖梁混凝土结构外观严重缺陷的，应制定专门处理方案，方案经论证审批后方可实施。对可能影响结构性能的混凝土结构外观严重缺陷，其修整方案应经原设计单位同意。

（2）接缝处烂根的，应凿除不牢固部分的混凝土至密实部位，用钢丝刷清理，支设模板，浇水湿润并用混凝土界面剂套浆后，采用比原混凝土强度高一级的细石混凝土浇筑并振捣密实，且养护不少于 7d。

6. 工程实例图片（图 2.2-14）

图 2.2-14　盖梁外观质量良好

2.3　钢筋混凝土工程

2.3.1　通病名称：钢筋下料、加工尺寸偏差大

1. 通病现象

钢筋下料加工成型后长、宽、直径等尺寸偏差超限（图 2.3-1、图 2.3-2）。

2. 规范标准相关规定

《城市桥梁工程施工与质量验收规范》CJJ 2—2008

图 2.3-1　箍筋弯钩的平直段长度不足

图 2.3-2　部分水平筋加工长度超限

　　6.5.7　钢筋加工允许偏差应符合表 6.5.7 的规定

钢筋加工允许偏差　　　　　　　　　　表6.5.7

项目	允许偏差（mm）	检查频率		检查方法
		范围	点数	
受力钢筋顺长度方向全长的净尺寸	±10	按每工作日同一类型钢筋、同一加工设备抽检 3 件	3	用钢尺量
弯起钢筋弯折	±20			
箍筋内净尺寸	±5			

　　6.5.8　钢筋网允许偏差应符合表 6.5.8 的规定

钢筋网允许偏差　　　　　　　　　　表6.5.8

项目	允许偏差（mm）	检查频率		检查方法
		范围	点数	
网的长、宽	±10	每片钢筋网	3	用钢尺量两端和中间各 1 处
网眼尺寸	±10			用钢尺量任意 3 个网眼
网眼对角线	10			用钢尺量任意 3 个网眼

6.5.9 钢筋成形和安装允许偏差应符合表 6.5.9 的规定

钢筋成形和安装允许偏差 表6.5.9

检查项目			允许偏差（mm）	检查频率		检验方法
				范围	点数	
受力钢筋间距		两排以上排距	±5	每个构筑物或每个构件	3	用钢尺量两端和中间各1个断面，每个断面连续量取钢筋间（排）距，取其平均值计1点
	同排	梁板、拱肋	±10			
		基础、墩台、柱	±20			
		灌注桩	±20			
箍筋、横向水平筋、螺旋筋间距			±10		5	连续量取5个间距，其平均值计1点
钢筋骨架尺寸	长		±10		3	用钢尺量，两端和中间各1处
	宽、高或直径		±5		3	
弯起钢筋位置			±20		3%	用钢尺量
钢筋保护层厚度	墩台、基础		±10		10	沿模板周边检查，用钢尺量
	梁、柱、桩		±5			
	板、墙		±3			

3. 原因分析

（1）图纸大样尺寸有误；

（2）钢筋下料单尺寸有误；

（3）钢筋切断时失误；

（4）钢筋弯制时尺寸有误；

（5）钢筋网、骨架等加工时钢筋放置相对位置有误；

（6）钢筋搭接长度过长。

4. 预防措施

（1）严格复核图纸大样；

（2）钢筋下料单应经技术人员复核后再下料；

（3）钢筋切断、弯制第一根后应复测各部长度、宽度等尺寸，复核无误后留作后续加工钢筋的样板；

（4）钢筋网、骨架焊制、加工宜制作卡具，卡具检查标定合格后再使用；

（5）钢筋搭接处制作卡具或标志，保证钢筋搭接长度准确。

5. 治理措施

（1）剪断尺寸不准的，根据钢筋所在部位和剪断误差情况，确定是否可用或返工。

（2）单件钢筋成形尺寸不准超过允许偏差的，应根据受力和构造特征分别处理，如对结构性能没有不良影响，经技术分析和设计确认可继续用在工程上；如对结构性能有重大影响或钢筋无法安装的，必须返工，返工时如需要重新将钢筋弯折处开直，仅限于热轧光圆钢筋（HPB钢筋）返工一次，热轧带肋钢筋可采取截断再焊接的方式处理。

（3）螺旋钢筋直径不准超过允许偏差的，可使用直径合适的卷筒再行盘缠，直至调整合适。

（4）箍筋弯钩形式不正确的（包括弯钩平直部分长度不符合要求），应做如下处理：斜弯钩可代替半圆弯钩或直弯钩；半圆弯钩或直弯钩不能代替斜弯钩（斜弯钩误加工成半圆弯钩或直弯钩的应作为废品处理）。

6. 工程实例图片（图2.3-3、图2.3-4）

图2.3-3 绑扎成型的现浇梁顶板钢筋   图2.3-4 现浇梁现场钢筋绑扎图

2.3.2 通病名称：钢筋闪光对焊接头未焊透

1. 通病现象

焊口局部区域未能相互结晶，焊合不良，接头墩粗变形量很小，挤出的金属毛刺极不均匀，多集中于上口，并产生严重胀开现象（图2.3-5）。

2. 规范标准相关规定

《城市桥梁工程施工与质量验收规范》CJJ 2—2008

6.3.4 钢筋闪光对焊应符合下列规定：

2 闪光对焊接头的外观质量应符合下列要求：

图2.3-5 钢筋闪光对焊未焊透

1）接头周缘应有适当的镦粗部分，并呈均匀的毛刺外形。

《钢筋焊接及验收规程》JGJ 18—2012

4.3.2 连续闪光焊所能焊接的钢筋上限直径，应根据焊机容量、钢筋牌号等具体情况而定，并应符合表4.3.2的规定。

连续闪光焊钢筋上限直径   表4.3.2

焊机容量	钢筋牌号		钢筋上限直径（mm）
160 （150）	HPB300		22
	HRB335	HRBF335	22
	HRB400	HRBF400	20
	HRB500	HRBF500	20
100	HPB300		20
	HRB335	HRBF335	20
	HRB400	HRBF400	18
	HRB500	HRBF500	16
80 （75）	HPB300		16
	HRB335	HRBF335	14
	HRB400	HRBF400	12

说明：

（1）当钢筋直径较小，钢筋强度级别较低，在上表范围内时，可采用"连续闪光对焊"；

（2）当超过表中规定，且钢筋端面较平整，宜采用"预热闪光对焊"；

（3）当超过表中规定，且钢筋端面不平整，应采用"闪光—预热闪光焊"。

3．原因分析

（1）焊接工艺方法不当，如钢筋截面太大与闪光对焊工艺不匹配。

（2）焊接参数选择不合适，如烧化留量太小，烧化速度太快，造成焊件端面加强不足，不均匀，未形成较均匀的熔化金属层。

4．预防措施

（1）根据钢筋牌号、直径和所采用的焊接设备选择适宜的焊接工艺，保证接头金属充分熔化。

（2）采取正常的烧化过程，使焊件获得符合要求的温度分布、尽可能平整的端面以及较均匀的熔化金属层，为提高接头质量创造条件。

5．治理措施

切断接头，返工重新对焊。

图2.3-6　闪光对焊接头

6．工程实例图片（图2.3-6）

2.3.3　通病名称：钢筋闪光对焊接头脆断

1．通病现象

低应力状态下，接头处发生无预兆的突然断裂。脆断包括淬硬脆断，过热脆断和烧伤脆断，以断口齐平、晶粒很细为特征（图2.3-7）。

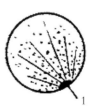

图2.3-7　脆断接头断面示意图

2. 规范标准相关规定

（1）《城市桥梁工程施工与质量验收规范》CJJ 2—2008

6.5.3 受力钢筋连接应符合下列规定：

3 钢筋焊接接头质量应符合国家现行标准《钢筋焊接及验收规程》JGJ 18 的规定和设计要求。

检查数量：外观质量全数检查；力学性能检验按本规范第 6.3.4、6.3.5 条规定抽样做拉伸试验和冷弯试验。

（2）《钢筋焊接及验收规程》JGJ 18—2012

5.1.9 闪光对焊每批接头取 3 个做拉伸试验，有 2 个及以上接头断于焊缝或热影响区，呈脆性断裂，并且其中有 1 个及以上的抗拉强度小于钢筋母材抗拉强度，或者符合复验条件的，再取 6 个接头做拉伸，经复验有 3 个及以上试件断于焊缝或热影响区，呈脆性断裂，均判定该批接头不合格。

3. 原因分析

（1）闪光焊接工艺不当，或焊接电流太强导致温度梯度陡降，冷却速度加快，因而产生淬硬缺陷。

（2）对于某些焊接性能较差的钢筋，焊后热处理效果不良（温度过低，未能取得应有的效果），形成脆断。

（3）次级空载电压（闪光电流密度）过大，导致接头热影响区过热形成过热脆断。

（4）钢筋端头与电极接触处，在焊接时产生熔化状态（局部过热），导致过热脆断。

4. 预防措施

（1）重视预热作用，掌握预热要领，增加预热程度，力求扩大沿焊件纵向的加热区域，减少温度梯度。

（2）采取正常的烧化过程，使焊件获得符合要求的温度分布。尽可能平整的端面以及较均匀的熔化金属层，为提高焊件质量创造条件；避免采用过高的变压器级数施焊，提高加热效果。

（3）正确控制热处理程度，对准焊的Ⅳ级钢筋，焊后热处理。第一，避免快速加热或冷却；第二，正确控制加热温度。

（4）加快临近顶锻时的烧化程度，加快顶锻速度，增大顶锻压力。

（5）在保证稳定闪光的前提下尽量选择较低的次级空载电压（闪光电流密度），以防止焊接热影响区过热。

（6）两根焊接钢筋端部焊接前应仔细清除锈斑、污物，电极表面应保持干净，确保导电良好，在焊接或热处理时应夹紧钢筋。

5. 治理措施

经检测，检验批不合格的做报废处理。

6. 工程实例图片（图 2.3-8）

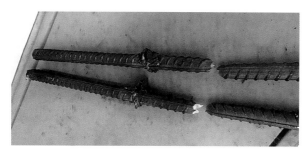

图 2.3-8 塑性拉断的闪光对焊接头

2.3.4 通病名称：钢筋闪光对焊接头烧伤（过热）

1. 通病现象

钢筋端头与电极接触处，在焊接时产生熔化状态（接头极易导致脆断，脆断后断口齐平，呈放射性条纹状态）（图 2.3-9）。

图 2.3-9 闪光对焊接头烧伤

2. 规范标准相关规定

《城市桥梁工程施工与质量验收规范》CJJ 2—2008

6.3.4　钢筋闪光对焊应符合下列要求：

1　每批钢筋焊接前，应先选定焊接工艺和参数，进行试焊，在试焊质量合格后，方可正式焊接。

2　闪光对焊接头的外观质量应符合下列要求：

1）接头周缘应有适当的镦粗部分，并呈均匀的毛刺外形。

2）钢筋表面不得有明显的烧伤或裂纹。

3）接头边弯折的角度不得大于 3°。

4）接头轴线的偏移不得大于 0.1d，并不得大于 2mm。

3. 原因分析

（1）对焊时施焊操作不当，如预热过分造成过热；

（2）电极外形不当或严重变形；

（3）电极或钢筋表面太脏。

4. 预防措施

（1）改善对焊施焊操作方法，如严格控制顶锻时的温度及留量，采用适宜的预热方式和控制预热程度；

（2）经常检查并保持电极正常外形，变形较大时，应及时修理或更换，安装时应力求位置准确。焊接前，正确调整电极位置；

（3）保持电极表面干净，清除钢筋端部 130mm 长度范围内的锈斑和污物，保证电机与钢筋良好的导电性。

5. 治理措施

切除接头部分，重新对焊。

6. 工程实例图片（图 2.3-10）

图 2.3-10　钢筋闪光对焊接头完好、无烧伤

2.3.5　通病名称：钢筋闪光对焊接头弯折或偏心

1. 通病现象

接头处产生弯折的角度大于等于 3°；

接头轴线的偏移大于等于 0.1d，并且大于等于 2mm（图 2.3-11、图 2.3-12）。

图 2.3-11　闪光对焊接头弯折

图 2.3-12　闪光对焊接头偏心

2. 规范标准相关规定

《城市桥梁工程施工与质量验收规范》CJJ 2—2008

6.3.4　钢筋闪光对焊应符合下列要求：

1　每批钢筋焊接前，应先选定焊接工艺和参数，进行试焊，在试焊质量合格后，方可正式焊接。

2　闪光对焊接头的外观质量应符合下列要求：

1）接头周缘应有适当的镦粗部分，并呈均匀的毛刺外形。

2）钢筋表面不得有明显的烧伤或裂纹。

3）接头边弯折的角度不得大于 3°。

4）接头轴线的偏移不得大于 0.1d，并不得大于 2mm。

3. 原因分析

（1）钢筋对焊端面歪斜；

（2）电极变形太大或安装不准确；

（3）对焊机夹具晃动太大；

（4）对焊操作不规范、不认真。

4．预防措施

（1）钢筋端头不良时，焊前应予以矫盲或切除。

（2）经常检查并保持电极正常外形，变形较大时，应及时修理或更换，安装时应力求位置准确。焊接前，正确调整电极位置。

（3）夹具如果磨损晃动较大，应及时维修或更换。

（4）接头焊毕，稍冷却后再小心地移动钢筋。

5．治理措施

接头偏折或偏心超过允许偏差的，将接头截断，并检查调整截断后的钢筋顺直，接头平整和焊机对中无误后重新焊接接头。

图 2.3-13　闪光对焊钢筋顺直、无偏心

6．工程实例图片（图 2.3-13）

2.3.6　通病名称：钢筋电弧焊焊缝成形不良、焊缝不饱满

1．通病现象

焊缝表面凹凸不平、宽窄不匀。焊缝厚度、宽度不满足规范要求（图 2.3-14）。

2．规范标准相关规定

（1）《城市桥梁工程施工与质量验收规范》CJJ 2—2008

6.3.5　热轧光圆钢筋和热轧带肋钢筋的接头采用搭接或帮条电弧焊时，应符合下列规定：

图 2.3-14　焊缝成形不良，焊缝不饱满

4　搭接焊和帮条焊接头的焊缝高度应等于或大于 0.3d，并不得小于 4mm；焊缝宽度应等于或大于 0.7d，（d 为主筋直径），并不得小于 8mm。

6　采用搭接焊、帮条焊的接头，应逐个进行外观检查。焊缝表面应平顺，无裂纹、夹渣和较大的焊瘤等缺陷。

（2）《钢筋焊接及验收规程》JGJ 18—2012

4.5.6　帮条焊接头或搭接焊接头的焊缝厚度 S 不应小于主筋直径的 0.3 倍；焊缝宽度 b 不应小于主筋直径的 0.8 倍。

3．原因分析

（1）焊接人员技能差或操作不认真导致焊条（焊枪）摆动幅度不一致，部分地方幅度过大，部分地方摆动幅度过小；

（2）焊条（焊枪）角度不合适；

（3）焊接位置操作困难，妨碍焊接人员视线。

4．预防措施

（1）施焊人员必须经培训，考核合格持证上岗作业；

（2）加强管理制度建设，严格工序检查验收，提高焊工工作责任心，并防止疲劳作业，提高焊接时的注意力；

（3）采取正确的焊条（焊枪）角度；

（4）提前熟悉现场焊接位置和焊接条件，制定必要的焊接施工措施。

5．治理措施

（1）焊缝成形不良的应清理干净表面后再补焊一层；

（2）焊缝不饱满的应清理干净表面后将焊缝补焊饱满。

6．工程实例图片（图2.3-15）

图2.3-15 焊缝饱满，成形规则的钢筋接头

2.3.7 通病名称：钢筋电弧焊焊缝夹渣

1．通病现象

焊缝金属中存在块状或弥散状杂物或焊渣（图2.3-16）。

2．规范标准相关规定

（1）《城市桥梁工程施工与质量验收规范》CJJ 2—2008

6.3.5 热轧光圆钢筋和热轧带肋钢筋的接头采用搭接或帮条电弧焊时，应符合下列规定：

图2.3-16 焊缝夹渣

6 采用搭接焊、帮条焊的接头，应逐个进行外观检查。焊缝表面应平顺，无裂纹，夹渣和较大的焊瘤等缺陷。

（2）《钢筋焊接及验收规程》JGJ 18—2012

4.5.3 钢筋电弧焊包括帮条焊、搭接焊、坡口焊、窄间隙焊和熔槽帮条焊5种接头型式。焊接时，应符合下列要求：

4 焊接过程中应及时清渣，焊缝表面应光滑，焊缝余高应平缓过渡，弧坑应填满。

（3）《钢筋焊接及验收规程》JGJ 18—2012

5.5.2 电弧焊接头外观检查结果，应符合下列要求：

3 咬边深度、气孔、夹渣等缺陷允许值及接头尺寸的允许偏差，应符合表5.5.2的规定：

钢筋电弧焊接头尺寸偏差及缺陷允许值　　　　　　表5.5.2

名称		单位	接头型式		
			帮条焊	搭接焊钢筋与钢板搭接焊	坡口焊窄间隙焊熔槽帮条焊
帮条沿接头中心线的纵向偏移		mm	$0.3d$	—	—
接头处弯折角度		°	3	3	3
接头处钢筋轴线的偏移		mm	$0.1d$	$0.1d$	$0.1d$
焊缝宽度		mm	$+0.1d$	$+0.1d$	—
焊缝长度		mm	$-0.3d$	$-0.3d$	—
横向咬边深度		mm	0.5	0.5	0.5
在长 $2d$ 焊缝表面上的气孔及夹渣	数量	个	2	2	—
	面积	mm^2	6	6	—
在全部焊缝表面上的气孔及夹渣	数量	个	—	—	2
	面积	mm^2	—	—	6

3. 原因分析

（1）焊件边缘及焊层之间清理不干净，有锈蚀或其他杂物。

（2）焊接电流太小，焊接速度太快。

（3）熔化金属凝固速度太快，熔渣来不及浮出。

（4）运条不当，熔渣与熔化金属分离不清，阻碍了熔渣上浮。

（5）焊件及焊条的化学成分匹配不当。当熔池内含氧（O_2）、氮（N_2）、锰（Mn）、硅（Si）等成分多时，形成夹渣的机会也多。

4. 预防措施

（1）注意坡口及焊层间的清理，将凸凹不平处铲平，然后施焊。

（2）避免焊缝金属冷却过速，选择适当的电流施焊。

（3）正确运条，弧长适当，使熔渣能上浮到熔化金属表面，防止熔渣超前于熔化金属（即熔渣到熔池前面）而引起夹渣。

（4）选用由于母材化学成分不当而可加以补偿的焊条。

5. 治理措施

（1）焊接过程中发现上一层焊缝上有熔渣，焊到该处应将电弧适当拉长，并稍加停留，使该处熔化范围扩大，以把熔渣再次熔化吹走，直至形成清亮熔池为止。

（2）焊接完成后发现有焊渣数量或面积超过允许偏差，应将夹渣区域铲除重焊。

6. 工程实例图片（图2.3-17）

图 2.3-17　焊缝饱满无夹渣、气孔的焊接头

2.3.8　通病名称：钢筋电弧焊焊缝气孔

1. 通病现象

焊接产生或熔化的金属吸收的气体停留在焊缝内所形成的孔眼，大多呈球状。根据其分布情况，可分为流散气孔、密集气孔和连续气孔等（图 2.3-18）。

图 2.3-18　焊缝不饱满、气孔

2. 规范标准相关规定

《钢筋焊接及验收规程》JGJ 18—2012

5.5.2　电弧焊接头外观检查结果，应符合下列要求：

3　咬边深度、气孔、夹渣等缺陷允许值及接头尺寸的允许偏差，应符合表 5.5.2 的规定：

钢筋电弧焊接头尺寸偏差及缺陷允许值　　　　　　　　表5.5.2

名称		单位	接头型式		
			帮条焊	搭接焊钢筋与钢板搭接焊	坡口焊窄间隙焊熔槽帮条焊
帮条沿接头中心线的纵向偏移		mm	0.3d	—	—
接头处弯折角度		°	3	3	3
接头处钢筋轴线的偏移		mm	0.1d	0.1d	0.1d
焊缝宽度		mm	+0.1d	+0.1d	—
焊缝长度		mm	−0.3d	−0.3d	—
横向咬边深度		mm	0.5	0.5	0.5
在长 2d 焊缝表面上的气孔及夹渣	数量	个	2	2	—
	面积	mm²	6	6	—
在全部焊缝表面上的气孔及夹渣	数量	个	—	—	2
	面积	mm²	—	—	6

3. 原因分析

（1）碱性低氢型焊条受潮、药皮变质或剥落、钢芯生锈；酸性焊条烘焙温度过高，使药皮变质失效。

（2）钢筋焊接区域内清理工作不彻底。

（3）焊接电流过大，焊条发红造成保护失效，使空气侵入。

（4）焊条药皮偏心或磁偏吹造成电弧强烈不稳定。

（5）焊接速度过快，或空气湿度太大。

4. 预防措施

（1）各种焊条均应按说明书规定的温度和时间进行烘焙。药皮开裂、剥落、偏心过大以及焊芯锈蚀的焊条不能使用。

（2）钢筋焊接区域内的水、锈、油、熔渣及水泥浆等必须清除干净，下雨天气不能露天焊接。

（3）引燃电弧后，应将电弧拉长，以便进行预热和逐渐形成熔池，在焊缝端部收弧时，也应将电弧拉长，使该处适当加热，然后缩短电弧，稍停一会再断弧。

（4）焊接过程中，可适当降低焊接速度，使熔池中的气体完全逸出。

5. 治理措施

严重的气孔应铲除补焊。

6. 工程实例图片（图 2.3-19）

图 2.3-19　钢筋焊缝自顺、无气孔、夹渣

2.3.9　通病名称：钢筋电弧焊焊缝咬边

1. 通病现象

焊接时电弧将焊缝边缘熔出的凹陷或沟槽没有得到熔化金属的补充而留下的缺口，过深的咬边会使焊接接头的强度减弱，造成局部应力集中，承载后会在咬边处产生裂纹（图 2.3-20）。

2. 规范标准相关规定

《钢筋焊接及验收规程》JGJ 18—2012

图 2.3-20　焊接咬边（烧筋）

5.5.2 电弧焊接头外观检查结果，应符合下列要求：

3 咬边深度、气孔、夹渣等缺陷允许值及接头尺寸的允许偏差，应符合表 5.5.2 的规定：

钢筋电弧焊接头尺寸偏差及缺陷允许值　　　　　　　表5.5.2

名称		单位	接头型式		
			帮条焊	搭接焊钢筋与钢板搭接焊	坡口焊窄间隙焊熔槽帮条焊
帮条沿接头中心线的纵向偏移		mm	0.3d	—	—
接头处弯折角度		°	3	3	3
接头处钢筋轴线的偏移		mm	0.1d	0.1d	0.1d
焊缝宽度		mm	+0.1d	+0.1d	—
焊缝长度		mm	−0.3d	−0.3d	—
横向咬边深度		mm	0.5	0.5	0.5
在长 2d 焊缝表面上的气孔及夹渣	数量	个	2	2	—
	面积	mm²	6	6	—
在全部焊缝表面上的气孔及夹渣	数量	个	—	—	2
	面积	mm²	—	—	6

3. 原因分析

（1）焊接电流过大，电弧过长。

（2）焊接角度掌握不合适和运条的速度不当。

（3）焊接终了焊条留置长度太短而形成咬边。

4. 预防措施

（1）焊接时电流不宜过大，电弧不要拉得过长或过短，尽量采用短弧焊。

（2）掌握合适的焊条角度和熟练的运条手法，焊条摆动到边缘时应稍慢，使熔化的焊条金属填满边缘，而在中间则要稍快些。

（3）焊缝咬边的深度应小于 0.5mm，长度小于焊缝全长的 10%，且连续长度小于10mm，一旦出现深度或长度上述允许偏差，应将缺陷处理干净，采用直径较小、牌号相同的焊条，焊接电流比正常的稍偏大，进行补焊填满。

5. 治理措施

对出现咬边或烧伤的钢筋应予以铲除磨平，视情况进行补焊加固，然后进行回火处理，回火温度一般为 500 ~ 600℃为宜。

6. 工程实例图片（图 2.3-21）

图 2.3-21　焊缝饱满无咬边

2.3.10　通病名称：滚轧直螺纹钢筋接头施工不规范

1. 通病现象

（1）钢筋丝头端面倾斜或不整齐、呈马蹄形或扭曲，导致后续加工丝头有效螺纹数量不足（图 2.3-22）。

（2）螺纹无外漏或外漏太长（图 2.3-23）

图 2.3-22　直螺纹接头端面不平　　　　　图 2.3-23　套筒连接接头螺纹出露不合规

2. 规范标准相关规定

（1）《城市桥梁工程施工与质量验收规范》CJJ 2—2008

6.3.8　钢筋采用机械连接接头时，应符合下列规定：

1　从事钢筋机械连接的操作人员应经专业技术培训，考核合格后，方可上岗。

2　钢筋采用机械连接接头时，其应用范围、技术要求、质量检验及采用设备、施工安全、技术培训等应符合国家现行标准《钢筋机械连接技术规程》JGJ 107 的有关规定。

（2）《钢筋机械连接技术规程》JGJ 107—2016

6.2.1　直螺纹钢筋丝头加工应符合下列规定：

1　钢筋端部应采用带锯、砂轮锯或带圆弧形刀片的专用钢筋切断机切平；

3　钢筋丝头长度应满足产品设计要求，极限偏差应为 $0 \sim 2.0P$（P 为螺纹螺距）；

6.3.1　直螺纹接头的安装应符合下列规定：

1　安装接头时可用管钳扳手拧紧，钢筋丝头应在套筒中央位置相互顶紧，标准型、正反丝型、异径型接头安装后的单侧外露螺纹不宜超过 $2P$；对无法对顶的其他直螺纹接头，应附加锁紧螺母、顶紧凸台等措施紧固。

3. 原因分析

（1）所用切断机械不符合要求或机械功率不足或刀具质量差，钢筋不是被切断而是被挤压断，造成钢筋崩口或局部弯曲；同时又没有专人和专门工具修正；

（2）没有严格按规范要求操作。

4. 预防措施

（1）必须选用规范要求的适宜的钢筋切断工艺和切断机具；

（2）钢筋加工前应首先检查机械设备状况，及时更换不合格刀具；指定专人检查并处理不合格的钢筋切口后，再交付滚轧加工；

（3）通过试加工，检查螺纹质量，合格后方进行正式生产；

（4）确定严格验收，不合格品不得使用；

（5）加强操作人员专业技术培训，持证上岗。

5. 治理措施

对丝头长度不足的接头返工加长丝头长度；对断面不平的接头，采用合适的工具磨平或切平断面后并适当加长丝头。

6. 工程实例图片（图 2.3-24、图 2.3-25）

图 2.3-24　直螺纹街头端面整齐　　　　图 2.3-25　滚轧直螺纹套筒连接螺纹长度合格

2.3.11　通病名称：钢筋混凝土结构预埋钢筋偏位

1. 通病现象

墩柱、垫石、防撞墙等结构预埋钢筋位置偏离设计位置，导致钢筋保护层不足或过厚（图 2.3-26）。

图 2.3-26　梁面预埋钢筋定位不准

2. 规范标准相关规定

（1）《城市桥梁工程施工与质量验收规范》CJJ 2—2008

6.5.9　钢筋成形和安装允许偏差应符合表 6.5.9 的规定。

钢筋成形和安装允许偏差（摘录）　　　　　　表6.5.9

检查项目		允许偏差（mm）	检查频率		检验方法
			范围	点数	
钢筋保护层厚度	墩台、基础	±10		10	沿模板周边检查，用钢尺量
	梁、柱、桩	±5			
	板、墙	±3			

（2）《混凝土结构工程施工质量验收规范》GB 50204—2015

5.5.3　钢筋安装偏差及检验方法应符合表 5.5.3 的规定，受力钢筋保护层厚度的合格率应达到 90% 及以上，且不得有超过表中数值 1.5 倍的尺寸偏差。

钢筋安装允许偏差和检验方法（摘录）　　　　　　表5.5.3

项目		允许偏差（mm）	检验方法
纵向受力钢筋	锚固长度	−20	尺量
	间距	±10	尺量两端、中间各1点，取最大偏差值
	排距	±5	
纵向受力钢筋、箍筋的混凝土保护层厚度	基础	±10	尺量
	柱、梁	±5	尺量
	板、墙、壳	±3	尺量

3. 原因分析

（1）钢筋定位错误，导致预埋位置与设计位置不一致；

（2）预埋钢筋位置没有牢固的固定或定位措施；

（3）浇筑混凝土时碰触或挤压钢筋移位，没有恢复到规定位置；

（4）浇筑混凝土时，单侧集中下料将下部结构钢筋模板挤偏，带动预埋钢筋整体偏位。

4. 预防措施

（1）预埋钢筋前应准确定位钢筋位置，并经复核无误后再预埋；

（2）钢筋预埋应采取有效的固定措施（焊接连接），并能防止钢筋移动，墩柱预埋竖向钢筋应设可靠的临时支撑或拉锚设施；

（3）浇筑混凝土时注意防止钢筋移位，浇筑混凝土后立即由专人检查并使钢筋恢复到规定位置；

（4）下部结构模板应支撑牢固，控制混凝土浇筑方式，防止产生偏挤压力。

5. 治理措施

（1）偏位在 2cm 以内的钢筋，采用从根部按 1∶5 的斜率人工调整设计位置；

（2）偏位在 2cm ~ 5cm 的钢筋，采取在钢筋根部下凿结构混凝土，凿深 1025cm，然后从底部将偏位钢筋按 1∶5 的斜率折向设计位置，校正后冲洗干净基底，用混凝土将坑填平；

（3）偏位大于 5cm 的钢筋，宜重新在设计位置植筋，废除偏位钢筋。

图 2.3-27　墩柱钢筋预埋准确

6. 工程实例图片（图 2.3-27）

2.3.12　通病名称：钢筋保护层厚度不足或过大

1. 通病现象（图 2.3-28）

2. 规范标准相关规定

（1）《城市桥梁工程施工与质量验收规范》CJJ 2—2008

6.4.5　钢筋的混凝土保护层厚度，必须符合设计要求。设计无规定时应符合下列规定

1　普通钢筋和预应力直线形钢筋的最小保护层厚度不得小于钢筋公称直径，后张法构件预应力直线形钢筋不得小于其管道直径的 1/2，且应符合表 6.4.5 的规定。

图 2.3-28　顶板保护层厚度偏大

普通钢筋和预应力直线形钢筋最小保护层厚度（mm）　　　　表6.4.5

构件类别		环境条件		
		Ⅰ	Ⅱ	Ⅲ
基础、桩基、承台	基坑底面有垫层或侧面有模板（受力主筋）	40	50	60
	基坑底面无垫层或侧面无模板（受力主筋）	60	75	85
墩台身、挡土结构、涵洞、梁、板、拱圈、拱上建筑（受力主筋）		30	40	45
缘石、中央分隔带、护栏等行车道构件（受力主筋）		30	40	45
人行道构件、栏杆（受力主筋）		20	25	30
箍筋		20	25	30
收缩、温度、分布、防裂等表层钢筋		15	20	25

注：（1）环境条件Ⅰ—温暖或寒冷地区的大气环境，与无腐蚀性的水或土接触的环境；Ⅱ—严寒地区的环境、使用除冰盐环境、滨海环境；Ⅲ—海水环境；Ⅳ—受腐蚀性物质影响的环境；

（2）对环氧树脂涂层钢筋，可按环境类别Ⅰ取用。

2 当受拉区主筋的混凝土保护层厚度大于 50mm 时，应在保护层内设置直径不小于 6mm，间距不大于 100mm 的钢筋网。

3 钢筋机械连接件的最小保护层厚度不得小于 20mm。

4 应在钢筋与模板之间设置垫块，确保钢筋的保护层厚度，垫块应与钢筋绑扎牢固，错开布置。

6.5.9 钢筋成形和安装允许偏差应符合表 6.5.9 的规定

钢筋成形和安装允许偏差（摘录）   表6.5.9

检查项目		允许偏差（mm）范围	检查频率		检查方法
			点数		
钢筋保护层厚度	墩台、基础	±10	每个构筑物或每个构建	10	沿模板四周检查，用钢尺量
	梁、柱、桩	±5			
	板、梁	±3			

（2）《混凝土结构工程施工质量验收规范》GB 50204—2015

5.5.3 钢筋安装偏差及检验方法应符合表 5.5.3 的规定，受力钢筋保护层厚度的合格率应达到 90% 及以上，且不得有超过表中数值 1.5 倍的尺寸偏差。

钢筋安装允许偏差和检验方法（摘录）   表5.5.3

项目		允许偏差（mm）	检验方法
纵向受力钢筋、箍筋的混凝土保护层厚度	基础	±10	尺量
	柱、梁	±5	尺量
	板、墙、壳	±3	尺量

3. 原因分析

（1）柱梁等构件的箍筋尺寸偏差大；

（2）预埋竖向钢筋垂直度偏差过大；

（3）板、梁等结构钢筋加工尺寸偏差过大；

（4）保护层垫卡设置过少；

（5）施工没有设置专用的钢筋保护层塑料垫卡，垫卡位置不正确或绑扎不牢脱落或使用不符合标准的保护层垫卡，施工时随意用碎石块代替垫卡；

（6）过程检查验收不细致；

（7）混凝土浇捣过程中踩踏导致马凳筋移位或塌陷。

4. 预防措施

（1）钢筋绑扎前对钢筋构件进行检查验收，合格产品才能使用；

（2）对预埋竖向钢筋应检查其位置和垂直度，偏差过大的应进行调整；

（3）按规范要求设置混凝土保护层垫块或垫卡兵营与钢筋绑扎牢固，施工过程中发现损坏或移位及时补充和调整；

（4）加强钢筋过程的检查验收工作；

（5）马凳筋等应绑扎牢固，数量设置足够，发生移位和塌陷的应立即进行补救。

5. 治理措施

（1）保护层厚度不足治理措施

1）依据检测结果划定修复区域，用角磨机对基面进行磨平处理，并用空气压缩机将粉尘吹干净，然后涂刷底胶，干燥后用环氧腻子刮平基面，在腻子上粘贴碳纤维布，在碳纤维布上涂一层浸渍树脂，树脂初硬后在表面刷碳纤维布专用漆。

2）依据检测结果划定修复区域，用角磨机对基面进行磨平处理，并用空气压缩机将粉尘吹干净，对基面喷水保持湿润，再基面上抹成品的薄层修补料。

3）直接在混凝土表面涂刷侵入型混凝土保护剂来增加混凝土的耐久性。

（2）保护层厚度偏大的处理措施

如果构件有效截面变小，应将检测结果报给设计单位，由设计单位出具结构补强方案。

如果有效截面未变，只是保护层变大，可依据检测结果划定修复区域，凿除表面混凝土，剔凿深度为 ≤ 30mm，在混凝土表面铺放或挂防裂钢筋网，网丝直径 0.5 ~ 2mm、网格尺寸 5 ~ 25mm，然后刮抹薄层修补料，或高一标号的水泥砂浆（抹水泥砂浆前需要先刷一层结构胶）。

6. 工程实例图片（图 2.3-29、图 2.3-30）

图 2.3-29　后浇带钢筋保护层满足要求

图 2.3-30　桥梁预制构件保护层厚度控制

2.3.13 通病名称：清水混凝土结构表面蜂窝、麻面、露筋

1. 通病现象

蜂窝现象：混凝土局部，尤其是结构根部出现结构疏松、碎石出露，碎石间无砂浆包裹粘连，形成空隙，状如蜂窝（图 2.3-31）。

麻面现象：混凝土局部表面出现缺浆和许多小凹坑、麻点，形成粗糙面，但无露筋现象（图 2.3-32）。

露筋现象：混凝土内部主筋、副筋或箍筋局部裸露在结构构件表面（图 2.3-33）。

图 2.3-31 桥墩混凝土表面蜂窝

图 2.3-32 桥墩混凝土麻面

图 2.3-33 混凝土露筋图

2. 规范标准相关规定

《城市桥梁工程施工与质量验收规范》CJJ 2—2008

11.5.3 现浇混凝土墩台质量检验应符合本规范第 11.5.1 条规定，且应符合下列规定：

6 混凝土表面应无孔洞、露筋、蜂窝、麻面。

11.5.5 现浇混凝土盖梁质量检验应符合本规范第 11.5.1 条规定，且应符合下列规定：

3 盖梁表面应无孔洞、露筋、蜂窝、麻面。

13.7.2 支架上浇筑梁（板）质量检验应符合本规范第 13.7.1 条规定，且应符合下列规定：

3 结构表面应无孔洞、露筋、蜂窝、麻面和宽度超过 0.15mm 的收缩裂缝。

13.7.4 悬臂浇筑预应力混凝土梁质量检验应符合本规范第 13.7.1 条规定，且应符合下列规定：

5　梁体线形平顺，相邻梁段接缝处无明显折弯和错台，梁体表面无孔洞、露筋、蜂窝、麻面和宽度超过 0.15mm 的收缩裂缝。

3. 原因分析

（1）蜂窝

1）混凝土配合比不准确，砂、石、水泥计量错误，或加水量不准，造成砂浆少石子多；

2）混凝土搅拌时间不够，没有拌合均匀，混凝土和易性差，振捣不密实；

3）未按操作规程浇筑混凝土，下料不当使石子集中，振不出水泥浆，造成混凝土离析；

4）模板孔隙未堵好，或模板支撑不牢固，振捣混凝土时模板移位，造成严重漏浆或墙体烂根，形成蜂窝；

5）混凝土一次下料过多，没有分段分层浇筑，振捣不实或下料与振捣配合不好，未振捣又下料，因漏振而造成蜂窝；

6）配筋较密结构，使用的石子粒径过大或混凝土坍落度过小；

7）基础、柱、墙根部混凝土浇筑后未稍加间歇就继续浇筑上层混凝土，出现"烂脖子"现象。

（2）麻面

1）模板表面粗糙或清理不干净，粘附干硬水泥浆渣等杂物，拆模时混凝土表面被粘损，出现麻面；

2）模板在浇筑混凝土前没有浇水湿润或湿润不够，浇筑混凝土时，与模板接触部分的混凝土，水分被模板吸去，致使混凝土表面失水过多，出现麻面；

3）模板脱模剂涂刷不均匀或局部漏刷或失效，拆模时混凝土表面粘结模板，引起麻面；

4）模板接缝拼装不严密，浇筑混凝土时缝隙漏浆。混凝土表面沿模板缝位置出现麻面；

5）混凝土振捣不密实，混凝土中的气泡未排出，一部分气泡停留在模板表面，形成麻点。

（3）露筋

1）混凝土浇筑振捣时，钢筋保护层垫块位移，或垫块太少甚至漏放，钢筋紧贴模板，致使拆模后露筋；

2）钢筋混凝土结构断面较小，钢筋过密，如石子卡在钢筋上，混凝土水泥浆不能充满钢筋周围，使钢筋密集处产生露筋；

3）因配合比不当混凝土产生离析，靠模板部位缺浆或模板严重漏浆，造成露筋；

4）混凝土振捣时，振捣棒撞击钢筋或钢筋被踩踏，使钢筋移位，造成露筋；

5）混凝土保护层太薄，保护层混凝土漏振或振捣不密实；

6）模板湿润不够，混凝土表面失水过多而与模板粘结，或拆模过早等。拆模时混凝土缺棱掉角，造成露筋。

4. 预防措施

（1）蜂窝

1）混凝土搅拌时严格控制配合比，经常检查，保证材料计量准确；

2）混凝土应拌合均匀，颜色一致。混凝土坍落度应合适；

3）混凝土自由倾落高度一般不得超过 2m。浇筑桥面铺装层混凝土时，自由倾落高度不宜超过 1m。如超过上述高度，要采取串筒、溜槽等措施下料。

4）在竖向结构中（柱、墙）浇筑混凝土，应采取下列措施：

① 支模前应在边模板下口抹 8cm 宽找平层，找平层嵌入柱、墙体不超过 1cm，保证下口严密。开始浇筑混凝土时，底部应先填以 50 ~ 100mm 与浇筑混凝土成分相同的水泥砂浆。砂浆应用铁锹入模，不得用料斗直接灌入模内。混凝土坍落度应严格控制，底层振捣应认真操作。

② 柱子应分段浇筑，边长大于 0.4m 且无交叉箍筋时，每段高度不应大于 3.5m。

③ 墙和隔墙应分段浇筑，每段高度不应大于 3m。

④ 采用竖向串筒导送混凝土时，竖向结构浇筑段的高度可不加限制。

5）捣实混凝土拌合物时，插入式振捣器移动间距不应大于其作用半径的 1.5 倍；对轻骨料混凝土拌合物，则不应大于其作用半径的 1 倍。振捣器至模板的距离不应大于振捣器有效作用半径的 1/2。为保证上下层混凝土结合良好，振捣棒应插入下层混凝土 5cm。平板振捣器在相邻两段之间应搭接振捣 3 ~ 5cm。

6）混凝土浇捣时，必须掌握好每点的振捣时间。合适的振捣时间可由下列现象来判断：混凝土不再显著下沉，不再出现气泡，混凝土表面出浆呈水平状态，并将模板边角填满充实。

7）浇筑混凝土时，应经常观察模板支架、堵缝等情况，防止漏浆。如发现模板位移应立即停止浇筑，并应在混凝土凝结前修整完好。

8）基础、柱、墙根部应在下部混凝土浇完，间歇 1 ~ 1.5h，使之沉实后，再浇上部混凝土。

（2）麻面

1）模板面清理干净，不得粘有干硬水泥砂浆等杂物。

2）模板在浇筑混凝土前。应用清水充分湿润、清洗干净，不留积水，模板缝隙应拼接严密。如有缝隙，应用油毡条、塑料条、纤维板等堵严，防止漏浆。

3）模板脱模剂要涂刷均匀，不得漏刷。并注意脱模剂的时效性，防止浇筑混凝土前脱模剂失效。

4）混凝土必须按操作规程分层均匀振捣密实，严防漏振；每层混凝土均应振捣至气泡排除为止。

（3）露筋

1）浇筑混凝土前，应检查钢筋位置和保护层厚度是否准确，发现问题应及时修整。

2）为保证混凝土保护层的厚度，要注意固定好垫块。一般每隔 1m 左右在钢筋上绑一个水泥砂浆垫块。

3）钢筋较密集时，应选配适当粒径的石子。石子最大颗粒尺寸不得超过结构截面最小尺寸的 1/4，同时不得大于钢筋净距的 3/4。结构截面较小、钢筋较密时，可用细石混凝土浇灌。保证混凝土配合比准确、和易性良好。

4）为防止钢筋移位，严禁振捣棒撞击钢筋。保护层混凝土要振捣密实。振捣的要求详见"蜂窝"的预防措施6）、7）。

5）浇筑混凝土前应用清水将模板充分湿润，并认真堵好缝隙。

6）混凝土自由倾落高度超过 2m 时，要用串筒或溜槽等进行下料，以防止混凝土离析。

7）拆模时间要根据试块试验结果正确掌握，防止过早拆模。

5．治理措施

（1）蜂窝治理措施

1）小蜂窝：洗刷干净后，用 1：2 或 1：2.5 水泥砂浆抹平压实；

2）较大蜂窝：凿去蜂窝处薄弱松散颗粒，刷洗净后，支模板用高一级细石混凝土仔细填塞捣实，较深蜂窝，如清除困难，可埋压浆管、排气管，表面抹砂浆或浇筑混凝土封闭后，压水泥浆处理。

（2）麻面治理措施

表面可用白灰和水泥按照一定的比例进行粉刷处理，或者在麻面部位浇水充分湿润后，用原混凝土配合比去石子砂浆，将麻面抹平压光。

（3）露筋治理措施

表面漏筋，刷洗干净后，在表面抹 1：2 或 1：2.5 水泥砂浆，将漏筋部位抹平，并涂刷防腐涂料，防止钢筋锈蚀。

漏筋较深的凿去薄弱混凝土和突出颗粒，洗刷干净后，用比原来高一级的细石混凝土填塞振捣密实。

6．工程实例图片（图 2.3-34、图 2.3-35）

图 2.3-34　按清水混凝土施工的防撞墙无蜂窝、露筋、麻面等缺陷　　图 2.3-35　已完成的桥墩、盖梁无蜂窝、露筋、麻面缺陷

2.3.14 通病名称：清水混凝土表面观感质量差

1. 通病现象

清水混凝土表面出现锈斑，色泽不匀、外观粗糙，拆模时将混凝土表层粘掉出现粘皮等现象，造成混凝土表面的观感较差（图 2.3-36、图 2.3-37）。

图 2.3-36 清水混凝土表面出现锈斑、色泽不均　　　图 2.3-37 清水混凝土表面粗糙、流浆、错台

2. 规范标准相关规定

（1）《城市桥梁工程施工与质量验收规范》CJJ 2—2008

5.3.1 模板、支架和拱架拆除应符合下列规定：

1 非承重侧模应在混凝土强度能保证结构棱角不损坏时方可拆除，混凝土强度宜为 2.5MPa 以上。

2 芯模和预留孔道内模应在混凝土抗压强度能保证结构表面不发生塌陷和裂缝时，方可拔出。

3 钢筋混凝土结构的承重模板、支架和拱架的拆除，应符合设计要求。当设计无规定时，应符合表 5.3.1 规定。

现浇结构拆除底模时的混凝土强度　　　表5.3.1

结构类型	结构跨度（m）	按设计混凝土强度标准值的百分率（%）
板	≤ 2	50
	2 ~ 8	75
	> 8	100
梁、拱	≤ 8	75
	> 8	100
悬臂构件	≤ 2	75
	> 2	100

注：构件混凝土强度必须通过同条件养护的试件强度确定。

（2）《清水混凝土应用技术规程》JGJ 169—2009

6.3.1　模板安装前，应进行下列工作：

6　涂刷脱模剂，且脱模剂应均匀。

6.4.1　清水混凝土模板的拆除，除应符合国家现行标准《混凝土结构工程施工质量验收规范》GB 50204 和《建筑工程大模板技术规程》JGJ 74 的规定外，尚应符合下列规定：

1　应适当延长拆模时间；

2　应制定清水混凝土墙体、柱等的保护措施；

3　模板拆除后应及时清理、修复

11.1.2　模板板面应干净，隔离剂应涂刷均匀。模板间的拼缝应平整、严密，模板支撑应设置正确、连接牢固。

11.3.1　混凝土外观质量与检验方法应符合表 11.3.1 的规定。

检查数量：抽查各检验批的 30%，且不应小于 5 件。

清水混凝土外观质量与检验方法　　　　　　　　　　表11.3.1

项次	项目	普通清水混凝土	饰面清水混凝土	检查方法
1	颜色	无明显色差	颜色基本一致，无明显色差	距离地面5m观察
2	修补	少量修补痕迹	基本无修补痕迹	距离地面5m观察
3	气泡	气泡分散	最大直径不大于8mm，深度不大于2mm，每平方米气泡面积不大于$20cm^2$	尺量
4	裂缝	宽度小于0.2mm	宽度小于0.2mm，且长度不大于1000mm	尺量、刻度放大镜
5	光洁度	无明显漏浆、流淌及冲刷痕迹	无漏浆、流淌及冲刷痕迹，无油剂、墨迹及锈斑，无粉化物	观察
6	对拉螺栓孔眼	—	排列整齐、孔洞封堵密实，凹孔棱角清晰圆滑	观察、尺量
7	明缝	—	位置规律、整齐深度一致、水平交圈	观察、尺量
8	蝉缝	—	横平竖直，水平交圈、竖向成线	观察、尺量

3. 原因分析

（1）脱模剂选用不当或脱模剂涂抹方法不当；

（2）脱模剂未完全干燥就浇混凝土，使脱模剂在混凝土施工中失去作用；

（3）脱模剂涂抹后待浇混凝土的时间太长，脱模剂因下雨或暴晒而脱落；

（4）拆模时间过早

4. 预防措施

（1）钢模板初次使用前应仔细打磨干净，除掉表面的锈迹。

（2）根据模板材质、模板暴露时间，因地制宜选用脱模剂。施工前应根据具体情况，进行技术及经济比较，并在现场作适当的试验，切实掌握与脱模剂相适应的施工工艺后，再推广使用。清水混凝土的模板宜使用同一品种的脱模剂，且不得使用沾污混凝土表面的油脂类脱模剂。涂抹时，注意均匀涂刷，涂抹层不要太厚。

（3）脱模剂完全干燥后才能浇筑混凝土。

（4）根据脱模剂的类型及模板材质，采用适当的涂抹方法，保证涂抹均匀。

（5）控制好拆模时间。

5. 治理措施

（1）色差、锈斑治理措施

对于颜色不均匀的混凝土表面首先用高压水冲洗混凝土表面，如黏附有隔离剂、尘埃或其他不洁物，则用尼龙织布擦洗干净。紧接着用重量比 1∶3.5 至 1∶5 的黑、白水泥组成的水泥稠浆，将混凝土全面披刮一遍，待面干发白时，用棉纱头擦除全部浮灰。再遵循上述方法进行两遍补浆，待达到干凝状态后，再对补浆面作第一次打磨，打磨后洒水养生。完成后的第二天，甚至第三天，再次重复上述程序方法对补浆面进行第二次、第三次补浆、磨平、擦灰，最后继续保养维护。

对于混凝土结构表面色差锈斑的处理可采用 200 目的砂纸（布）打磨去除，修饰时应注意只需轻微打磨去除锈斑即可，严禁打磨过厚。

（2）外观粗糙、粘皮治理措施

修补时使用小型锤斧工具，把修饰范围内的表皮水泥浆剔掉，剔深 2 ~ 3cm（至少削掉水泥皮），挖除表面浮浆，直至露出密实混凝土为止。浇水湿润后进行打磨，最后对局部或连同大面范围，采用 1∶3.5 至 1∶5 的黑、白水泥干灰，干擦一遍。

6. 工程实例图片（图 2.3-38、图 2.3-39）

图 2.3-38　清水混凝土桥墩　　　　图 2.3-39　清水混凝土桥梁

2.3.15　通病名称：（清水）混凝土表面错台、跑模

1. 通病现象

错台现象：模板安装时，两块相邻模板没有对齐，存在偏位，拆模后混凝土表面不平整，在接缝位置存在明显凸起或凹陷（图 2.3-40）。

跑模现象：模板安装时，对拉杆或斜支撑等紧固件数量不足，强度不足，在浇筑混凝土及振捣侧压力作用下，模板发生涨开移位，轻则导致混凝土构件变形（胀肚子），重则导致混凝土构件报废（图2.3-41）。

图2.3-40　桥墩错台　　　　　　　　　　图2.3-41　承台跑模

2. 规范标准相关规定

《城市桥梁工程施工与质量验收规范》CJJ 2—2008

5.4.3　模板、支架和公家安装允许偏差应符合表5.4.3的规定。

模板、支架和拱架安装允许偏差（摘录）　　　　　　表5.4.3

项目		允许偏差（mm）	检查频率		检验方法
			范围	点数	
相邻两板表面高低差	清水模板	2	每个构筑物或每个构件	4	用钢板尺和塞尺量
	混水模板	4			
	钢模板	2			
表面平整度	清水模板	3		4	用2m直尺和塞尺量
	混水模板	5			
	钢模板	3			

11.5.3　现浇混凝土墩台质量质量检验应符合本规范第11.5.1条规定，且应符合下列规定：

3　现浇混凝土墩台允许偏差应符合表11.5.3-1的规定

现浇混凝土墩台允许偏差　　　　　　表11.5.3-1

项目		允许偏差（mm）	检验频率		检验方法
			范围	点数	
墩台身尺寸	长	+15　0	每个墩台或每个节段	2	用钢尺量
	厚	+10　-8		4	用钢尺量，每侧上、下各1点
顶面高程		±10		4	用水准仪测量

续表

项目	允许偏差（mm）	检验频率		检验方法
		范围	点数	
轴线偏位	10	每个墩台或每个节段	4	用经纬仪测量、纵、横各 2 点
墙面垂直度	≤ 0.25%H，且不大于 25		2	用经纬仪测量或垂线和钢尺量
墙面平整度	8		4	用 2m 直尺、塞尺量
节段间错台	5		4	用钢尺和塞尺量
预埋件位置	5		4	经纬仪放线、用钢尺量

　　4　现浇混凝土柱允许偏差应符合表 11.5.3—2 的规定

现浇混凝土柱允许偏差　　　　　　　　表 11.5.3—2

项目		允许偏差（mm）	检验频率		检验方法
			范围	点数	
端面尺寸	长、宽（直径）	±5	每根柱	2	用钢尺量，长、宽各 1 点，圆柱量 2 点
顶面高程		±10		1	用水准仪测量
垂直度		≤ 0.2%H，且不大于 15		2	用经纬仪测量或垂线和钢尺量
轴线偏位		8		2	用经纬仪测量
平整度		5		2	用 2m 直尺、塞尺量
节段间错台		3		4	用钢尺和塞尺量

3. 原因分析

（1）错台

1）钢模板纵、横肋变形或扭曲。造成拼装缝超宽，对角线不等长。

2）钢模板配件不符合设计要求，如螺栓孔位置偏差大，无法正常拼装等使模板错位。

3）模板纵、横肋高度或插销孔、螺栓孔与板面的间距偏差过大，致使模板错台及表面平整度不好。

4）紧固配件松紧不一致，支承楞弯曲，使模板拼装后的顺直度或垂直度不满足规定要求。

5）模板安装工人操作不认真，不按操作规程施工，未按施工交底、规范要求将模板拼缝对齐即拧紧拼接螺栓，或在木模板拼缝处未采取可靠的齐缝措施。

（2）跑模

1）模板面板厚度较小，在混凝土侧压力作用下发生挠曲变形。

2）固定柱模板的柱箍不牢，柱模固定不当。

3）固定侧模的带木未钉牢或带木断面尺寸过小或支撑刚度较弱，不足以抵抗混凝土侧压力。

4）未采用对拉螺栓来承受混凝土对模板的侧压力；或因对拉螺栓直径小，被混凝土侧压力拉断。

5）斜撑、水平撑或底脚支撑不牢，支撑失效或移动。

6）模板的水平撑或斜撑过稀，未被支撑处模板向外凸出，呈悬臂结构状态。

7）模板的拐角处与端头处由于支撑薄弱而移位。

4. 预防措施

（1）错台

1）钢模板拼装前按质量标准检查，对因复用次数较多而产生误差过大的构件、零部件进行修理，应始终保持模板表面平整光洁，形状正确，不漏浆，并有足够的强度和刚度。

2）钢模板配件、钢楞使用前按质量标准检查，不合格者不得使用。

3）拼装方法及质量要求事前要进行技术交底。如拼装柱、梁模板时，应从一端挤紧。

4）为保证拼装质量，应设计模板装配图，并预留调整装配累积误差的位置。条件允许时，采用整体拼装、整体安装。

5）紧固配件的松紧程度要一致，所有内外钢楞交接处均应挂牢。

6）整体吊装模板和大模板，应保证有足够的强度和刚度，保证吊装时不变形。

7）模板拼装完后应加强自检和检查，及时发现模板错台超偏差的位置进行调整。

（2）跑模

1）模板厚应根据荷载要求设置。直接承受混凝土侧压力的模板杆件及纵楞、竖楞的截面尺寸应保证施工过程中所产生挠度不超过跨度的 1/400，且具有足够刚度。

2）根据柱断面大小及高度，在柱模外面加设牢固柱箍，并以木楔找正固定。必要时，可设对拉螺栓加固。

3）梁侧模下口必须有条带木（压脚板），钉紧在横担木或支架系统上。

4）对拉螺栓直径一般采用中 $\phi 12 \sim \phi 16$。墙身中间应用穿墙螺栓拉紧，以承担混凝土侧压力，确保不跑模，其间距根据侧压力大小确定，一般为 60 ~ 150cm。

5）浇筑混凝土时，派专人随时检查模板支架情况并进行加固。

6）基础侧模可在模板外设支撑固定。墩、台、梁、墙的侧模可设对拉螺栓加固。

7）加强模板的端头及拐角处的支撑及连接。

5. 治理措施

（1）混凝土错台治理措施

对于凸凹错台尽可能采用凿除、打磨凸起部分等方法进行处理；如果凹陷较严重，凿除、打磨方法不能满足要求，则对凹陷部位表面进行凿毛，并用一级配细石混凝土或砂浆填补，处理方法与麻面处理基本相同。

（2）混凝土跑模治理措施

对轻微跑模引起的混凝土表面变形可不进行处理，对严重表面变形应采取凿除、打磨凸起部分等方法进行处理，然后表面再采用同蜂窝、麻面的修补方式相同的方法进行修补。

6. 工程实例图片（图 2.3-42、图 2.3-43）

图 2.3-42　承台采用高强度和高刚度的钢模板，确保　　图 2.3-43　清水混凝土桥墩，无错台、跑模等缺陷
　　　　　　外观质量

2.3.16　通病名称：混凝土结构线形不顺直，尺寸偏差较大

1. 通病现象

沿结构通长方向，上口不直，宽度不准；下口陷入混凝土内，混凝土表面错台（图 2.3-44、图 2.3-45）。

图 2.3-44　防撞墙结构线形不平顺　　　　　　图 2.3-45　防撞墙上口尺寸偏差较大

2. 规范标准相关规定

《城市桥梁工程施工与质量验收规范》CJJ 2—2008

5.4.3　模板、支架和拱架安装允许偏差应符合表 5.4.3 的规定。

模板、支架和拱架安装允许偏差　　　　　　　　　表5.4.3

项目		允许偏差 （mm）	检验频率		检验方法
			范围	点数	
相邻两板 表面高 低差	清水模板	2	每个构筑 物或每个 构件	4	用钢板尺和塞尺量
	混水模板	4			
	钢模板	2			
表面平 整度	清水模板	3		4	用2m直尺和塞尺量
	混水模板	5			
	钢模板	3			
垂直度	墙、柱	$H/1000$，且 不大于6		2	用经纬仪或垂线和钢尺量
	墩、台	$H/500$，且不 大于20			
	塔柱	$H/3000$，且 不大于30			
模内尺寸	基础	±10		3	用钢尺量，长、宽、高各1点
	墩、台	$+5$ -8			
	梁、板、墙、柱、 桩、拱	$+3$ -6			
轴线偏位	基础	15		2	用经纬仪测量，纵、横向各1点
	墩、台、墙	10			
	梁、柱、拱、塔柱	8			
	悬浇各梁段	8			
	横隔梁	5			
支承面高程		$+2$ -5	每支承面	1	用水准仪测量
悬浇各梁段底面高程		$+10$ 0	每个梁段	1	用水准仪测量
梁底模拱度		$+5$ -2		1	沿底模全长拉线，用钢尺量
侧向弯曲	板、拱肋、桁架	$L/1500$	每根梁， 每个构 件、每个	1	沿底模全长拉线，用钢尺量
	柱、桩	$L/1000$，且 不大于10			
	梁	$L/2000$，且 不大于10			

注：（1）H 为构筑物高度（mm），L 为计算长度（mm）；

　　（2）支承面高程系指模板底模上表面支撑混凝土面的高程。

20.8.6　防护设施质量检验应符合下列规定：

5　防撞护栏、防撞墙、隔离墩允许偏差应符合表20.8.6-3的规定。

防撞护栏、防撞墩、隔离墩允许偏差 表20.8.6-3

项目	允许偏差（mm）	检验频率		检验方法
		范围	点数	
直顺度	5	每20m	1	用20m线和钢尺量
平面偏位	4	每20m	1	经纬仪放线、用钢尺量
预埋件位置	5	每件	2	经纬仪放线、用钢尺量
断面尺寸	±5	每20m	1	用钢尺量
相邻高差	3	抽查20%	1	用钢板尺和钢尺量
顶面高程	±10	每20m	1	用水准仪测量

3. 原因分析

（1）模板安装时，挂线垂直度有偏差，模板上口不在同一直线上，横向拉线检查点数过少。

（2）模板上口固定设施刚度不足。浇灌混凝土时，混凝土侧压力使模板下端向外推移，以致模板上口受向内的推力而内倾，使上口宽度减小。

（3）底部侧模横向支撑不牢，模板长向接缝处脱开，造成混凝土错台。

（4）临时支撑直接撑在土坑边，接触处土壤松动掉落。振捣混凝土时，横撑式斜撑底部嵌入土中。

4. 预防措施

（1）模板应有足够的强度和刚度。支模时，垂直度要准确，支撑系统应牢固稳定。

（2）模板上口应采用钉木带（钢模板对拉）、设横向可拆卸的内撑木杆或其他固定设施，以控制模板上口宽度。并通长拉线，保证上口平直。

（3）混凝土呈塑性状态时切忌用铁锹在模板外侧用力拍打，以免引起上段混凝土下滑，形成根部缺损。

（4）支撑直接撑在土坑边时，下面应垫以木板，以扩大其接触面。两块模板长向接头处应加拼条及横向支撑，使板面平整，连接牢固。

5. 治理措施

（1）结构物边线线形有轻微的凸出、错台的可以通过打磨机打磨平顺。

（2）顶面高差在3cm以内的，可将低处凿毛后，用黑白水泥加胶水调配至与原结构外观色泽基本一致后补平。

（3）高差超过3cm的，应将顶面凿毛，钻孔植筋后，表面铺一层水平钢筋后再用同配合比的细石混凝土补平。

（4）板块弯曲、偏位，胀模严重的应在拆模后立即凿除，重新安装模板浇筑混凝土。

6. 工程实例图片（图2.3-46、图2.3-47）

图 2.3-46　防撞墙采用钢膜，支、拉固定　　　　　图 2.3-47　线形直顺的防撞墙

2.3.17　通病名称：混凝土缺棱掉角

1. 通病现象

混凝土结构、构件边角混凝土局部掉落，损坏，不规则，棱角有缺失（图 2.3-48）。

2. 规范标准相关规定

《城市桥梁工程施工与质量验收规范》CJJ 2—2008

5.3.1　模板、支架和拱架拆除应符合下列规定：

1　非承重侧模应在混凝土强度能保证结构棱角不损坏时方可拆除，混凝土强度宜为 2.5MPa 以上。

图 2.3-48　现浇梁拆模不慎导致缺棱掉角

2　芯模和预留孔道内模应在混凝土抗压强度能保证结构表面不发生塌陷和裂缝时，方可拔出。

3　钢筋混凝土结构的承重模板、支架和拱架的拆除，应符合设计要求。当设计无规定时，应符合表 5.3.1 规定。

现浇结构拆除底模时的混凝土强度　　　　　　　　　　　　表 5.3.1

结构类型	结构跨度（m）	按设计混凝土强度标准值的百分率（%）
板	≤ 2	50
	2 ~ 8	75
	> 8	100
梁、拱	≤ 8	75
	> 8	100

续表

结构类型	结构跨度（m）	按设计混凝土强度标准值的百分率（%）
悬臂构件	≤ 2	75
	> 2	100

注：构件混凝土强度必须通过同条件养护的试件强度确定。

3. 原因分析

（1）木模板未充分浇水湿润，混凝土浇筑后养护不好，造成脱水，强度低，模板吸水膨胀将边角拉裂，拆模时，棱角被粘掉；

（2）低温施工，过早拆除非承重侧模；

（3）拆模时，边角受外力或重物撞击，或保护不好，棱角被碰掉；

（4）模板未涂刷隔离剂，或涂刷不均匀，模板与混凝土粘连。

4. 预防措施

（1）木模应在浇筑混凝土前充分湿润，混凝土浇筑后应认真养护，拆模严格按规范要求；

（2）钢模板安装前应均匀涂刷优质脱模剂，夏季采取遮阳措施，防止模板温度过高，会将迅速失水与模板产生粘连；

（3）拆模时注意保护已经成形的混凝土结构，避免蛮力操作，吊运模板应设专人辅助，稳、慢操作，防止碰触混凝土结构。

5. 治理措施

出现缺棱掉角，可将该处松散颗粒凿除，冲洗干净，充分湿润后，视破损程度用1：2或1：2.5水泥砂浆抹补整齐，或者用比原来高一个标号的混凝土重新立模，浇捣补齐。

6. 工程实例图片（图 2.3-49、图 2.3-50）

图 2.3-49　混凝土桥墩无缺棱掉角，外观优良

图 2.3-50　新拆模防撞墙，无缺棱掉角

2.3.18　通病名称：现浇箱梁跨中下挠

1. 通病现象

现浇梁底不平顺，跨中下挠（图 2.3-51）。

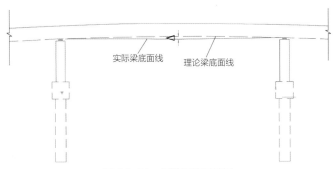

图 2.3-51　梁跨下挠示意图

2. 规范标准相关规定

（1）《公路钢筋混凝土及预应力混凝土桥涵设计规范》JTG 3362—2018

6.5.3　受弯构件在使用阶段的挠度应考虑荷载长期效应的影响，即按荷载短期效应组合和本规范第 6.5.2 条规定的刚度计算的挠度值，乘以挠度长期增长系数 η_θ。挠度长期增长系数可按下列规定取用：

当采用 C40 以下混凝土时，$\eta_\theta=1.60$；

当采用 C40 ~ C80 混凝土时，$\eta_\theta=1.45 ~ 1.35$，中间强度等级可按直线内插取用。

钢筋混凝土和预应力混凝土受弯构件按上述计算的长期挠度值，在消除结构自重产生的长期挠度后，梁式桥主梁的最大挠度处不应超过计算跨径的 1/600；梁式桥主梁的悬臂端不应超过悬臂长度的 1/300。

6.5.5　受弯构件的预拱度可按下列规定设置：

1　钢筋混凝土受弯构件

1）当由荷载短期效应组合并考虑荷载长期效应影响产生的长期挠度不超过计算跨径的 1/1600 时，可不设预拱度；

2）当不符合上述规定时应设预拱度，且其值应按结构自重和 1/2 可变荷载频遇值计算的长期挠度之和采用。

2 预应力混凝土受弯构件

1）当预应力产生的长期反拱值大于按荷载短期效应组合计算的长期挠度时，可不设预拱度；

2）当预加应力的长期反拱值小于按荷载短期效应组合计算的长期挠度时应设预拱度，其值应按该项荷载的挠度值与预加应力长期反拱值之差采用。

对自重相对于活载较小的预应力混凝土受弯构件，应考虑预加应力反拱值过大可能造成的不利影响，必要时采取反拱值或设计和施工上的其他措施，避免桥面隆起直至开裂破坏。

注：（1）汽车荷载频遇值为汽车荷载标准值的 0.7 倍，人群荷载频遇值等于其标准值；（2）预拱的设置应按最大的预拱值沿顺桥向做成平顺的曲线。

（2）《城市桥梁工程施工与质量验收规范》CJJ 2—2008

5.1.7　模板、支架和拱架的设计中应设施工预拱度。施工预拱度应考虑下列因素：

1　设计文件规定的结构预拱度；

2　支架和拱架承受全部施工荷载引起的弹性变形；

3　受载后由于杆件接头处的挤压和卸落设备压缩而产生的非弹性变形；

4　支架、拱架基础受载后的沉降。

5.2.4　支架立柱必须落在有足够承载力的地基上，立柱底端必须放置垫板或混凝土垫块。支架地基严禁被水浸泡，冬期施工必须采取防止冻胀措施。

13.7.4　悬臂浇筑预应力混凝土梁质量检验应符合本规范第 13.7.1 条规定，且应符合下列规定：

1　悬臂浇筑必须对称进行，桥墩两侧平衡偏差不得大于设计规定，轴线挠度必须在设计规定范围内。

（3）《混凝土结构工程施工规范》GB 50666—2011

4.1.2　模板及支架应根据施工过程中的各种工况进行设计，应具有足够的承载力和刚度，并应保证其整体稳固性。

4.3.1　模板及支架的型式和构造应根据工程结构形式、荷载大小、地基土类别、施工设备和材料供应等条件确定。

4.4.6　对跨度不小于 4m 的梁、板，其模板起拱高度宜为梁、板跨度的 1/1000 ～ 3/1000。

3. 原因分析

（1）模板支架未校直、撑牢。

（2）设计支架的挠度过大。

（3）模板没有支撑在坚硬的地面上。混凝土浇捣过程中，由于荷载增加，地面承载力不足，致使支撑随地面下沉变形。

（4）梁底模板未起拱。

（5）采用易变形的木材制作模板，混凝土浇灌后变形较大。木模在混凝土浇灌后吸水膨胀，事先未留空隙使模板变形翘曲。

（6）底模支承梁的纵向、横向楞强度、刚度不足。

4. 预防措施

（1）梁模与柱模连接处，应考虑梁模板吸湿后长向膨胀的影响，下料尺寸一般应略为缩短，使混凝土浇灌后不致嵌入柱内。

（2）支架设计时要严格控制挠度，外露部分挠度控制为 ≤ $L/400$；箱梁内模挠度控制为 ≤ $L/250$；并按规范要求设置预拱度。

（3）梁底模板的支承楞及支撑立柱间距应能保证在混凝土重量和施工荷载作用下不产生超过施工预拱度的变形。支撑底部如为泥土地面，应先认真夯实并作硬化处理，铺放通长垫木或型钢，以确保支撑不沉陷或减少不均匀沉陷。

（4）梁底模用料厚度，应根据梁的高度与宽度及模板的通用尺寸进行配制。

（5）根据梁的高度、宽度及形状，核算混凝土浇捣时的重量及施工荷载，合理布置纵、横楞及支撑系统。

（6）在混凝土浇灌前充分用水浇透模板，以利于拆模及保证混凝土表面的外观质量。

（7）支架搭设完成后进行预压消除非弹性变形和收集支架、地基变形数据，为预拱度设置提供依据。

5. 治理措施

将监测结果通告给设计单位，请设计单位提出具体的处理方案。

6. 工程实例图片（图2.3-52、图2.3-53）

图 2.3-52　现浇梁梁底平顺无下挠　　　　　　图 2.3-53　现浇梁梁底平顺无下挠

2.3.19　通病名称：挂篮悬臂浇筑施工接缝线形不平顺

1. 通病现象

挂篮逐节悬臂浇筑的梁段，底板、侧面接缝不平顺，梁体纵向线形不顺，挠度或顶面高程超出允许误差（图2.3-54）。

2. 规范标准相关规定

《城市桥梁工程施工与质量验收规范》CJJ 2—2008

17.5.6　悬臂浇筑混凝土主梁质量检验应符合本规范第17.5.1条和第13.7.3条有关

图 2.3-54　挂篮悬浇连续梁施工接缝侧面弯折图

规定，且应符合下列规定：

2 合龙段两侧高差必须在设计允许范围内（主控项目）。

4 悬臂浇筑混凝土主梁允许偏差应符合表 17.5.5 的规定。

悬臂浇筑混凝土主梁允许偏差（摘录）　　　表 17.5.5

项目	允许偏差（mm）		检验频率		检验方法
			范围	点数	
轴线偏位	$L \leq 200m$	10	每段	2	用经纬仪测量
	$L > 200m$	$L/20000$			
断面尺寸	宽度	$+5$ -8		3	用钢尺量端部和 $L/2$ 处
	高度	$+5$ -8		3	用钢尺量端部和 $L/2$ 处
	壁厚	$+5$ 0		8	用钢尺量前段
长度	± 10			4	用钢尺量顶板和底板两侧
节段高差	5			3	用钢尺量顶板两侧和中间

注：L 为节段长度。

5 梁体线形平顺、梁段接缝处无明显折弯和错台，表面无蜂窝、麻面和大于 0.15mm 的收缩裂缝。

3. 原因分析

（1）悬臂浇筑一般采用挂篮施工，挂篮的底模架的平面尺寸未能满足模板施工的要求；

（2）底模架的设置未按箱梁断面渐变的特点采取措施，使梁底接缝不平、漏浆，梁底段与段之间产生错台；

（3）侧模的接缝不密贴，造成漏浆，侧面产生错台；

（4）挂篮模板定位时，垂直向高程考虑不准，或挂篮前后吊带紧固受力不均；

（5）挂篮模板未按桥梁纵轴线定位；

（6）挂篮底模架的纵横梁连续失稳，几何尺寸变形；

（7）底模前横梁自身偏弱。

4. 预防措施

（1）底模架应有足够的平面及截面尺寸，应满足模板安装时支撑和拆除以及浇筑混凝土时所需操作工作宽度和刚度；

（2）底模架应考虑箱梁断面渐变和施工预拱度，在底模架的纵梁和横梁连接处设置活动钢铰，以便适时调节底模架，使梁底接缝平顺；

（3）底模架下的平行纵梁以及平行横梁之间，为防止底模架几何尺寸变形，应用钢筋或型钢采取剪刀形布置，牢固连接纵横梁；

（4）挂篮就位后，在校正底模梁时，必须预留混凝土浇筑时的抛高量（应经过对挂篮的等荷载试验取得），模板安装时应严格按测定位置核对标高，校正中线，模板和前一段混凝土面应平整密贴；

（5）挂篮就位后应将支点垫稳，采用千斤顶等预紧后吊带，固定后锚，再次测量梁端标高，在吊带收放时应均匀同步；吊带收紧后，应检查其受力是否均衡，否则就应重新调整。

5. 治理措施

（1）轻微的线形不顺、接缝弯折以及节间错台可通过打磨处理，减小视觉影响。

（2）严重的线形不顺应报请设计单位，复核对结构受力的影响，提出处理方案，再由参见各方会商确定实施。

6. 工程实例图片（图 2.3-55）

图 2.3-55　线形平顺悬灌桥梁

2.3.20　通病名称：混凝土表面塑性收缩裂缝、干缩裂缝

1. 通病现象

塑形收缩裂缝：混凝土硬化成型前因表面失水收缩导致的开裂，裂缝无规律，呈网状（龟裂），深度不大（图 2.3-56）。

干缩裂缝：混凝土硬化成型后因内外失水不均衡导致表面被拉裂而出现的纵横交错的裂缝，裂缝较细，深度不大（图 2.3-57）。

2. 规范标准相关规定

《城市桥梁工程施工与质量验收规范》CJJ 2—2008

7.6.4　混凝土洒水养护时间，采用硅酸盐水泥、普通硅酸盐水泥或矿渣硅酸盐水泥

图 2.3-56　塑形收缩裂缝（龟裂）

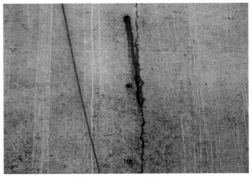

图 2.3-57　干缩裂缝

的混凝土，不得少于 7d；掺用缓凝型外加剂或有抗渗等要求以及高强度混凝土，不得少于 14d。使用真空吸水的混凝土，可在保证强度条件下适当缩短养护时间。

13.7.2　支架上浇筑梁（板）质量检验应符合本规范第 13.7.1 条规定，且应符合下列规定：

3　结构表面应无孔洞、露筋、蜂窝、麻面和宽度超过 0.15mm 的收缩裂缝。

13.7.4　悬臂浇筑预应力混凝土梁质量检验应符合本规范第 13.7.1 条规定，且应符合下列规定：

5　梁体线形平顺，相邻梁段接缝处无明显折弯和错台，梁体表面无孔洞、露筋、蜂窝、麻面和宽度超过 0.15mm 的收缩裂缝。

3. 原因分析

（1）塑性收缩裂缝（龟裂）

1）混凝土浇筑后，没有及时进行抹面和压光，导致表面水分蒸发过快。

2）早期养护不良，表面没有及时覆盖，受风吹日晒，表面游离水分蒸发过快，产生急剧的体积收缩，而此时混凝土早期强度低，不能抵抗这种变形应力而导致开裂；

3）使用收缩率较大的水泥，水泥用量过多，水灰比偏大或使用过量的粉砂；

4）混凝土水灰比过大，振捣后表面浮浆较厚；

5）模板、垫层过于干燥，吸水量大，也是导致这类裂缝出现的因素；

（2）干缩裂缝

1）水泥品种选择不当，选用了干缩变形大的矿渣水泥等品种；

2）配合比设计，水灰比偏大，单方水泥用量偏大，沙子没有选用中粗砂；

3）混凝土成型后，养护不当，受到风吹日晒，表面水分散失快，体积收缩大，而内部湿度变化很小，收缩也小，因而表面收缩变形受到内部混凝土的约束，出现拉应力，引起混凝土表面开裂；或者平卧薄型构件水分蒸发，产生的体积收缩受到地基、垫层或台座的约束，而出现干缩裂缝；

4）混凝土构件长期露天堆放，表面湿度经常发生剧烈变化；

5）采用含泥量大的粉砂配制混凝土；

6）混凝土经过度振捣，表面形成水泥含量较多的砂浆层，收缩量加大。

4. 预防措施

（1）塑性收缩裂缝（龟裂）

1）配制混凝土时，应严格控制水灰比和水泥用量，选择级配良好的石子，并提高配合比中粗砂含量，减小空隙率和砂率；同时要振固密实，以减少收缩量，提高混凝土抗裂强度。

2）浇筑混凝土前，将基层和模板浇水湿透。

3）混凝土浇筑后，及时对表面进行抹面、压光，并在混凝土硬化前进行二次压光。

4）混凝土硬化前根据天气增设挡风和遮阳设施。

5）混凝土浇筑后，对裸露表面应及时用潮湿材料覆盖，认真养护。

6）在气温高、湿度低或风速大的天气施工，混凝土浇筑后，应及早进行洒水养护，使其保持湿润；大面积混凝土宜浇完一段，养护一段。此外，要加强表面的抹压和成品保护工作。

7）混凝土养护可采用表面喷氯偏乳液或其他类型的养护剂，或覆盖湿麻袋、塑料薄膜等方法；当表面发现微细裂缝时，应及时抹压一次，再覆盖养护。

（2）干缩裂缝

1）混凝土水泥用量、水灰比和砂率不能过大。

2）严格控制砂、石含泥量，避免使用过量粉砂，应选用级配良好的骨料。混凝土应振捣密实，并注意对表面进行次抹压（在混凝土初凝后终凝前，进行二次抹压），以提高混凝土抗拉强度，减少收缩量。

3）加强混凝土早期养护，并适当延长养护时间。长期裸露的构件表面可覆盖草帘、麻袋，避免暴晒，并定期适当洒水养护，保持湿润。

4）将混凝土浇筑时间安排在天较低气温的时候进行，减少混凝土因水化热的原因引起的收缩裂缝。

其他详见"塑性收缩裂缝防止措施"。

5. 治理措施

（1）表面涂抹处理：对浆材难以灌入的细而浅的裂缝，深度未达到钢筋表面的发丝裂缝，不漏水的缝，不伸缩的裂缝以及不再活动的裂缝，首先将混凝土表面用清水洗干净，并保持混凝土表面湿润，采用黑白水泥和水泥胶按一定比例调配好，在裂缝处进行涂抹封堵。

（2）填充处理：对宽度小于0.3mm和深度较浅的裂缝，首先观察裂缝的发育走向及确认裂缝的深度，采用开V形槽的方法（并沿裂缝发育方向适当将V形槽延伸），开槽后用清水洗干净，确认裂缝一全部开槽，用环氧树脂砂浆或自行用水泥胶配置的黑白水泥嵌补到槽内，并抹平养护。

（3）注浆处理：此方法从细微裂缝到大裂缝均可适用，首先将注浆嘴固定在裂缝中，然后用水泥浆将裂缝表面封闭，预留出浆孔，利用押送设备（压力0.2～0.4MPa）将补缝浆液注入混凝土裂缝，应多次反复注入，直到密实。

6. 工程实例图片（图2.3-58、图2.3-59）

图2.3-58　墩身包裹保湿养护　　　图2.3-59　防撞墙覆盖保湿养护

2.3.21 通病名称：箱梁悬臂板纵、横向裂缝

1. 通病现象

悬臂板的根部产生纵向或悬臂板区域产生横向裂缝（图 2.3-60）。

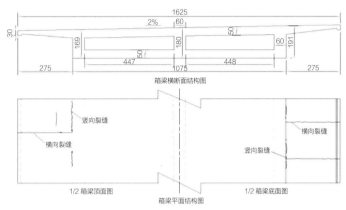

图 2.3-60 现浇箱梁悬臂板纵横向裂缝示意图

2. 规范标准相关规定

《城市桥梁工程施工与质量验收规范》CJJ 2—2008

13.7.2 支架上浇筑梁（板）质量检验应符合本规范第 13.7.1 条规定，且应符合下列规定：

1 结构表面不得出现超过设计规定的受力裂缝。

3 结构表面应无孔洞、露筋、蜂窝、麻面和宽度超过 0.15mm 的收缩裂缝。

13.7.4 悬臂浇筑预应力混凝土梁质量检验应符合本规范第 13.7.1 条规定，且应符合下列规定：

2 梁体表面不得出现超过设计规定的受力裂缝。

5 梁体线形平顺，相邻梁段接缝处无明显折弯和错台，梁体表面无孔洞、露筋、蜂窝、麻面和宽度超过 0.15mm 的收缩裂缝。

3. 原因分析

（1）箱梁分两次现浇，第一次浇筑底板和腹板，当顶板进行失水硬化收缩时，下部腹板已经大部分完成硬化和收缩，二者收缩率不同，腹板束缚住顶板的收缩，顶板的悬臂板在与腹板交界处产生拉应力，再加上顶板早期强度低，在悬臂板的根部被沿纵和横向拉裂。

（2）悬臂板上部钢筋由于加工尺寸偏小、施工踩踏等原因导致偏低，导致在悬臂根部开裂。

（3）拆模过早，导致悬臂板过早受力，产生开裂。

（4）悬臂板承受过重的施工荷载。

4．预防措施

（1）悬臂板混凝土施工前应对面层钢筋采取架立措施（如钢筋支架、竖向短钢筋点焊定位等），防止面筋下沉，施工时不能踩踏已绑扎完成的钢筋，应确保悬臂板上部纵向受力钢筋位置。

（2）混凝土浇筑前应办理隐蔽工程验收，符合设计要求后方能浇筑混凝土。

（3）悬臂板混凝土浇筑过程中要严格监控，对被踩踏变形的钢筋应及时纠正。

（4）悬臂板混凝土达到设计强度100%以上时才能拆底模板。

（5）如悬臂板需要承受较大的施工荷载时，应在板底采取回顶措施。

（6）尽量缩短箱梁两次浇筑的时间间隔。

（7）浇筑顶板混凝土后，加强覆盖、洒水养护，减少顶板收缩量。

5．治理措施

（1）顶面裂缝，应为后续还有混凝土铺装层施工，可不予处理；

（2）底面出现裂缝，可参照"混凝土表面塑性收缩裂缝、干缩裂缝"的处理方式。

6．工程实例图片（图2.3-61）

图2.3-61　现浇箱梁翼缘板无开裂

2.3.22　通病名称：施工缝位置混凝土质量差

1．通病现象

施工缝位置新旧混凝土交界面开裂、夹层（图2.3-62）。

2．规范标准相关规定

《城市桥梁工程施工与质量验收规范》CJJ 2—2008

7.5.6　当浇筑混凝土过程中，间断时间超过本规范第7.5.5条规定时，应设置施工缝，并应符合下列规定：

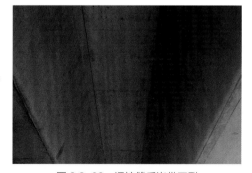

图2.3-62　湿接缝后浇带开裂

1　施工缝宜留置在结构剪力和弯矩较小、便于施工的部位，且应在混凝土浇筑之前确定。施工缝不得呈斜面。

2　先浇混凝土表面的水泥砂浆和松弱层应及时凿除。凿除时的混凝土强度，水冲法应达到0.5MPa；人工凿毛应达到2.5MPa；机械凿毛应达到10MPa。

3　经凿毛处理的混凝土面，应清除干净，在浇筑后续混凝土前，应铺10mm～20mm同配比的水泥砂浆。

4　重要部位及有抗震要求的混凝土结构或钢筋稀疏的混凝土结构，应在施工缝处补插锚固钢筋成石榫；有抗渗要求的施工缝宜做成凹、凸形或设止水带。

5　施工缝处理后，应待下层混凝土强度达到 2.5MPa 后，方可浇筑后续混凝土。

3. 原因分析

（1）结构物水平、垂直施工缝设置在结构的薄弱截面，由于误相信新、旧混凝土可以良好结合，随意设置施工缝；

（2）施工缝未进行接缝处理，未清除水泥表面的松动石子，未去除软弱混凝土层并充分湿润就浇筑混凝土。

（3）不认真执行有关施工技术规程，未按施工技术方案施工，混凝土在施工缝处发生离析；

（4）施工缝结合面没有凿毛，模板安装不良，湿接缝浇筑的混凝土质量不好；

（5）旧混凝土面未进行充分湿润，未在新旧混凝土交界面先铺一层砂浆。

（6）施工缝位置未进行充分振捣，抹面不及时或未加强施工缝位置的抹面。

4. 预防措施

（1）严格按规范和设计要求设置施工缝，接头方向应与轴向压力方向垂直，尽量选在操作方便的位置，并避开截面突变的截面，防止应力集中形成薄弱截面；

（2）对就混凝土面进行充分凿毛，并清理干净浮渣和杂物；

（3）浇筑前对施工缝旧混凝土面充分润湿，铺一层 2cm 的原配合比无石子砂浆，以利于接合良好；

（4）浇筑混凝土应采取有效的防离析措施，加强接缝处振捣、抹面工作。

5. 治理措施

（1）施工缝设置位置不符合规范要求的应提请设计单位提出混凝土补强措施；

（2）对施工缝位置的裂缝按照混凝土表面塑性收缩裂缝、干缩裂缝的处理方式。

（3）施工位置夹渣的处理，可将夹渣、夹层区域用集聚凿除，后用环氧砂浆等修补料进行修补。

6. 工程实例图片（图 2.3-63、图 2.3-64）

图 2.3-63　后浇带施工缝平顺、无开裂　　　图 2.3-64　挂篮节段施工缝平整、直顺、无错台

2.4 预制混凝土工程

本章节主要针对在城市桥梁梁体预制过程中经常出现的一些通用病害进行介绍。

2.4.1 通病名称：钢筋保护层厚度不合格

1. 通病现象

预制构件钢筋的保护层与设计偏差大（过小或过大），部分从外观可能看不出来，但通过仪器可以检测出，这种缺陷会影响构件的耐久性或结构性能（图2.4-1）。

2. 规范标准相关规定

《城市桥梁工程施工与质量验收规范》CJJ 2—2008

6.4.5 钢筋的混凝土保护层厚度，必须符合设计要求。设计无规定时应符合下列规定：

图2.4-1 钢筋保护层厚度不足

1 普通钢筋和预应力直线形钢筋的最小混凝土保护层厚度不得小于钢筋公称直径，后张法构件预应力直线形钢筋不得小于其管道直径的1/2，且应符合表6.4.5的规定。

普通钢筋和预应力直线形钢筋最小混凝土保护层厚度（mm）　　　　表6.4.5

构件类别		环境条件		
		Ⅰ	Ⅱ	Ⅲ、Ⅳ
基础、桩基承台	基坑底面有垫层或侧面有模板（受力主筋）	40	50	60
	基坑底面无垫层或侧面无模板（受力主筋）	60	75	85
墩台身、挡土结构、涵洞、梁、板、拱圈、拱上建筑（受力主筋）		30	40	45
缘石、中央分隔带、护栏等行车道构件（受力主筋）		30	40	45
人行道构件、栏杆（受力主筋）		20	25	30
箍筋				
收缩、温度、分布、防裂等表层钢筋		15	20	25

注：（1）环境条件Ⅰ—温暖或寒冷地区的大气环境，与无侵蚀性的水或土接触的环境；Ⅱ—严寒地区的环境、使用除冰盐环境、滨海环境；Ⅲ—海水环境；Ⅳ—受侵蚀性物质影响的环境；
（2）对于环氧树脂涂层钢筋，可按环境类别Ⅰ取用。

2 当受拉区主筋的混凝土保护层厚度大于50mm时，应在保护层内设置直径不小于6mm、间距不大于100mm的钢筋网。

3 钢筋机械连接件的最小保护层厚度不得小于20mm。

4　应在钢筋与模板之间波设置垫块，确保钢筋的混凝土保护层厚度，垫块应与钢筋绑扎牢固，错开布置。

3. 原因分析

（1）钢筋骨架合格但构件尺寸超差；

（2）钢筋半成品或骨架成型质量差；

（3）模板尺寸不符合要求；

（4）保护层厚度垫块不合格（尺寸不对或者偏软）；

（5）混凝土浇筑过程中，钢筋骨架被踩踏导致变形；

（6）技术交底不到位，质量检验不到位。

4. 预防措施

（1）应用 BIM 技术进行构件钢筋保护层厚度模拟，将不同保护层厚度进行协调，便于控制；

（2）加强钢筋半成品、成品保护；

（3）制作模板时严格检查尺寸，依照设计要求进行；

（4）采用符合要求的保护层厚度垫块，垫块应与钢筋绑扎牢固，错开布置；

（5）混凝土浇筑过程中应采取措施，严禁砸、压、踩踏和直接顶撬钢筋，双层钢筋之间应有足够多的防塌陷支架；

（6）加强质量检验。

5. 治理措施

（1）重新调整钢筋间距尺寸，增设混凝土垫块确保保护层厚度。

（2）如果是由于构件本身尺寸偏差过大，则要具体分析是否可用。钢筋保护层厚度看似小问题，但一旦发生很难处理，而且往往是大面积系统性的，应当引起重视。

6. 工程实例图片（图 2.4-2、图 2.4-3）

图 2.4-2　增设混凝土垫块

图 2.4-3　通过在预制梁钢筋上绑扎垫块，确保其有足够的保护层厚度

2.4.2 通病名称：预制梁竖向裂缝

1. 通病现象

预制梁沿腹板位置出现竖向裂缝（图 2.4-4）。

2. 规范标准相关规定

（1）《混凝土结构工程施工质量验收规范》GB 50204—2015

附录 B B.1.5 预制构件的裂缝宽度检验应满足下式要求：

预制梁出现竖向裂缝

$$\omega^0_{s,\max} \leqslant \left[\omega_{\max}\right] \qquad (\text{B.1.5})$$

图 2.4-4 预制梁竖向裂缝

式中 $\omega^0_{s,\max}$——在检验用荷载标准组合值或荷载准永久组合值作用下，受拉主筋处的最大裂缝宽度实测值（mm）；

$\left[\omega_{\max}\right]$——构件检验的最大裂缝宽度允许值，按表 B.1.5 取用。

构件检验的最大裂缝宽度允许值（mm）   表B.1.5

设计要求的最大裂缝宽度限值	0.1	0.2	0.3	0.4
$\left[\omega_{\max}\right]$	0.07	0.15	0.20	0.25

（2）《公路工程质量检验评定标准 第一册 土建工程》JTG F80/1—2017

8.7.1 预制和安装梁（板）

8.7.1.3 外观鉴定

（3）混凝土表面出现非受力裂缝，减 1 ~ 3 分。裂缝宽度超过设计规定或设计未规定时超过 0.15mm 必须处理。

3. 原因分析

（1）台座的设计不合理，基底承载力不足，使梁体与台座变形不一致造成梁体开裂；

（2）过早拆模容易产生表面裂缝。

4. 预防措施

（1）严格控制配合比，减少混凝土的收缩量；

（2）台座的设计必须合理，防止梁体与台座变形不一致造成梁体开裂；

（3）控制拆模时间，过早拆模容易产生表面裂缝；

（4）必须进行覆盖、保湿养生。

5. 治理措施

产生竖向裂缝的梁应报废处理。

6. 工程实例图片（图 2.4-5、图 2.4-6）

图 2.4-5　经过预应力张拉的 T 梁表面没有出现侧面裂缝　　图 2.4-6　经过预应力张拉的箱梁表面没有出现侧面裂缝

2.4.3　通病名称：板底纵向裂缝

1. 通病现象

板底纵向裂缝主要表现为沿着纵筋的纵向裂缝（图 2.4-7）。

2. 规范标准相关规定

（1）《混凝土结构工程施工质量验收规范》GB 50204—2015

图 2.4-7　板底纵向裂缝

附录 B B.1.5 预制构件的裂缝宽度检验应满足下式要求：

$$\omega_{s,max}^{0} \leqslant [\omega_{max}] \qquad (B.1.5)$$

式中　$\omega_{s,max}^{0}$——在检验用荷载标准组合值或荷载准永久组合值作用下，受拉主筋处的最大裂缝宽度实测值（mm）；

　　　$[\omega_{max}]$——构件检验的最大裂缝宽度允许值，按表 B.1.5 取用。

构件检验的最大裂缝宽度允许值（mm）　　　　　　　表B.1.5

设计要求的最大裂缝宽度限值	0.1	0.2	0.3	0.4
$[\omega_{max}]$	0.07	0.15	0.20	0.25

（2）《公路工程质量检验评定标准 第一册 土建工程》JTG F80/1-2017

8.7.1　预制和安装梁（板）

8.7.1.3　外观鉴定

（3）混凝土表面出现非受力裂缝，减 1 ~ 3 分。裂缝宽度超过设计规定或设计未规定时超过 0.15mm 必须处理

3．原因分析

（1）先张法预应力束放张时钢束的回缩会给混凝土施加强大的预压力，在横向可产生劈裂横向拉应力，如果预应力放张过早，混凝土强度尚低则会产生纵向开裂；

（2）梁底混凝土保护层厚度不足，在板中间厚度最薄处易产生裂缝。

4．预防措施

（1）浇筑完混凝土后进行充分养护，待混凝土达到龄期后方可进行放张；

（2）增设梁底混凝土垫块，确保其保护层厚度。

5．治理措施

（1）对梁体结构受力进行检测分析，不符合要求则报废处理；

（2）若在使用过程中出现板底纵向裂缝，裂缝封闭处理后采用在梁底面粘贴碳纤维布方法进行加固，限制结构裂缝继续发展。

2.4.4　通病名称：空心板梁铰缝连接破坏

1．通病现象（图2.4-8）

2．规范标准相关规定

《城市桥梁工程施工与质量验收规范》CJJ 2—2008

13.4.5条第5款第1项湿接缝的端面应凿毛清洗。

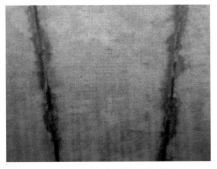

图2.4-8　空心板桥铰缝破坏

3．原因分析

（1）直接原因新旧混凝土间的粘结力和摩阻力不足，造成企口缝混凝土与空心板侧壁相分离，雨水大量渗透并侵蚀混凝土，使空心板失去横向联结能力，出现单板受力；

（2）根本原因是铰缝抗剪强度不足。

4．预防措施

（1）按设计要求预埋铰缝抗剪钢筋；

（2）预制空心板梁凿毛成凹凸面不少于6mm的粗糙面；

（3）浇筑铰缝混凝土前先用M15砂浆填底缝，待砂浆强度达80%后方可浇筑铰缝混凝土，同时注意铰缝混凝土的振捣。

5．治理措施

（1）重新浇筑铰缝。凿除、清理既有桥面铺装及破坏了的铰缝混凝土，重新浇筑铰缝及桥面铺装，恢复铰缝的剪力传递。

（2）压浆法施工。在破坏铰缝上间距50cm左右打孔施工，同时设置PVC灌浆嘴，直径约2cm，深度10cm左右，采用玻璃胶封闭铰缝底部，采用高压灌浆设备，压入环氧树脂等粘结材料，恢复铰缝的剪力传递。

6．工程实例图片（图2.4-9）

2.4.5　通病名称：色差

1. 通病现象

混凝土为一种多组分复合材料，表面颜色常常不均匀，有时形成非常明显的反差（图 2.4-10）。

2. 原因分析

（1）不同配合比颜色不一致；

（2）原材料变化导致混凝土颜色变化；

（3）养护条件、湿度条件、混凝土密实性不同导致混凝土颜色差异；

（4）脱模剂、模板材质不同导致混凝土颜色差异。

3. 预防措施

（1）保持混凝土原材料和配合比不变；

（2）及时清理模板，均匀涂刷脱模剂；

（3）加强混凝土早期养护，做到保温保湿；

（4）控制混凝土坍落度和振捣时间，确保混凝土振捣均匀（不欠振，不过振）；

（5）表面抹面工艺稳定。

4. 治理措施

（1）养护过程形成的色差，可以不用处理，随着时间推移，表面水化充分之后色差会自然减弱；

（2）对于配合比、振捣密实性、模板材质变化引起的色差，可以涂刷表面保护剂；

（3）采用带胶质的色浆进行调整，调整色差的材料不应影响带后期装修。

5. 工程实例图片（图 2.4-11）

2.4.6　通病名称：缺棱、掉角

1. 通病现象

混凝土缺棱掉角现象是指结构或构件边角处混凝土局部掉落、不规则，棱角有缺陷（图 2.4-12）。

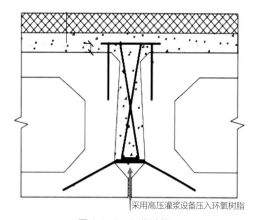

采用高压灌浆设备压入环氧树脂

图 2.4-9　压浆法施工

图 2.4-10　色差

图 2.4-11　预制梁体无色差

2．原因分析

（1）木模板未充分浇水湿润或湿润不够，混凝土浇筑后养护不好，造成脱水，强度低，模板吸水膨胀将边角拉裂，拆模时，棱角被粘掉。

（2）设计配筋不合理，边角钢筋的保护层过大。

（3）拆模时，边角受外力或重物撞击，或保护不好，棱角被碰掉。

图 2.4-12　梁端崩角

（4）构件或模具设计不合理，边角尺寸太小或易损。

（5）模板未涂刷隔离剂，或涂刷不均。

3．预防措施

（1）木模板在浇筑混凝土前应充分湿润，混凝土浇筑后应认真浇水养护，拆除侧面非承重模板时，混凝土应具有 1.2MPa 以上强度；拆模时注意保护棱角，避免用力过猛过急；吊运模板，防止撞击棱角，运输时，将成品阳角用草袋等保护好，以免碰损。

（2）优化设计配筋，严格按照规范设计边角钢筋的保护层；

（3）脱模后的构件在吊装和安放过程中，应做好保护工作；

（4）涂刷脱模剂时注意均匀涂刷，防止拆模时边角粘连被拉裂。

4．治理措施

出现缺棱掉角，可将该处松散颗粒凿除，冲洗充分湿润后，视破损程度用 1：2 水泥砂浆抹补齐整，或支模用比原来高一级混凝土捣实补好，认真养护。

图 2.4-13　无缺棱掉角现象

5．工程实例图片（图2.4-13）

2.4.7　通病名称：预制梁基础出现不均匀沉降

1．通病现象

预制梁基础出现不均匀沉降（图2.4-14）。

2．规范标准相关规定

《公路桥涵施工技术规范》JTG/T F50—2011

16.4.2　构件预制场的布置应满足预制、

图 2.4-14　因台座下沉造成梁倾斜

移运、存放及架设安装的施工作业要求；场地应平整、坚实，应根据地基情况和气候条件，设置必要的防排水设施，并应采取有效措施防止场地沉陷。砂石料场的地面宜进行硬化处理。

16.4.3 构件预制台座的地基应具有足够的承载能力，并应符合下列规定：

1 预制台座应采用适宜的材料和方式制作，且应保证其坚固、稳定、不沉陷；当用于预制后张预应力混凝土梁、板时，宜对台座两端及适当范围内的地基进行特殊加固处理。

3. 原因分析

预制梁基础未进行加固，施加预应力后由于在支座附近荷载集中容易引起地基不均匀沉降。

4. 防治措施

（1）施工前将场地整平夯实，严格按照方案设计的厚度浇筑混凝土。

（2）在支座附近的基础采用混凝土加固，并设沉降缝。

5. 工程实例图片（图2.4-15）

图 2.4-15　按设计或方案要求对台座进行处理

2.4.8　通病名称：预制T梁横隔梁错位

1. 通病现象

相邻T梁横隔梁错位，上部结构同一排横隔梁不在一条直线上（图2.4-16）。

2. 原因分析

（1）预制梁模板外形尺寸或横隔梁方向角度有偏差。

（2）横隔梁模板安装时有偏差。

（3）T梁架设安装位置有偏差。

图 2.4-16　预制T梁横隔梁错位

3. 预防措施

（1）模板尺寸和方向角度要严格检查，确保正确。

（2）模板安装要准确无误。

4. 治理措施

架梁时要控制好梁位准确并适当根据横隔梁对位情况稍加调整，使横隔梁互相对齐。

5. 工程实例图片（图2.4-17）

图 2.4-17　预制T梁横隔梁位置正确

2.4.9　通病名称：封端混凝土与梁体脱离

1. 通病现象

封端混凝土与梁体脱离（图 2.4-18）。

2. 规范标准相关规定

《城市桥梁工程施工与质量验收规范》
CJJ 2—2008

8.8.8　后张法预应力施工应符合下列规定：8 埋设在结构中的锚具，压浆后应及时浇筑封锚混凝土。封锚混凝土的强度等级应符合设计要求，不宜低于结构混凝土强度等级的 80%，且不得低于 30MPa。

图 2.4-18　封端混凝土与梁体脱离

3. 原因分析

（1）梁端部未凿毛；

（2）预埋钢筋长度及数量或钢筋焊接不合要求；

（3）封端模板不稳固；

（4）浇筑封端混凝土时，对原梁体混凝土未淋湿，浇筑后未养生。

4. 防治措施

（1）梁端部要凿毛，凿毛必须按工作缝质量要求认真进行；

（2）预埋钢筋长度及数量符合设计要求；

（3）要安装好封端混凝土的钢筋骨架，并与预埋钢筋焊成一体；

（4）封端模板要稳固；

（5）浇筑封端混凝土时，对原梁体混凝土要充分淋湿；

（6）认真养生。

5. 工程实例图片（图 2.4-19）

图 2.4-19　封端混凝土严实

2.4.10　通病名称：预制箱梁梁体尺寸不准确

1. 通病现象

预制箱梁梁体尺寸不准确（图 2.4-20、图 2.4-21）。

2. 原因分析

（1）模板设计不合理；

（2）浇筑混凝土前未认真核对梁体长度；

（3）现场墩柱盖梁位置与设计不符。

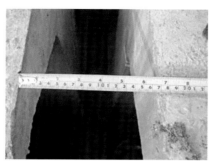

图 2.4-20　预制箱梁梁体尺寸不准确　　　图 2.4-21　预制箱梁梁体尺寸
导致缝隙宽窄不一　　　　　　　不准确导致缝隙宽窄不一

3. 防治措施

（1）合理设计模板，选用合适材料，加强立模后的验收；

（2）混凝土强度达到设计要求后拆模；

（3）立封端模板时，认真复核梁的尺寸，确保梁体长度不超差。

2.4.11　通病名称：预制梁体内腹板变形

1. 通病现象（图 2.4-22）

2. 原因分析

（1）内模未安装稳固；

（2）未采用大面钢模板。

3. 防治措施

（1）采用强度、刚度均满足要求的模板；

（2）内模设置加固支撑；

（3）内模安装应牢固、平顺，不能移位；

（4）采用大面钢模板；

（5）打磨、浇筑好内模，并均匀涂刷脱模剂。

4. 工程实例图片（图 2.4-23）

图 2.4-22　梁内腹板变形

2.5　预应力工程

2.5.1　通病名称：断丝／滑丝

1. 通病现象（图 2.5-1）

（1）锚夹具在预应力张拉后，夹片夹不住钢绞线或钢丝，钢绞线或钢丝滑动，达不到设计张拉值。

图 2.4-23　内模采用组合钢模板

（2）张拉钢绞线或钢丝时，夹片将其夹断，即齿痕较深，在夹片处断丝。

2. 规范标准相关规定

《城市桥梁工程施工与质量验收规范》CJJ 2—2008

8.4.7　先张法预应力施工应符合下列规定：3 预应力筋张拉应符合下列要求：

3）张拉过程中，预应力筋的断丝、断筋数量不得超过表 8.4.7-2 的规定。

图 2.5-1　滑丝

先张法预应力筋断丝、断筋控制值　　　　　　　　　　　表 8.4.7-2

预应力筋种类	项目	控制值
钢丝、钢绞线	同一构件内断丝数不得超过钢丝总数量的	1%
钢筋	断筋	不允许

3. 原因分析

（1）实际使用的预应力钢丝或预应力钢绞线直径偏大，锚具与夹片不密贴，张拉时易发生断丝或滑丝。

（2）预应力束没有或未按规定要求梳理编束，使得钢束长短不一或发生交叉，张拉时易发生断丝或滑丝。

（3）锚夹具的尺寸不准，夹片的误差大，夹片的硬度与预应力盘不配套，易断丝和滑丝。

（4）施工焊接时，把接地线连在预应力筋上，造成钢丝间短路，损伤钢丝，张拉时发生断丝。

（5）把钢束穿入预留孔道内时间长，造成钢丝锈蚀，混凝土砂浆留在钢束上，又未清理干净，张拉时产生滑丝。

（6）锚圈放置位置不准，支承垫块倾斜，千斤顶安装不正，会造成预应力钢束断丝甚至夹片断裂。

（7）油压表失灵，造成张拉力过大，易产生断丝。

（8）锚夹片硬度指标不合格，硬度过低，夹不住钢绞线或钢丝；硬度过高则夹伤钢绞线或钢丝，有时因锚夹片齿形和夹角不合理也可以引起滑丝与断丝。

（9）钢绞线或钢丝的质量不稳定，硬度指标起伏较大，或外径公差超限，与夹片规格不相匹配。

4. 预防措施

（1）穿束前，预应力钢束必须按规程进行梳理编束，并正确绑扎。

（2）张拉预应力筋时，锚具、千斤顶安装要准确。

（3）当预应力张拉到一定吨位后，如发现油压回落，再加油时又回落，这时有可能发生断丝，如果发生断丝，应更换预应力钢束，重新进行预应力张拉。

（4）焊接时严禁利用预应力筋作为接地线，不允许发生电焊烧伤波纹管与预应力筋。

（5）张拉前必须对张垄断钢束进行清理，如发生锈蚀应重新调换。

（6）张拉前要经权威部门准确检验标定千斤顶和油压表，并作相应的锚具检验。

（7）发生事故后可以提高其他束的张拉力补偿；更换新束；利用备用孔增加预应力束。

（8）锚夹片硬度除了检查出厂合格证外，在现场应进行复检，有条件的最好进行逐片复检。

（9）钢绞线或钢丝的直径偏差、椭圆度、硬度指标应纳入检查内容。如偏差超限，质量不稳定，应考虑更换钢绞线或钢丝的产品供应单位。

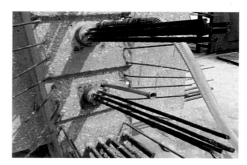

5. 治理措施

滑丝断丝若不超过规范允许数量，可不予处理，若整束或大量滑丝和断丝，应将锚头取下，检验并更换钢束重新张拉。

6. 工程实例图片（图 2.5-2）

图 2.5-2　滑丝治理

2.5.2　通病名称：梁体端部出现裂缝或压爆

1. 通病现象

拉张后，梁体端部锚固区混凝土产生裂缝，裂缝与预应力筋轴线基本重合（图 2.5-3、图 2.5-4）。

图 2.5-3　端头混凝土不实

图 2.5-4　压爆端头

2. 规范标准相关规定

《公路钢筋混凝土及预应力混凝土桥涵设计规范》JTG 3362—2018

8.2.1　对于后张预应力混凝土构件，其预应力锚固区的承载力应满足下列要求：

1　局部区的锚下抗压承载力应符合第 5.7 节的规定。

2　总体区各受拉部位的抗拉承载力应符合式（8.2.1）规定：

$$\gamma_0 T_{(.),d} \leq f_{sd} A_s \qquad (8.2.1)$$

式中　$T_{(.),d}$——总体区各受拉部位的拉力设计值。对于端部锚固区，锚下劈裂力 $T_{b,d}$、剥
裂力 $T_{s,d}$ 和边缘拉力 $T_{et,d}$，可按第 8.2.2 条 ~ 第 8.2.5 条计算或采用拉压杆
模型计算；对于三角尺块锚固区，五个受拉部位的拉力设计值可按第 8.2.6
条计算或采用拉压杆模型计算。

　　　　f_{sd}——普通钢筋抗拉强度设计值

　　　　A_s——拉杆中的普通钢筋面积，按第 9.4.18 条和第 9.4.20 条规定布置范围内的钢
筋计算。

注：（1）预应力锚固区的范围，对于端部锚固区，横向取梁端全截面，纵向取 1.0 ~
1.2 倍的梁高或梁宽的较大值；对于三角尺块锚固区，横向取齿块宽度的 3 倍，纵向取
齿块长度外加 2 倍壁板厚度。（2）局部区的范围，横向取锚下局部受压面积，纵向取 1.2
倍的锚垫板较长边尺寸。（3）总体区的范围，取局部区以外的锚固区部分。

8.2.2　端部锚固区的锚下劈裂力设计值宜按下列规定计算。

1　单个锚头引起的锚下劈裂力设计值：

$$T_{b,d}=0.25 P_d \left(1+\gamma\right)^2 \left[\left(1-\gamma\right)-\frac{a}{h}\right]+0.5 P_d \left[\sin\alpha\right]$$

劈裂力作用位置至锚固端面的水平距离：

$$d_b=0.5\left(h-2e\right)+e\sin\alpha \qquad (8.2.2-1)$$

式中　P_d——预应力锚固力设计值，取 1.2 倍张拉控制力；

　　　　a——锚垫板宽度；

　　　　h——锚固段截面高度；

　　　　e——锚固力偏心距，即锚固力作用点距截面形心的距离；

　　　　γ——锚固力在截面上的偏心率，$\gamma=2e/n$；

　　　　α——力筋倾角，一般在 $-5° \sim +20°$ 之间；当锚固力作用线从起点指向截面形心
时取正值，逐渐远离截面形心时取负值。

2　一组密集锚头引起的锚下劈裂力设计值，宜采用其锚固力的合力值代入式
（8.2.2-1）计算。

3　非密集锚头引起的锚下劈裂力设计值，宜按单个锚头分别计算，取歌劈裂力的最
大值。

注：（1）当相邻锚垫板的中心距小于 2 倍锚垫板宽度时，该锚头为密集锚头；否则，

为非密集锚头。

（2）一组密集锚头的总垫板宽度 a 取该组锚头两个最外侧垫板边缘之间的间距。

8.2.3　由锚垫板局部压陷引起的周边剥裂力 $T_{s,d}$ 宜按下式计算：

$$T_{s,d}=0.02\max\{P_{di}\}$$

式中　P_{di}——同一端面上，第 i 个锚固力设计值。

8.2.4　当两个锚固力的中心距大于 1/2 锚固端截面高度时，该组大间距锚头间的端面剥裂力不小于最大锚固力设计值的 0.02 倍。

8.3.1　拌制混凝土应优先采用硅酸盐水泥、普通硅酸盐水泥，不宜使用矿渣硅酸盐水泥，不得使用火山灰质硅酸盐水泥及粉煤灰硅酸盐水泥。粗骨料应采用碎石，其粒径宜为 5mm ~ 25mm。

8.3.2　混凝土中的水泥用量不宜大于 550kg/m³。

8.3.3　混凝土中严禁使用含氯化物的外加剂及引气剂或引气型减水剂。

8.3.4　从各种材料引入混凝土中的氯离子最大含量不宜超过水泥用量的 0.06%。超过以上规定时，宜采取掺加阻锈剂、增加保护层厚度、提高混凝土密实度等防锈措施。

8.3.5　浇筑混凝土时，对预应力筋锚固区及钢筋密集部位，应加强振捣，后张构件应避免振动器碰撞预应力筋的管道。

3．原因分析

（1）设计张拉端预应力管道距离腹板边尺寸偏小，在张拉力作用下容易沿管道边产生竖向的剪切裂缝。

（2）设计时未充分考虑由锚具或自锚区传来的局部集中力的作用，使梁的端面产生变形，从而在于梁轴线垂直方向出现局部高拉应力。

（3）由于梁端头钢筋较密，并安装有锚垫板及波纹管，空间小，振捣不密实导致锚垫板后的混凝土局部有蜂窝或空洞。

（4）锚垫板下的钢筋布设偏少，受压区面积偏小、锚板或锚垫板设计厚度偏薄，受力后变形过大。

（5）锚垫板后的螺旋筋固定不牢，振捣梁端头混凝土时，螺旋筋移位，失去加强作用。

（6）边模及端模的间隙较大，端头模板预留钢筋孔洞较多，用海绵填塞后还有漏浆现象，导致混凝土强度不足。

4．预防措施

（1）加大设计张拉端预应力管道距离腹板边尺寸。

（2）设计时应充分考虑由锚具或自锚区传来的局部集中力的作用，防止由于局部集中力的作用使梁的端面产生变形，从而在于梁轴线垂直方向出现局部高拉应力。

（3）严格控制混凝土配合比，加强混凝土振捣，保证其密实性和强度。

（4）锚板、锚垫板必须有足够的厚度以保证其刚度，锚垫板下应布设足够多的钢筋，以使混凝土能够承受因张拉预应力而产生的压应力和主拉应力。

（5）施工时锚垫板后的螺旋筋要固定牢固，防止在振捣梁端头混凝土时，螺旋筋移位，导致失去加强作用。

（6）浇筑混凝土时应特别注意在锚头区的混凝土质量，因在该处往往钢筋密集，混凝土的粗骨料不易进入而严重影响混凝土的强度。

5. 治理措施

将锚具取下，凿除锚下混凝土损坏部分，然后加筋用高强度混凝土修补，将锚下垫板加大加厚，使承压面扩大到满足受力要求。

6. 工程实例图片（图2.5-5）

图2.5-5　锚具锚固区未出现缺陷

2.5.3　通病名称：压浆不饱满

1. 通病现象

水泥浆从入口压入孔道后，前方通气孔或观察孔未有有浆液流过；或有的是溢出的浆液稀薄。钻孔检查发现孔道中有空隙，甚至没有水泥浆（图2.5-6）。

2. 规范标准相关规定

施工规范标准相关规定

《城市桥梁工程施工与质量验收规范》CJJ 2—2008

图2.5-6　预应力管道堵塞，无法压浆

8.4.8　后张法预应力施工应符合下列要求：

5　预应力筋张拉后，应及时进行孔道压浆，对多跨连续有连接器的预应力筋孔道，应张拉完一段灌注一段。孔道压浆宜采用水泥浆，水泥浆的强度应符合设计要求；设计无规定时不得低于30MPa。

6　压浆后应从检查孔抽查压浆的密实情况，如有不实，应及时处理。压浆作业，每一工作班应留取不少于3组砂浆试块，标准养护28d，以其抗压强度作为水泥浆质量的评定依据。

7　压浆过程中及压浆后48h内，结构混凝土的温度不得低于5摄氏度，否则应采取保温措施。当白天气温高于35摄氏度时，压浆宜在夜间进行。

8　埋设在结构内的锚具，压浆后应及时浇筑封锚混凝土。封锚混凝土的强度等级应符合设计要求，不宜低于结构混凝土强度等级的80%，且不得低于30MPa。

9　孔道内的水泥浆强度达到设计规定后方可吊移预制构件；设计未规定时，不应低于砂浆设计强度的75%。

3. 原因分析

（1）预应力管道设计空隙较小，工程实践证明，管道内横截面积应不小于预应力钢材净截面积的 2.0 ～ 2.5 倍，这样预应力筋穿束不致困难，水泥浆也容易压入。同时，由于管道狭窄，预应力钢筋穿束时绑扎丝在管道容易受阻，堆积挤压，形成网状密栓，压浆时此处过气不过浆。

（2）水泥浆配置不当，泌水率高，水泥浆虽然压满但泌水严重，浆体离析，管道内形成游离水。

（3）管道堵塞，压浆困难，由于预留管道不畅通，有异物堵塞或波纹管不合格，管道变形或有偏孔，密封不好、刚度不够；拼缝不严，出现漏浆现象。特别时负弯矩管道由于连接不好，密封不严，在湿接头浇筑中，将管道已经栓堵。

（4）未设排气孔或排气孔设置的位置不理想，造成管道窝气，预留管道过长时排气管没有调在最高点。

（5）压浆孔、排气孔堵塞。锚垫板与模板之间有空隙，浇筑混凝土时水泥浆堵塞压浆孔，在混凝土浇筑过程中，排气孔的管与波纹管脱离，排气孔形同虚设。

（6）压浆施工时，对压浆最高点的泌水和水泥浆的稠度控制不严。在最高点的排气孔，还没有停止泌水或排除水泥浆，或没有达到规定稠度时就停止了压浆，致使压浆不饱满。

（7）压浆封闭排气口，灰浆在终端溢出后，持荷继续加压时间不足。关闭出浆口后，未保持不小于 0.5MPa 的稳压时间（稳压至少要 2min）。

（8）封锚不密实。对封锚混凝土密实情况控制不严，没有保证整个锚具都被混凝土覆盖，造成封锚不严，不能保压持荷。

（9）压浆机性能不好，压力不够或无法保压持荷，致使管道内水泥浆不能长距离运送，压浆机的压力无法使水泥浆充实到管道各处充满管道空间，从而造成管道压浆不饱满，不密实。

（10）管道压浆前不用水冲洗直接压浆，灰浆进入管道后，水分被大量吸附，导致灰浆难以流动或冲洗后未吹干。

（11）压浆后，外界气温低，保温措施不当或未采取保温措施，造成管道内浆液受冻，从而造成压浆混凝土密实性差，强度低。

（12）灰浆在终端溢出后持荷继续加压时间不足。

（13）灰浆配置不当。如所有的水泥泌水率高（3h 后超过 3%），水灰比大（大于 0.5）灰浆离析等。

4. 预防措施

（1）孔道在灌浆前应以高压水冲洗，除去杂物、疏通和润湿整个管道。

（2）配置高质量的浆液。灰浆应具有良好的流动速度并不易离析，可掺入适量的减水剂和微膨胀剂，但不得掺入对管道和钢束有腐蚀作用的外掺剂，掺量和配方应试验确定。

（3）管道及排气口应通畅。压浆时应从低处往高处压（参考压力0.3～0.5MPa），待高端孔眼冒溢浓浆后，堵住排气口持荷（0.5～0.6MPa）继续加压，待泌水流干后在塞住孔口。

（4）对管道较长或第一次压浆不够理想的，可进行二次压浆。

（5）采用真空吸浆压浆工艺。压浆前，先用真空泵抽吸预应力管道中的空气，使管道的真空度不小于-0.08MPa，然后在管道另一端用压浆泵以一定的压力将搅拌好的水泥浆体压入预应力管道并产生一定的压力，由于管道内只有极少数空气，浆体中很难形成气泡；同时管道和压浆泵之间的预应力差，大大提高管道内浆体的饱满度和密实度，而且在水泥浆中由于降低水灰比，添加专用外加剂，从而减少浆体的离析、泌水和干硬收缩，同时提高了浆体的强度。

（6）引用新技术。如采用东南大学交通学院研究的预应力后张法灌浆控制系统，可以对压浆过程中的压浆压力和稠度进行实时报警控制，以达到压浆密实的质量控制。

5. 治理措施

对第一次压浆不够理想的，可进行第二次压浆，二次压浆应在第一次压浆初凝后进行。

6. 工程实例图片（图2.5-7）

图2.5-7　预应力管道压浆

2.5.4　通病名称：波纹管漏浆堵管

1. 通病现象

采用混凝土浇筑后穿束的，钢绞线不能成功穿束；采用混凝土浇筑前穿束的，待混凝土浇筑后预应力束拉不动（图2.5-8、图2.5-9）。

图2.5-8　波纹管被焊渣烧破

图2.5-9　波纹管堵管

2. 规范标准相关规定

《城市桥梁工程施工与质量验收规范》CJJ 2—2008

8.1.4 预应力管道应具有足够的刚度、能传递粘结力，且应符合下列要求：

1 胶管的承受压力不得小于 5kN，极限抗拉力不得小于 7.5kN，且应具有较好的弹性恢复性能。

2 钢管和高密度聚乙烯管的内壁应光滑，壁厚不得小于 2mm。

3 金属螺旋管道宜采用镀锌材料制作，制作金属螺旋管的钢带厚度不宜小于 0.3mm。金属螺旋管性能应符合国家现行标准《预应力混凝土用金属螺旋管》JG/T 3013 的规定。

8.1.5 预应力材料必须保持清洁，在存放和运输时应避免损伤、锈蚀和腐蚀。预应力筋和金属管道在室外存放时，时间不宜超过 6 个月。预应力锚具、夹具和连接器应在仓库内配套保管。

8.4.8 后张法预应力施工应符合下列规定：

1 预应力管道安装应符合下列要求：

1）管道应采用定位钢筋牢固地固定于设计位置。

2）金属管道接头应采用套管连接，连接套管宜采用大一个直径型号的同类管道，且应与金属管道封裹严密。

3）管道应留压浆孔和溢浆孔；曲线孔道的波峰部位应留排气孔；在最低部位宜留排水孔。

4）管道安装就位后应立即通孔检查，发现堵塞应及时疏通。管道经检查合格后应及时将其端面封堵。

5）管道安装后，需在其附近进行焊接作业时，必须对管道采取保护措施。

3. 原因分析

（1）波纹管接头处接口封闭不严密；

（2）锚垫板孔口处临时封堵不严密，流入浆液；

（3）预留的灌浆排气管断裂、拔脱，使浆液流入；

（4）波纹管遭意外破损，如电焊渣浇伤穿孔，电路短路起火花击穿成孔，插捣混凝土时被插钎戳孔，以及先穿钢束时，由于戳撞，使接口脱节、接缝咬口开裂或由于摩擦使管道壁穿孔等；

（5）使用了不合格的波纹管，由于其强度不达标，螺旋卷压接缝咬合不牢固，不严密，而出现孔洞或接缝开裂。

4. 预防措施

（1）接头处接口套管的口径要与管道口径相匹配，套管长度符合规定要求，管道接头在套管内要碰口（对上口）、居中，两端的环向缝隙用胶带封闭严密；

（2）浇筑混凝土时，设专人看管锚垫板孔口，防止水泥浆液从孔口流入波纹管内；

（3）遇有灌浆排气管被拔脱，应及时修复；

（4）加强对波纹管的保护，减少对其损伤；减少电焊作业，必需时应设防护；插钎振捣混凝土时，要避开波纹管；先穿钢束时，钢束穿入后要认真检查波纹管，发现破损及时修复；

（5）使用合格的波纹管；

5. 治理措施

当发生堵孔，无法穿束时，可区别情况，予以处理：

（1）对于构件近外表层管道的变形，可行剔凿术，重新成孔；

（2）对于深层的管道变形，行剔凿术须征求设计人的意见；

（3）无法修复时，可与设计人商榷，启用备用束。

6. 工程实例图片（图2.5-10、图2.5-11）

图2.5-10　预应力预埋管道安装固定牢固包裹密实　　图2.5-11　预埋管道用大一号的并用胶布套管连接不易发生堵塞

2.5.5　通病名称：波纹管线形与设计偏差较大

1. 通病现象

最终固定成型的预应力孔道线形与设计线形相差较大（图2.5-12）。

2. 规范标准相关规定

《城市桥梁工程施工与质量验收规范》CJJ 2—2008

8.4.8　后张法预应力施工应符合下列规定：

1　预应力管道安装应符合下列要求：

1）管道应采用定位钢筋牢固地固定于设计位置。

图2.5-12　波纹管线形不顺

2）金属管道接头应采用套管连接，连接套管宜采用大一个直径型号的同类管道，且应与金属管道封裹严密。

3. 原因分析

浇筑混凝土时，预应力管道没有按规定可靠固定。管道被踩压、移动、上浮等，造成管道变形。

4. 预防措施

（1）要按设计线形准确放样，并用 U 形钢筋按规定固定管道的空间位置，再用细钢丝绑扎牢固。曲线及接头处 U 形钢筋应该加密。

（2）浇筑混凝土时要注意保护管道，不得踩压，不得将振捣棒靠在管道上振捣。

（3）应有防止管道上浮的措施。

图 2.5-13　锚杯与锚垫板不紧贴

2.5.6　通病名称：锚垫板面与孔道轴线不垂直或锚垫板中心偏离

1. 通病现象

张拉过程中锚杯突然抖动或移动，张拉力下降。有时会发生锚杯与锚垫板不紧贴的现象（图 2.5-13）。

2. 原因分析

锚垫板安装时没有仔细对中，垫板面与预应力索线不垂直。造成钢绞线或钢丝束内力不一，当张拉力增加到一定程度时，力线调整，会使锚杯突然发生滑移或抖动，拉力下降。

3. 预防措施

（1）锚垫板安装应仔细对中，垫板面应与应力索的力线垂直。

（2）锚垫板要可靠固定，确保在混凝土浇筑过程中不会移动。

4. 治理措施

另外加工一块楔形钢垫板，楔形垫板的坡度应能使其板面与预应力索的力线垂直。

5. 工程实例图片（图 2.5-14）

图 2.5-14　锚杯与锚垫板紧贴且按设计设置角度

2.5.7　通病名称：张拉后预应力筋延伸率偏差过大

1. 通病现象

张拉力达到了设计要求，但预应力钢筋延伸量与理论计算值相差较大。

2. 规范标准相关规定

《城市桥梁工程施工与质量验收规范》CJJ 2—2008

8.4.3　预应力筋的张拉控制应力必须符合设计规定。

8.4.4　顶应力筋采用应力控制方法张拉时，应以伸长值进行校核。实际伸长值与理论伸长值的差值应符合设计要求；设计无规定时，实际伸长值与理论伸长值之差应控制在 6% 以内。

3. 原因分析

（1）预应力筋的实际弹性模量与设计采用值相差较大。

（2）孔道实际线形与设计线形相差较大，以致实际的预应力摩阻损失与设计计算值有较大的差异或实际孔道摩阻参数与设计取值有较大的出入也会产生延伸率偏差过大。

（3）初应力用值不合适或超张拉过多。

（4）张拉钢束过程中锚具滑丝或钢束内有断丝。

（5）张拉设备未做标定或表具读数离散性过大。

4. 预防措施

（1）每批预应力筋应复验，并按实际弹性模量修正计算延伸值。

（2）校正预应力孔道的线形。

（3）按照预应锚具力筋的长度和管道摩阻力确定合适的初应力值和超张拉值。

（4）检查和预应力筋有无滑丝和断丝。

（5）校核测力系统和表具。

5. 治理措施

如预应力束的断丝率已超过规范规定则应更换该束。

6. 工程实例图片（图2.5-15）

图2.5-15 张拉预应力钢筋时，专人量测伸长量

2.5.8 通病名称：预应力损失过大

1. 通病现象

预应力施加完毕后预应力筋松弛，应力值达不到设计值。

2. 规范标准相关规定

《城市桥梁工程施工与质量验收规范》CJJ 2—2008

8.4.3 预应力筋的张拉控制应力必须符合设计规定。

3. 原因分析

（1）锚具滑丝或钢绞线内有断丝。

（2）钢束的松弛率超限。

（3）量测表具数值有误，实际张拉值偏小。

（4）锚具下混凝土局部破坏变形过大。

（5）钢束与孔间的摩阻力过大。

4. 预防措施

检查预应力筋的实际松弛率，张拉钢索时应采用张拉力和伸长量双控制。事先校正测力系统，包括表具。

5. 治理措施

（1）锚具滑丝失效，应予更换。

（2）钢束断丝率超限，应将锚具、预应力筋更换。

（3）锚具下混凝土局部破坏，应将预应力释放后，用环氧混凝土或高强度混凝土补强后重新张拉。

（4）改进钢束孔道施工工艺，使孔道线形符合设计要求，必要时可采用减摩剂。

2.5.9　通病名称：张拉预应力后结构产生较大的变形

1. 通病现象

构件在张拉后发生扭曲变形。尤其是高、薄腹板或宽翼板的 T 梁容易产生侧向弯曲或翘曲变形（图 2.5-16）。

图 2.5-16　梁体变形

2. 规范标准相关规定

《公路桥涵施工技术规范》JTG/T F50—2011

7.8.2　后张法预应力筋张拉

1　对预应力筋施加预应力之前，应对构件进行检验，外观和尺寸应符合质量标准要求。张拉时，构件的混凝土性能应符合设计要求；设计未规定时，不应低于设计强度等级的 75%。

2　预应力筋张拉顺序应符合设计要求，当设计未规定时，可采取分批、分阶段对称张拉。

3　应使用能张拉多根钢绞线或钢丝的千斤顶同时对每一束中的全部力筋施加应力，但对扁平管道中不多于 4 根的钢绞线除外。

4　预应力筋张拉端的设置，应符合设计要求；当设计未无具体要求时，应符合下列规定：

1）曲线预应力筋或长度大于或等于 25m 的直线预应力筋，设计无要求时，宜在两端张拉。长度小于 25m 的直线预应力筋，设计无要求时，可在一端张拉。

2）曲线配筋的精轧螺纹钢筋应在两端张拉。直线配筋的精轧螺纹钢筋可在一端张拉。

3）当同一截面中有多束一端张拉的预应力筋时，张拉端宜分别设置在构件的两端。预应力筋采用两端张拉时，可先在一端张拉锚固后，再在另一端补足预应力值进行锚固。

5　后张预应力筋的张拉应符合设计要求，当设计无规定时，其张拉程序可参照表 7.8.2-1 进行。

后张预应力筋的张拉程序　　　　　　　　　　表7.8.2-1

预应力筋		张拉程序
钢筋、钢筋束		$0 \rightarrow 初应力 \rightarrow 1.05\sigma_{con}$（持荷 2min）$\rightarrow 6\sigma_{con}$（锚固）
对于夹片式等具有自锚性能的锚具	钢绞线束	普通松弛力筋 $0 \rightarrow 初应力 \rightarrow 1.03\sigma_{con}$（锚固）
	钢丝束	低松弛力筋 $0 \rightarrow 初应力 \rightarrow \sigma_{con}$（持荷 2min）
其他锚具	钢绞线束	$0 \rightarrow 初应力 \rightarrow 1.05\sigma_{con}$（持荷 2min）$\rightarrow \sigma_{con}$（锚固）
	钢丝束	$0 \rightarrow 初应力 \rightarrow 1.05\sigma_{con}$（持荷 2min）$\rightarrow 0 \rightarrow \sigma_{con}$（锚固）
精轧螺纹钢筋	直线配筋时	$0 \rightarrow \sigma_{con} \rightarrow 初步锚固 \rightarrow 0 \rightarrow \sigma_{con}$（持荷 2min 锚固）
	曲线配筋时	$0 \rightarrow \sigma_{con}$（持荷 2min）$\rightarrow 0$（可反复几次）$\rightarrow 初应力 \rightarrow \sigma_{con}$（持荷 2min 锚固）

3. 原因分析

张拉顺序未按设计要求进行操作，构件受力严重不对称。

4. 预防措施

张拉前应根据设计要求对孔道的摩阻损失进行实测，以便确定张拉控制应力，并确定预应力筋的理论伸长值。

张拉时按照设计要求的顺序进行，左右对称施加预应力张拉速度应一致。

5. 治理措施

由于预应力束张拉不对称引起的扭曲变形可释放某些预应力束后重新张拉纠偏；如偏差超限，且有裂缝产生，影响结构的安全，构件不能使用。

2.5.10　通病名称：预制预应力混凝土梁上拱度差别过大

1. 通病现象

预制梁在预应力束张拉后上拱度大小不一，安装后相邻梁顶面出现高差（图2.5-17）。

2. 规范标准及相关规定

（1）《混凝土结构工程施工质量验收规范》GB 50204—2015

9.2.7　预制构件的尺寸偏差及检验方法应符合表9.2.7的规定：

图 2.5-17　上拱度差别过大造成相邻梁顶面标高相差过大

预制构件尺寸的允许偏差及检验方法（摘录）　　　　　　表9.2.7

项目	允许偏差（mm）	检验方法
板构件翘曲	$L/750$	调平尺在两端量测

注：L 为构件长度（mm）。

（2）《公路桥涵施工技术规范》JTG/T F50—2011

16.4.3　构件预制台座的地基应具有足够的承载能力，并应符合下列规定：

3　对预应力混凝土梁、板，应根据设计提供的理论拱度值，结合施工的实际情况，正确预计梁体拱度的变化情况，在预制台座上按梁、板构件跨度设置相应的预拱度。当后张预应力混凝土梁预计的上拱度值较大时，可考虑在预制台座上设置反拱。

3．原因分析

（1）预制构件的台座未根据实际情况设置合适的反拱，以抵消一部分构件张拉后的上拱值；或者台座设置的反拱值过大，这样导致预应力构件跨中下弯过小。

（2）构件张拉完成后，存放时间过长，没有进行构件架设并在其上面加载二期恒载，由于混凝土徐变等原因，构件的上拱度随时间延长而持续增大。

（3）预应力管道（或预应力筋）的位置与设计偏差过大。

（4）张拉应力的控制不满足要求，张拉力过大或过小。

（5）构件的混凝土强度偏低，或张拉时，构件混凝土龄期未达到设计或规范要求。

4．预防措施

（1）混凝土梁浇筑后，要等龄期到后再张拉预应力束。每根梁张拉预应力束时混凝土的龄期应当一样。

（2）应尽量减小混凝土的收缩和徐变，如在配合比中尽量减少水泥的用量，减小混凝土的水灰比，增加粗骨料用量；尽可能延长混凝土的龄期和存放时间，加强混凝土的养生等。

（3）当后张法预应力构件预计的拱度值较大时，可考虑在预制台座上设置反拱。

（4）合理制定构件生产计划，严格控制构件存放时间，防止存梁时间过长（一般不超过3个月）。

（5）严格按设计图纸控制预应力钢筋的位置和线形，并用井字箍固定牢固。

（6）采用双控（张拉力与伸长量）原则，严格控制张拉应力，伸长量偏差控制在6%以内。

（7）混凝土强度满足设计要求，并加强养护，张拉龄期（混凝土弹性模量）未到严禁提前进行预应力张拉工作。

5．治理措施

架设时尽可能将上拱度相近的梁安装在同一孔内，使相邻梁的拱度差不大于1cm。

6．工程实例图片（图2.5-18）

图2.5-18　预应力构件翘曲、拱度符合设计要求

2.5.11 通病名称：箱梁底板在沿预应力钢束波纹管位置下出现的纵向裂缝

1. 通病现象

采用支架现浇法施工的预应力混凝土箱梁底板，在沿预应力钢束波纹管位置下出现断断续续、长度不等的裂缝，宽度大部分在 0.2mm 以下（图 2.5-19）。

图 2.5-19　底板出现纵向裂缝

2. 原因分析

（1）预应力钢束的波纹管的保护层厚度偏薄，加上采用的高标号水泥用量偏多，水泥浆含量偏大，导致较大的收缩变形。由于箱梁结构的内约束，包括底板截面的不均匀收缩和波纹管对混凝土收缩的约束作用，导致较大的混凝土收缩应力，超过了当时混凝土的抗拉强度，从而出现沿波纹管纵向的裂缝。

（2）箱梁底板横向分布钢筋间距偏大。

（3）箱梁底板预应力钢束布置不合理。

（4）混凝土振捣不密实，养护措施不到位。

（5）张拉预应力钢束时的混凝土龄期偏小。

3. 预防措施

（1）改进混凝土的配置，优化降低混凝土收缩变形的材料配合比。其中包括水泥用量、水灰比、外加剂等。

（2）采取技术措施，确保预应力钢束的波纹管的保护层厚度。

（3）对底板构造钢筋和底板预应力钢束的间距采取合理布置。

（4）加强对箱梁底板混凝土外表面的养护。

（5）适当延长混凝土张拉龄期。

4. 治理措施

对超过规范容许裂缝宽度梁体进行加固处理，裂缝过大在经设计确认无法满足受力要求则需废弃结构或采用其他相应处理方案。

2.5.12 通病名称：箱梁腹板在沿预应力钢束波纹管位置下出现斜向裂缝

1. 通病现象

悬臂现浇混凝土箱梁拆模后张拉预应力束，腹板混凝土出现斜向裂缝。一种是有规律地出现于底板约呈 45°的斜裂缝；另一种为沿着预应力管道方向的斜向裂缝，往往是靠近锚头处裂缝开展较宽，逐渐变窄而至消失（图 2.5-20）。

图 2.5-20　沿着预应力管道方向的斜向裂缝

2. 原因分析

（1）出现与底板呈 45° 斜裂缝的原因极大可能是该区域的主拉应力超过了该处的预应力束和普通钢筋的抗剪及混凝土的抗拉强度。也有可能是混凝土拆模过早，混凝土尚未达到其设计抗拉强度。

（2）出现沿预应力钢束管道方向的裂缝的原因往往是由于预应力钢束张拉时，管道及其周边混凝土受到集中的压应力。

（3）混凝土未达到拆模、张拉的龄期。

（4）腹板的非预应力普通钢筋网的钢筋间距过大，不能满足抗裂要求。

（5）施工时临时荷载超载或在作用点产生过大的集中应力。

3. 预防措施

悬臂现浇混凝土箱梁腹板斜向裂缝的出现往往是设计、施工、材料、工艺等综合因素作用的结果，原因复杂。这里我们主要针对施工产生的原因进行分析。

（1）施工工况、工艺流程必须与设计相符。如有变更应立即与设计单位联系，核算无误后方可施工。

（2）混凝土未到龄期和强度，不得拆模。

（3）施工时严格控制施工荷载，不得有超载或有不同于设计工况的集中荷载。

（4）确保混凝土的保护层厚度及其质量。

4. 治理措施

对超过规范容许裂缝宽度梁体进行加固处理，裂缝过大在经设计确认无法满足受力要求则需废弃结构或采用其他相应处理方案。

2.5.13　通病名称：竖向预应力筋槽口预留深度不足

1. 通病现象

大跨径预应力混凝土梁桥在施工过程中，普遍存在竖向预应力筋槽口预留深度不足的现象，导致张拉封锚后保护层厚度不足或高出箱梁顶面，致使后期雨水容易渗入而造成预应力筋锈蚀（图 2.5-21、图 2.5-22）。

图 2.5-21　竖向预应力筋槽口预留深度不足　　　图 2.5-22　竖向预应力筋槽口预留深度不足

2. 规范标准相关规定

《公路桥涵施工技术规范》JTG/T F50—2011

7.12.5 锚具防护及封锚的质量应符合下列规定：

1 锚固端的混凝土保护层厚度应不小于50mm或符合设计规定。

2 封锚混凝土应密实、无裂纹。

《二次张拉低回缩钢绞线竖向预应力短索锚固体系设计、施工与验收技术指南》

3.3.2 竖向预应力筋张拉端锚具槽口应采用图3.3.2所示构造。其槽口的参考尺寸见附录A。

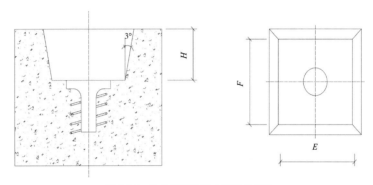

图 3.3.2 张拉端锚具槽口构造示意图

3.3.3 竖向预应力筋张拉端的槽口穴模结构宜采用图3.3.3所示的结构形式，以保证张拉千斤顶的拉力中心线与锚垫板平面垂直。张拉端槽口穴模的参考尺寸见附录A。

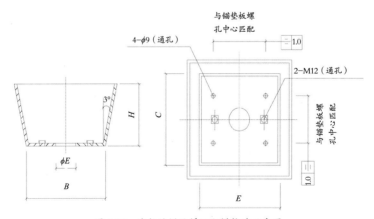

图 3.3.3 张拉端锚具槽口穴模构造示意图

3. 原因分析

（1）设计原因

设计没有明确规定竖向预应力筋端头的保护层厚度。

（2）施工原因

竖向预应力筋槽口深度预留不足，或在浇筑箱梁顶板结构时槽口模板上浮而造成槽口深度不足，导致张拉封锚后保护层厚度不足或高出箱梁顶面，致使后期雨水容易渗入而造成预应力筋锈蚀。

4. 预防措施

竖向预应力筋槽口应预留足够的深度，使得张拉封锚后预应力体系的保护层厚度不小于 50mm 或符合设计规定，且封锚混凝土应密实、无裂纹，避免后期雨水渗入而造成预应力筋锈蚀。可采用图 2.5-23 ～图 2.5-25 所示的预留槽模板进行施工，并在浇筑梁体结构时做好模板的固定措施，防止预留槽模板上浮，以确保预留槽深度满足要求。具体操作可参考《二次张拉低回缩钢绞线竖向预应力短索锚固体系设计、施工与验收技术指南》3.3.2 及 3.3.3 的要求。

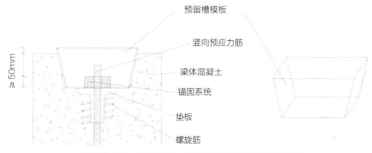

图 2.5-23　竖向预应力筋预留槽模板施工示意图

图 2.5-24　竖向预应力钢筋预留槽口施工

图 2.5-25　竖向预应力钢绞线预留槽口施工

5. 治理措施

在箱梁混凝土浇筑后，若发现竖向预应力筋的槽口预留深度不足时，为避免后期雨水容易渗入而造成预应力筋锈蚀，可适当将竖向预应力筋槽口混凝土凿除，然后采用环氧水泥浆密封螺帽及竖筋四周，然后用环氧砂浆填塞槽口，填塞后超出桥面不得大于 5mm。

2.5.14　通病名称：竖向预应力筋没有进行二次张拉

1．通病现象

竖向预应力筋张拉是短索张拉，放张后普遍存在预应力损失大、施工质量不理想的问题，而现场并没有对预应力筋进行二次张拉。

2．规范标准相关规定

《公路桥涵施工技术规范》JTG/T F50—2011

7.6.3　对预应力筋施加预应力时，应符合下列规定：

6　预应力筋的锚固，应在张拉控制应力处于稳定状态下进行。锚固阶段张拉端预应力筋的内缩量，应不大于设计规定或不大于表 7.6.3 所列容许值。粗钢筋锚具（用于螺纹钢筋）的预应力筋回缩、锚具变形容许值为 1mm。

3．原因分析

（1）设计原因

1）竖向预应力的控制值未充分考虑孔道摩擦、锚具变形、应力筋回缩、锚垫板下混凝土压缩、混凝土的弹性压缩、温度变形、收缩徐变等引起的应力损失。

2）设计未充分考虑短索放张后普遍存在预应力损失大的问题。

（2）施工原因

1）由于精轧螺纹钢筋锚固体系缺少完整的施工验收规程，加之结构本身的原因，张拉施工后技术管理人员无法正确监测判断施工是否符合（或达到）设计要求。

2）竖向预应力筋放张后普遍存在预应力损失大、施工质量不理想的问题，而现场并没有对预应力筋进行二次张拉。

3）竖向预应力筋上端多余长度采用烧焊切割，由于温度过高造成预应力损失过大。

（3）材料原因

1）精轧螺纹钢筋强度较低，预应力张拉延伸绝对值很小，且竖向预应力筋普遍较短，在同样放张回缩值情况下，预应力损失的比例就很大，甚至达 60%。

2）虽然桥规规定带螺母的精轧螺纹钢锚具回缩值为 1mm，但实际检测表明，放张时，钢筋回缩损失：钢筋上的螺纹与螺母间隙及变形 2mm 左右；另外螺母与垫板的接触面与钢筋轴线成 45°夹角还会造成一定的损失，实际回缩损失大大超出规范。

3）精轧螺纹钢筋锚固体系由于力筋是刚性索，施工时对锚固螺母、预应力粗钢筋、垫板三者安装精度要求相当高，否则造成放张时锚固螺母拧不到位，是该结构永存应力极难保证稳定易发生随机变化的一个重要原因。

4．预防措施

1）设计时竖向预应力的控制值应充分考虑孔道摩擦、锚具变形、应力筋回缩、锚垫板下混凝土压缩、混凝土的弹性压缩、温度变形、收缩徐变等引起的应力损失，以给出更符合实际的控制应力，亦可适当超张拉。

2）设计时充分考虑短索放张后预应力损失大的问题。

3）可以采用二次张拉低回缩钢绞线竖向预应力锚固系统代替精轧螺纹钢筋锚固系统，克服带螺母的精轧螺纹钢锚具回缩损失大的问题，同时解决孔道压浆不通（孔道无浆）、压浆不密实、压浆很难起粘结握裹作用的问题，实现了孔道压浆密实、饱满。安装张拉端低回缩锚具，第一次张钢绞线至设计控制张拉力，持荷 2min 后，放张锚固；在第一次张拉完成后 2 ~ 16h 内进行第二次张拉，第二次再将张拉端低回缩锚具的锚杯连同力筋整体张拉至设计张拉力，锚杯下端面离开垫板 5 ~ 13mm，持荷 2min，向垫板侧拧扭支承螺母，直到消除锚杯与垫板之间间隙。达到克服第一次张拉产生的锚具放张回缩，降低竖向预应力损失，提高预应力筋效率的目的（图 2.5-26、图 2.5-27）。具体实施可参考《二次张拉低回缩钢绞线竖向预应力短索锚固体系设计、施工与验收技术指南》。

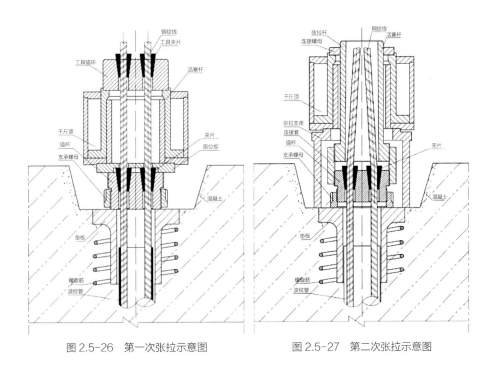

图 2.5-26　第一次张拉示意图　　　　　　图 2.5-27　第二次张拉示意图

4）钢绞线、锚具、夹具、连接器、管道和压浆浆液等材料应严格按照设计规定使用，并应具有可靠的锚固性能、足够的承载能力和良好的适用性。可适当考虑采用环氧钢绞线，以提高预应力体系的抗锈蚀能力。

5）张拉前要经权威部门准确检验标定千斤顶和油压表，张拉时千斤顶和油压表必须配套使用。

6）编制完整的竖向预应力验收规程，建立较完善的施工管理制度，强化现场管理。

5. 治理措施

（1）竖向预应力筋张拉后，在压浆前对锚后预应力进行检测，若预应力损失值较大，应进行反复张拉，直至预应力值满足设计要求，方可进行压浆、封锚。

（2）在结构使用过程中，若发现竖向预应力损失严重，为保证结构的安全，应采取其他措施对桥梁进行加固。

2.5.15 通病名称：竖向预应力筋锈蚀、坑槽积水

1. 通病现象

竖向预应力筋锈蚀、坑槽积水（图2.5-28、图2.5-29）。

图2.5-28 竖向预应力钢绞线锈蚀、坑槽积水   图2.5-29 竖向预应力钢筋锈蚀、坑槽积水

2. 规范标准相关规定

（1）《城市桥梁工程施工与质量验收规范》CJJ 2—2008

8.4.8 后张法预应力施工应符合下列规定

2 预应力筋安装应符合下列要求：

4）穿束后至孔道灌浆完成应控制在下列时间以内，否则应对预应力筋采取防锈措施：

——空气湿度大于70%或盐分过大时   7d；

——空气湿度40%～70%时   15d；

——空气湿度小于40%时   20d。

4 张拉控制应力达到稳定后方可锚固，预应力筋锚固后的外露长度不宜小于30mm，锚具应采用封端混凝土保护，当需较长时间外露时，应采取防锈蚀措施。

（2）《公路桥涵施工技术规范》JTG/T F50—2011

7.8.3 预应力筋的安装应符合下列规定：

3 对在混凝土浇筑及养护之前安装在孔道中但在表7.8.3的规定时限内未压浆的预应力筋，应采取防止锈蚀或其他防腐蚀的措施，直至压浆。

未采取防腐蚀措施的预应力筋在安装后至压浆时的容许间隔时间　　表7.8.3

暴露条件	安装后至压浆时的容许间隔时间（d）
空气湿度大于70%或盐分过大时	7
空气湿度40%～70%时	15
空气湿度小于40%时	20

4　预应力筋安装在管道中后，应将管道端部开口密封防止湿气进入。

7.8.5　后张法预应力筋的张拉和锚固应符合下列规定：

9　切割后预应力筋的外露长度不应小于30mm，且不应小于1.5倍预应力筋直径。锚具应采用封端混凝土保护，当需长期外露时，应采取防止锈蚀的措施。

1)《二次张拉低回缩钢绞线竖向预应力短索锚固体系设计、施工与验收技术指南》

4.2.1　竖向预应力筋张拉施工顺序直接影响到竖向压应力分布规律，当箱梁采用悬浇施工工艺时，竖向预应力张拉施工时间宜滞后于纵向预应力张拉施工时间。滞后施工间隔以施工箱梁纵向长度为计算标准，一般合理的滞后间距宜为（滞后张拉施工处）一倍梁高。是否采用滞后张拉施工工艺由设计者根据桥梁施工实际情况在设计图中规定。

3. 原因分析

竖向预应力筋安装并浇筑箱梁混凝土后，由于竖向预应力必须滞后张拉，在张拉前没有做好预应力筋的防护，长时间暴露在自然环境中而导致锈蚀严重、坑槽积水。

4. 预防措施

（1）预应力材料（预应力筋、锚具、波纹管等）在存放、运输和安装过程中应采取有效措施，防止受潮、损伤和锈蚀。

（2）由于竖向预应力必须滞后张拉，故在张拉前必须做好预应力筋的防护，避免预应力筋长时间暴露在自然环境中而导致锈蚀严重、坑槽积水。可采用防水材料对竖向预应力筋进行覆盖，将管道端部开口密封防止湿气进入。

（3）适当考虑采用环氧钢绞线，以提高预应力体系的抗锈蚀能力。

（4）及时张拉竖向预应力筋并压浆、封锚。

5. 治理措施

对已出现竖向预应力筋锈蚀、坑槽积水的现象，应先采取措施排干坑槽内的积水，保持槽口干燥；对钢绞线进行除锈处理，然后采用防水材料对竖向预应力筋进行覆盖，避免竖向预应力体系长时间暴露在自然环境中。

2.5.16　通病名称：预应力筋采用电弧或气切割

1. 通病现象

施工现场的预应力钢绞线、预应力钢筋采用电弧或气切割（图2.5-30、图2.5-31）。

 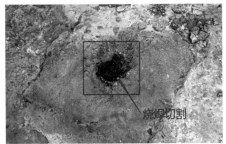

图 2.5-30　预应力钢绞线采用电弧切割　　　图 2.5-31　预应力钢筋采用电弧切割

2. 规范标准相关规定

（1）《城市桥梁工程施工与质量验收规范》CJJ 2—2008

8.2.1　预应力筋下料应符合下列规定：

2　预应力筋宜使用砂轮锯或切断机切断，不得采用电弧切割。钢绞线切断前，应在距切口 5cm 处用绑丝绑牢。

（2）《公路桥涵施工技术规范》JTG/T F50—2011

7.2.4　预应力筋制作时的下料应符合下列规定：

3　预应力筋的下料，应采用切断机或砂轮锯切断，严禁采用电弧切割。

7.8.3　预应力筋的安装应符合下列规定：

5　在任何情况下，当在安装有预应力筋的结构或构件附近进行电焊时，均应对全部预应力筋、管道和附属构件进行保护，防止溅上焊渣或造成其他损坏。

3. 原因分析

施工操作不当，预应力钢绞线、预应力钢筋采用电弧或气切割。

4. 预防措施

严格按照规范要求，预应力筋宜使用砂轮锯或切断机切断，不得采用电弧或气切割。钢绞线切断前，应在距切口 5cm 处用绑丝绑牢。

5. 治理措施

对已采用电弧或气切割且影响张拉施工的预应力筋进行更换。

2.5.17　通病名称：切割后预应力筋的外露长度过短

1. 通病现象

施工现场的预应力筋切割后的外露长度过短（图 2.5-32）。

2. 规范标准相关规定

（1）《城市桥梁工程施工与质量验收规

图 2.5-32　切割后预应力筋的外露长度过短

范》CJJ 2—2008

8.4.8 后张法预应力施工应符合下列规定

4 张拉控制应力达到稳定后方可锚固，预应力筋锚固后的外露长度不宜小于30mm。

（2）《公路桥涵施工技术规范》JTG/T F50—2011

7.8.5 后张法预应力筋的张拉和锚固应符合下列规定：

9 切割后预应力筋的外露长度不应小于30mm，且不应小于1.5倍预应力筋直径。

3. 原因分析

施工操作不当，切割后预应力筋的外露长度过短。

4. 预防措施

严格按照规范要求，待张拉控制应力达到稳定后方可锚固，预应力筋切割后的外露长度不应小于 30mm，且不应小于 1.5 倍预应力筋直径，可在切割预应力筋之前先做好预留长度标记。

2.5.18 通病名称：横向预应力筋锚具端部预留槽施工质量差

1. 通病现象

横向预应力筋锚具端部预留槽底部混凝土层缺失或脱落（图 2.5-33）。

2. 规范标准相关规定

《混凝土结构设计规范（2015 年版）》GB 50010—2010

图 2.5-33 横向预应力槽口下部混凝土缺失

10.3.12 构件端部尺寸应考虑锚具的布置、张拉设备的尺寸和局部受压的要求，必要时应适当加大。

3. 原因分析

（1）设计原因

箱梁翼板厚度不足，设计时未充分考虑横向预应力体系的施工工艺，导致端头锚具预埋施工质量不佳甚至预留槽底部混凝土层脱落。

（2）施工原因

1）箱梁两侧翼板端部结构厚度薄，横向预应力筋锚具预埋位置处混凝土浇筑质量差。

2）箱梁顶板浇筑时，横向预应力筋锚具槽口模板安装不当或固定不牢，导致槽口底部混凝土缺失或脱落。

4. 预防措施

（1）在设计过程中充分考虑横向预应力筋的施工工艺，构件端部尺寸应考虑锚具的布置、张拉设备的尺寸和局部受压的要求，必要时应适当加大。

（2）施工时横向预应力筋锚具预埋应牢固可靠，槽口的预留施工应设置专用槽口模板，并采用措施保证拆模后，槽口底部的混凝土层施工质量，以确保后续张拉锚固封锚的施工质量。

5. 治理措施

（1）将端部锚具预埋施工浇筑质量较差的部位凿除，重新进行锚具的预埋施工。

（2）横向预应力张拉压浆后，在槽口处植筋并吊挂底模进行预应力体系的封锚施工。

2.5.19 通病名称：横向预应力波纹管线形与设计偏差较大

1. 通病现象

横向预应力波纹管线形与设计偏差较大，不顺直，张拉后可能会受力不均而导致翼板、顶板出现裂缝（图 2.5-34）。

2. 规范标准相关规定

（1）《城市桥梁工程施工与质量验收规范》CJJ 2—2008

图 2.5-34 横向预应力波纹管不顺直

8.4.8 后张法预应力施工应符合下列规定：

1 预应力管道安装应符合下列要求

1）管道应采用定位钢筋牢固地固定于设计位置。

5）管道安装后，需在其附近进行焊接作业时，必须对管道采取保护措施。

（2）《公路桥涵施工技术规范》JTG/T F50—2011

7.5.2 浇筑混凝土时，宜根据结构或构件的不同形式选用插入式、附着式或平板式等振动器进行振捣。对后张结构应避免振动器碰撞预应力筋的管道、预埋件等，浇筑过程中应随时检查模板、管道、锚固端垫板等的稳固性，保证其位置及尺寸符合设计要求。

7.8.1 采用金属或塑料管道构成后张预应力混凝土结构或构件的孔道时，应符合下列规定：

2 管道应按设计规定的坐标位置进行安装，并应采用定位钢筋固定，使其能牢固地置于模板内的设计位置，且在混凝土浇筑期间不产生位移。管道与普通钢筋重叠时，应移动普通钢筋，不得改变管道的设计坐标位置。固定各种成孔管道用的定位钢筋的间距，对钢管不宜大于 1m；波纹管不宜大于 0.8m；位于曲线上的管道和扁平波纹管道应适当加密。定位后的管道应平顺，其端部的中心线应与锚垫板相垂直。

6 后张预应力管道安装的允许偏差应符合表 7.8.1 的规定。

项目		允许偏差（mm）
管道坐标	梁长方向	30
	梁高方向	10
管道间距	同排	10
	上下层	10

后张预应力管道安装允许偏差　　　　　　　　表7.8.1

3．原因分析

（1）设计原因

波纹管定位钢筋的间距较大。

（2）施工原因

1）波纹管安装时没有严格按照设计的线形固定或定位钢筋固定不牢，特别是位于曲线上的管道固定不牢，导致波纹管线形不平顺，其端部的中心线没有与锚垫板相垂直。

2）混凝土浇筑时，振动器碰撞预应力筋的波纹管而导致管道线形不平顺。

4．预防措施

（1）加密设计线形定位坐标的计算，按设计线形准确放样并固定。

（2）波纹管定位钢筋应每隔 50cm 设置一个，保证其位置及尺寸符合设计要求。

（3）混凝土浇筑时，应避免振动器碰撞预应力筋的波纹管。

5．治理措施

将线形与设计偏差较大、不平顺、端部的中心线不与锚垫板相垂直的波纹管进行调整，然后加密定位筋，将波纹管固定在设计的定位坐标上。

2.5.20　通病名称：横向预应力筋锈蚀、松散

1．通病现象

横向预应力筋锈蚀、松散（图 2.5-35、图 2.5-36）。

图 2.5-35　横向预应力筋锈蚀严重、松散　　　　图 2.5-36　横向预应力筋锈蚀严重、松散

2．规范标准相关规定

（1）《城市桥梁工程施工与质量验收规范》CJJ 2—2008

8.2.1　预应力筋下料应符合下列规定：

2　预应力筋宜使用砂轮锯或切断机切断，不得采用电弧切割。钢绞线切断前，应在距切口 5cm 处用绑丝绑牢。

8.4.8　后张法预应力施工应符合下列规定

2　预应力筋安装应符合下列要求：

4）穿束后至孔道灌浆完成应控制在下列时间以内，否则应对预应力筋采取防锈措施：

——空气湿度大于 70% 或盐分过大时　　　　7d；

——空气湿度 40% ~ 70% 时　　　　　　　15d；

——空气湿度小于 40% 时　　　　　　　　20d。

4　张拉控制应力达到稳定后方可锚固，预应力筋锚固后的外露长度不宜小于 30mm，锚具应采用封端混凝土保护，当需较长时间外露时，应采取防锈蚀措施。

（2）《公路桥涵施工技术规范》JTG/T F50—2011

7.8.3　预应力筋的安装应符合下列规定：

3　对在混凝土浇筑及养护之前安装在孔道中但在表 7.8.3 的规定时限内未压浆的预应力筋，应采取防止锈蚀或其他防腐蚀的措施，直至压浆。

未采取防腐蚀措施的预应力筋在安装后至压浆时的容许间隔时间　　　表7.8.3

暴露条件	安装后至压浆时的容许间隔时间（d）
空气湿度大于 70% 或盐分过大时	7
空气湿度 40% ~ 70% 时	15
空气湿度小于 40% 时	20

3．原因分析

（1）横向预应力筋安装并浇筑箱梁混凝土后，由于横向预应力经常张拉不及时，而在张拉前往往又没有做好预应力筋的防护，长时间暴露在自然环境中导致锈蚀严重。

（2）采用悬浇法施工时，由于挂篮前移时，会造成对横向预应力筋的刮碰，从而使得横向预应力筋变得松散。

4．预防措施

（1）在钢绞线用切断机或砂轮锯切断前，应在距切口 5cm 处用绑丝绑牢。

（2）及时张拉横向预应力筋并压浆封锚；若未能及时张拉时，在张拉前必须做好预应力筋的防护，避免暴露在自然环境中而导致锈蚀严重。可适当考虑采用环氧钢绞线，以提高预应力体系的抗锈蚀能力。

（3）在悬浇法挂篮设计时，应考虑横向预应力筋外露一定长度的因素，通过措施改进，避免挂篮前移时对横向预应力筋的刮碰。

5. 治理措施

对已锈蚀严重、松散且影响张拉施工的钢绞线进行凿除更换。

2.5.21　通病名称：横向预应力筋没有进行整束张拉锚固

1. 通病现象

通常表现为横向预应力筋没有进行整束张拉锚固，张拉操作不当，横向预应力施工质量差，将导致后期预应力损失严重甚至失效（图 2.5-37）。

图 2.5-37　横向预应力筋单根张拉

2. 规范标准相关规定

（1）《城市桥梁工程施工与质量验收规范》CJJ 2—2008

8.4.8　后张法预应力施工应符合下列规定：

3　预应力筋张拉应符合下列要求

2）预应力筋张拉端的设置，应符合设计要求；当设计未规定时，应符合下列规定：当同一截面中有多束一端张拉的预应力筋时，张拉端宜均匀交错的设置在结构的两端。

（2）《公路桥涵施工技术规范》JTG/T F50—2011

7.8.5　后张法预应力筋的张拉和锚固应符合下列规定：

4　预应力筋应整束张拉锚固。对扁平管道中平行排放的预应力钢绞线束，在保证各根钢绞线不会叠压时，可采用小型千斤顶逐根张拉，但应考虑逐根张拉时预应力损失对控制应力的影响。

5　预应力筋张拉端的设置应符合设计规定；设计未规定时，应符合下列规定：

2）当同一截面中有多束一端张拉的预应力筋时，张拉端宜分别交错设置在结构或构件的两端。

3. 原因分析

横向预应力筋采用根张拉，由于张拉操作空间不足，且未充分考虑逐根张拉时钢绞线叠压等因素造成的预应力损失对控制应力的影响，导致后期预应力损失严重。

4. 预防措施

预应力筋应采用扁锚整束张拉锚固，且张拉端宜分别交错设置在结构或构件的两端（图 2.5-38、图 2.5-39）。

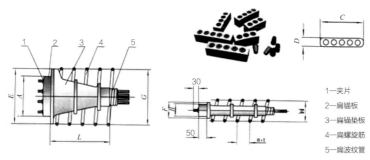

图 2.5-38　横向预应力筋扁锚布置示意图

1—夹片
2—扁锚板
3—扁锚垫板
4—扁螺旋筋
5—扁波纹管

图 2.5-39　扁锚整束张拉施工图

2.6　钢结构工程

2.6.1　通病名称：组装形位偏差

1. 通病现象

相互连接的钢构件轴线不一致、轴面倾斜、错边、错位等（图 2.6-1、图 2.6-2）。

2. 规范标准相关规定

（1）《钢结构工程施工质量验收规范》GB 50205—2001

8.3.2　焊接连接组装的允许偏差应符合本规范附录 C 中表 C.0.2 的规定。

图 2.6-1　钢柱加强板的对接错边严重

图 2.6-2　钢管对接不同轴

焊接连接制作组装的允许偏差（mm） 表C.0.2

项目		允许偏差	图例
对口错边 Δ		t/10，且不应大于3.0	
间隙 a		±1.0	
搭接长度 a		±5.0	
缝隙 Δ		1.5	
高度 h		±2.0	
垂直度 Δ		b/100，且不应大于3.0	
中心偏移 e		±2.0	
型钢错位	连接处	1.0	
	其他处	2.0	
箱形截面高度 h		±2.0	
宽度 b		±2.0	
垂直度 Δ		b/200，且不应大于3.0	

（2）《铁路钢桥制造规范》Q/CR 9211—2015

4.8.4 杆件应在胎型或平台上组装，U形肋与桥面板宜采用自动定位组装胎组装。

4.8.5 大型杆件在露天进行组装时，工装的设计、组装及测量应考虑日照和温差的影响。

3. 原因分析

施工操作不精细，没有使用胎具或胎架，钢构件无临时固定措施或固定措施不牢。

4. 预防措施

（1）施工前做好技术交底，操作工人应经培训考核上岗。

（2）根据组装的钢构件类型选择设置胎具、胎架或临时固定措施。

（3）提高操作人员的责任意识，进行精细施工。

5. 治理措施

将组装件拆掉重新组装。

6. 工程实例图片（图2.6-3、图2.6-4）

图2.6-3　组拼焊接成形的钢桁架桥梁　　　图2.6-4　施工完毕的钢桁架桥梁，组装精确

2.6.2　通病名称：拼接缝设置位置不对

1. 通病现象

焊缝立体交叉、相邻焊缝间距过小、T形交叉的交叉点间距过小（图2.6-5）。

2. 规范标准相关规定

（1）《钢结构设计标准》GB 50017—2017

11.3.2　对接焊缝的坡口形式，宜根据板厚和施工条件按现行国家标准《钢结构焊接规范》GB 50661 要求选用。

（2）《钢结构焊接规范》GB 50661—2011

图2.6-5　T形交叉竖缝间距较小

5.5.1　在T形、十字形及角接接头中，当翼缘板厚度等于、大于20mm时，为防止层状撕裂，接头设计时应尽可能避免或减少使母材板厚方向承受较大的焊接收缩应力。

（3）《铁路钢桥制造规范》Q/CR 9211—2015

4.8.1　钢板接料应在杆件组装前完成，并应符合下列规定：

1　盖、腹板接料长度不宜小于1000mm，宽度不得小于200mm，横向接料焊缝轴线距孔中心线不宜小于100mm。

2 板梁的腹板和箱形梁的盖、腹板接料焊缝可为十字形或 T 字形，T 字形交叉点距离不得小于 200mm；腹板纵向接料焊缝宜布置在受压区。

3 组装时应将相邻焊缝错开，错开的最小距离应符合图 4.8.1 的规定。

4 节点板需要接宽时，接料焊缝应距其他焊缝、节点板圆弧起点、高强度螺栓拼接板边缘部位 100mm 以上；节点板应避免纵、横向同时接料。

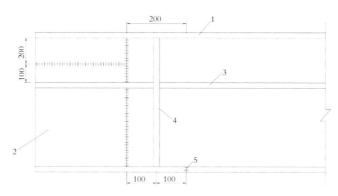

图 4.8.1 焊缝错开最小距离示意图
1—盖板；2—腹板；3—板梁水平肋或箱形梁纵肋；
4—板梁竖肋或箱形梁横肋；5—盖板对接焊缝

3. 原因分析

（1）作业前没有进行技术交底，或者技术交底不清。

（2）拼接位置一般详图上不作规定，但作为加工常识，应把翼缘板、腹板各自的拼接缝位置布置的符合规范规定。

（3）没有材料对接排版图，随意拼接造成对接位置不符合规范规定。

（4）虽有对接排版图，但在拼接组装过程中方向位置弄错，造成对接位置不符合规范规定。

4. 预防措施

（1）作业前应进行详细的技术交底。

（2）在设计中不得任意加大焊缝，避免焊缝立体交叉和在一处集中大量焊缝，同时焊缝的布置应尽可能对称于构件形心轴。

（3）焊件厚度大于 20mm 的角接接头焊缝，应采用收缩时不宜引起层状撕裂的构造。

（4）钢板的拼接当采用对接焊缝时，纵横两方向的对接焊缝，可采用十字形交叉或 T 形交叉；当为 T 形交叉时，交叉点的间距不得小于 200mm。

（5）应对焊接 H 型钢等构件材料进行排版，避免拼接位置不符合规范要求（特别吊车梁构件的拼接位置还应同时符合设计要求，并且避免加劲板或开孔位置处于拼接缝上）。

5. 治理措施

拼接位置不符合规范规定的，拆下来，更正后重新组装，已焊完，无法拆下的，只有设计认可才能同意验收。

6. 工程实例图片（图2.6-6～图2.6-8）

图2.6-6　钢箱梁按规范设置焊缝进行现场焊接

图2.6-7　钢箱梁焊接施工图

图2.6-8　焊接成型的钢箱梁

2.6.3　通病名称：钢构件的焊接裂纹

1. 通病现象

发生在热影响区和焊缝金属的根部裂纹或焊缝边缘的裂纹，有纵向裂纹、横向裂纹及焊道下的裂纹（图2.6-9）。

2. 规范标准相关规定

（1）《钢结构工程施工质量验收规范》GB 502505—2001

5.2.6　焊缝表面不得有裂缝、焊瘤等缺陷。一级、二级焊缝不得有表面气

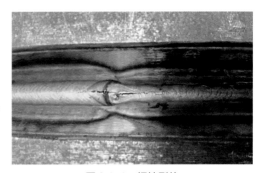

图2.6-9　焊接裂纹

孔、夹杂、弧坑裂缝、电弧擦伤等缺陷。且一级焊缝不得有咬边、未焊满、根部收缩等缺陷。

5.2.7 对于需要进行焊前预热或焊后热处理的焊缝，其预热温度或后热温度应符合国家现行相关标准的规定或者通过工艺试验确定。预热区Ⅰ在焊道两侧，每侧宽度均应大于焊件厚度的 1.5 倍以上，且不应小于 100mm；后热处理应在焊后立即进行，保温时间应根据板厚按每 25mm 板厚 1h 确定。

（2）《钢结构焊接规范》GB 50661—2011

8.2.1 （承受静荷载结构）焊缝外观质量应满足表 8.2.1 的规定：

（承受静荷载结构）焊缝外观质量要求 表8.2.1

	一级	二级	三级
裂纹	不允许		
未焊满	不允许	≤ 0.2mm+0.02t 且 ≤ 1mm，每 100mm 长度焊缝内未焊满累积长度 ≤ 25mm	≤ 0.2mm+0.04t 且 ≤ 2mm，每 100mm 长度焊缝内未焊满累积长度 ≤ 25mm
根部收缩	不允许	≤ 0.2mm+0.02t 且 ≤ 1mm，长度不限	≤ 0.2mm+0.04t 且 ≤ 2mm，长度不限
咬边	不允许	深度 ≤ 0.05t 且 ≤ 0.5mm，连续长度 ≤ 100mm，且焊缝两侧咬边总长 ≤ 10% 焊缝全长	深度 ≤ 0.1t 且 ≤ 1mm，产股不限
电弧擦伤	不允许		允许出现个别电弧擦伤
接头不良	不允许	缺口深度 ≤ 0.05t 且 ≤ 0.5mm，每 1000mm 长度焊缝内不得超过 1 处	缺口深度 ≤ 0.1t 且 ≤ 1mm，每 1000mm 长度焊缝内不得超过 1 处
表面气孔	不允许		每 500mm 长度焊缝内允许存在直径 < 0.4t 且 < 3mm 的气孔 2 个；孔距应 ≥ 6 倍孔径
表面夹渣	不允许		深 ≤ 0.2t，长 ≤ 0.5t 且 ≤ 20mm

8.3.1 （承受动荷载结构）焊缝外观质量应应无裂纹、未熔合、夹渣、弧坑未填满及超过表 8.3.1 规定的缺陷。

（承受动荷载结构）焊缝外观质量要求 表8.3.1

	一级	二级	三级
裂纹	不允许		
未焊满	不允许		≤ 0.2mm+0.02t 且 ≤ 1mm，每 100mm 长度焊缝内未焊满累积长度 ≤ 25mm
根部收缩	不允许		≤ 0.2mm+0.02t 且 ≤ 1mm，长度不限

	一级	二级	三级
咬边	不允许	深度≤0.05t且≤0.3mm，连续长度≤100mm，且焊缝两侧咬边总长≤10%焊缝全长	深度≤0.1t且≤0.5mm，产股不限
电弧擦伤	不允许		允许存在个别电弧擦伤
接头不良	不允许		缺口深度≤0.05t且≤0.5mm，每1000mm长度焊缝内不得超过1处
表面气孔	不允许		直径小于1.0mm，每米不多于3个，间距不小于20mm
表面夹渣	不允许		深≤0.2t，长≤0.5t且≤20mm

3. 原因分析

（1）冷裂纹产生原因

1）焊缝金属中扩散性氢气产生内压引起冷裂缝

2）焊缝接头形成马氏体脆硬组织，淬硬区在应力作用下形成裂缝；

3）焊接结构设计不合理、焊缝布置不当，约束应力和对接焊时应力集中；

4）焊接工艺措施不合理，如焊前未预热、焊后冷却快等。

（2）热裂纹产生原因

1）母材抗裂性能差、焊接材料质量不好；

2）焊接工艺参数选择不当、焊接内应力过大等。

4. 预防措施

（1）冷裂纹预防措施：

1）按要求进行焊前预热或焊后热处理施工，预热和后处理工艺符合要求；

2）严格按焊接工艺评定确定的参数进行焊接；

3）使用干燥的与钢构件材质相适应的高品质焊条（底氢或超低氢焊条），采用正确的焊接工艺方式进行小变形施焊。选择合理的焊接顺序和焊接方法；

4）修整焊接端部或焊接条件，防止基材错动。

（2）热裂纹预防措施

1）应选择抗裂性好的钢材（含镍量高的钢材、纯度高、杂质少），采用低氢或超低氢、低强的焊条；

2）并控制预热温度、线能量，以降低冷裂纹产生倾向；

3）并控制焊缝的凹度 d 小于 1mm，降低线能量。

5. 治理措施

应在裂纹两端钻止裂孔或铲除裂纹的焊缝金属，进行补焊。

6. 工程实例图片（图 2.6-10、图 2.6-11）

图 2.6-10　钢构件支座焊接无裂纹

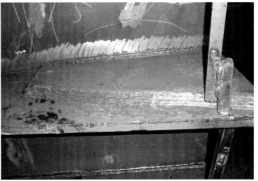

图 2.6-11　构件焊接无裂纹

2.6.4　通病名称：钢构件焊接气孔、夹渣、咬边、焊缝不饱满等

1. 通病现象

详见钢筋焊接气孔、夹渣、咬边、焊缝不饱满等（图 2.6-12）。

2. 规范标准相关规定

《城市桥梁工程施工与质量验收规范》CJJ 2—2008

14.2.7　焊缝外观质量应符合表 14.2.7 的规定。

图 2.6-12　焊缝气孔、沙眼

焊缝外观质量标准　　　　　　　　　　　　　　表14.2.7

项目	焊缝种类	质量标准（mm）
气孔	横向对接焊缝	不允许
	纵向对接焊缝、主要角焊缝	直径小于 1.0，每米不多于 2 个，间距不小于 20
	其他焊缝	直径小于 1.5，每米不多于 3 个，间距不小于 20
咬边	受拉杆件横向对接焊缝及竖加劲肋角焊缝（腹板侧受拉区）	不允许
	受压杆件横向对接焊缝及竖加劲肋角焊缝（腹板侧受压区）	≤ 0.3
	纵向对接焊缝及主要角焊缝	≤ 0.5
	其他焊缝	≤ 1.0
焊脚余高	主要角焊缝	+2.00
	其他角焊缝	−1.0　+2.0
焊波	角焊缝	≤ 2.0（任意 25mm 范围内高低差）

续表

项目	焊缝种类	质量标准（mm）
余高	对接焊缝	≤ 3.0（焊缝宽 b ≤ 12 时）
		≤ 2.0（12 < b < 25 时）
		≤ 4b/25（b > 25 时）
余高铲磨后表面	横向对接焊缝	不高于母材 0.5
		不低于母材 0.3
		粗糙度 Ra50

注：（1）手工角焊缝全长 10% 区段内焊脚余高允许误差 −0.1 ～ +0.3。（2）焊脚余高指用焊缝斜面相对于设计理论值的误差。

3. 原因分析

详见钢筋焊接气孔、夹渣、咬边相关内容。

4. 预防措施

详见钢筋焊接气孔、夹渣、咬边相关内容。

5. 治理措施

详见钢筋焊接气孔、夹渣、咬边相关内容。

6. 工程实例图片（图 2.6-13、图 2.6-14）

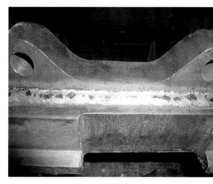

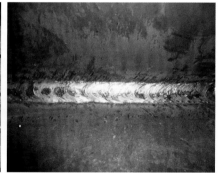

图 2.6-13　质量较好焊缝（1）　　　　图 2.6-14　质量较好焊缝（2）

2.6.5　通病名称：钢构件焊接残余变形

1. 通病现象

钢构件焊接时，由于焊接引起最终钢构件的尺寸、相对位置发生过大的改变（图 2.6-15 ～图 2.6-19）。

2. 规范标准相关规定

《钢结构工程施工质量验收规范》GB 50205—2001

5.2.10　焊成凹形的角焊缝，焊缝金属与母材应平衡过渡；加工成凹形的角焊缝，不得在其表面留下切痕。

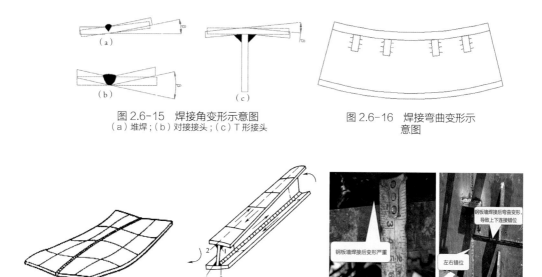

图 2.6-15　焊接角变形示意图
（a）堆焊；（b）对接接头；（c）T 形接头

图 2.6-16　焊接弯曲变形示意图

图 2.6-17　薄板焊接失稳变形示意图

图 2.6-18　焊接扭曲变形示意图

图 2.6-19　焊接参与变形实例图

5.2.11　焊缝感观应达到：外形均匀、成型较好，焊道与焊道、焊道与基本金属间过度平滑，焊渣和飞溅物基本清除干净。

8.5.1　钢构件外形尺寸主控项目的允许偏差应符合表 8.5.1 的规定。

钢构件外形尺寸主控项目允许偏差（mm）　　　　　　　表8.5.1

项目	允许偏差
单层柱、梁、桁架受力支托（支承面）表面至第一个安装孔距离	±1.0
多节柱铣平面至第一个安孔距离	±1.0
实腹梁两端最外侧安装孔距离	±1.0
构件连接处的截面几何尺寸	±3.0
柱、梁连接处的腹板中心线偏移	2.0
受压杆件（杆件）弯曲矢高	$L/1000$，且不应大于 10

3. 原因分析

（1）加工件的刚性大小不同，焊后收缩，变形不一致。

（2）加工件本身焊缝布置不均，导致收缩不均匀，焊缝多的部位收缩大、变形也大。

（3）加工人员操作不当，未对称分层、分段、间断施焊，焊接电流、速度、方向不一致，造成加工件变形的不一致。

（4）焊接时咬肉过大，引起焊接应力集中和过量变形。

（5）焊接放置不平，应力集中释放时引起变形。

4．预防措施

（1）利用反变形法控制焊接变形

为了抵消和补偿焊接变形，在焊前进行装配时，先将工件向与焊接变形相反的方向进行人为的变形，这种方法称为反变形法。反变形法是生产中最常用的方法，通常适用于控制焊件的角变形和弯曲变形。

（2）用刚性固定法控制焊接变形

利用夹具、支撑、专用胎具、定位焊等方法来增大结构的刚性，减小焊接变形的方法称为刚性固定法。刚性固定法简单易行，是生产中常用的一种减小焊接变形的方法。生产中常用刚性固定配合反变形来控制焊接变形。

（3）选择合理的装焊顺序控制焊接变形

同一焊接结构，采用不同的装焊顺序，所引起的焊接变形量往往不同，应选择引起焊接变形最小的装焊顺序。一般采取先总装后焊接的顺序，结构焊后焊接变形较小。

（4）选择合理的焊接顺序控制焊接变形

当焊接结构上有多条焊缝时，不同的焊接顺序将会引起不同的焊接变形量。合理的焊接顺序是指：当焊缝对称布置时，应采用对称焊接；当焊缝不对称布置时，应先焊焊缝小的一侧。此外，采用跳焊法、分段退焊法等控制焊接变形均有较好的效果。

（5）散热法

散热法又称强迫冷却法，就是把焊接处热量散走，使焊缝附近的金属受热面大大减小，达到减小变形的目的。散热法有水浸法和散热垫法。

（6）锤击法

利用锤击焊缝使焊缝延伸，就能在一定程度上克服由焊缝收缩所引起的变形。例如，薄板对接焊后会产生波浪变形，就可以用锤在焊缝长度方向上对焊缝进行锤击来克服其变形。

图 2.6-20　钢构件焊接工艺恰当焊件平整无翘曲

（7）选择合理的焊接方法

选用能量比较集中的焊接方法如 CO_2 气体保护焊、等离子弧焊来代替气焊和手工电弧焊进行薄板焊接，可减小变形量。

5．治理措施

对已变形的工件，如变形不大，可采用火烤矫正。如变形较大，采用边烤边用千斤顶顶的方法矫正。

6．工程实例图片（图 2.6-20、图 2.6-21）

图 2.6-21　钢构件焊接工艺恰当焊件平整无弯曲、扭转等变形

2.6.6 通病名称：螺栓拧紧后外露长度太短或太长

1. 通病现象

螺栓紧固后外露丝扣少于或多于规范要求（图 2.6-22）。

图 2.6-22 高强度螺栓紧固后丝扣未外露

2. 规范标准相关规定

《钢结构工程施工质量验收规范》GB 50205—2001

6.2.3 永久性普通螺栓紧固应牢固、可靠，外露丝扣不应少于 2 扣；

6.3.5 高强度螺栓连接副终拧后，螺栓丝扣外露应为 2 ～ 3 扣，其中允许有 10% 的螺栓丝扣外露 1 扣或 4 扣。

3. 原因分析

（1）螺栓施工时选用螺栓不当或者随手混用。

（2）螺栓没有拧紧。

4. 预防措施

（1）正确选用螺栓规格；

（2）长度不同的螺栓严禁混用；

（3）加强自检和验收，及时发现问题螺栓。

5. 治理措施

对高强度螺栓连接副终拧后（或永久性普通螺栓紧固后），螺栓丝扣不外露的螺栓应进行更换。

6. 工程实例图片（图 2.6-23、图 2.6-24）

图 2.6-23 高强度螺栓连接，丝扣出露长度合格　　图 2.6-24 高强度螺栓连接成形的钢桁架桥

2.6.7 通病名称：扭剪型高强度螺栓连接副终拧处理不善

1. 通病现象

扭剪型高强度螺栓连接副终拧后梅花头未拧掉并且未进行油漆封闭（图 2.6-25）。

图 2.6-25　扭剪型高强度螺栓连接副终拧处理不善

2. 规范标准相关规定

（1）《钢结构工程施工质量验收规范》GB 50205—2001

6.3.2　高强度大六角螺栓连接副终拧完成 1h 后，48h 内应进行终拧扭矩检查，检查结果应符合本规范附录 B 的规定。

6.3.3　扭剪型高强度螺栓连接副终拧后，除因构造原因无法使用专用扳手终拧掉梅花头者外，未在终拧中拧掉梅花头的螺栓数不应大于该节点螺栓数的 5%。对所有梅花头未拧掉的扭剪型高强度螺栓连接副应采用扭矩法或转角法进行终拧并作标记，且按本规范第 6.3.2 条的规定进行终拧扭矩检查。

（2）《钢结构高强度螺栓连接技术规程》JGJ 82—2011

6.4.19　经检查合格后的高强度螺栓连接处，防腐、防火应按设计要求涂装。

3. 原因分析

（1）未使用钢结构专用扭矩扳手进行施工；

（2）由于设计原因造成空间太小无法使用专用扭矩扳手对高强度螺栓进行施拧；

（3）电动扳手使用不当，产生尾部梅花头滑牙而无法拧掉梅花头；

（4）技术交底不清或施工人员粗心大意忘掉油漆封闭的工序。

4. 预防措施

（1）配备专用拧紧扳手，高强度螺栓施拧过程不得使用普通扳手进行施工；

（2）施工前做好技术交底和操作培训；

（3）在制作详图设计时应考虑螺栓施拧的空间，有问题及时与设计沟通；

（4）做好工序交接记录和检查。

5. 治理措施

（1）对不能用专用扳手进行终拧的螺栓及梅花头未拧掉的扭剪型高强度螺栓连接副应采用扭矩法或转角法进行终拧并作标记，并按要求进行终拧扭矩检查。

（2）对未进行油漆封闭的连接副补上油漆封闭。

6. 工程实例图片（图 2.6-26、图 2.6-27）

图 2.6-26　使用专用扳手进行抗剪型高强螺栓终拧　　　图 2.6-27　抗剪型高强螺栓终拧合格的钢桁架桥

2.6.8　通病名称：高强度螺栓摩擦面外观不合格

1. 通病现象

栓接摩擦面存在飞边、毛刺、焊接飞溅物、油污等（图 2.6-28）。

2. 规范标准相关规定

（1）《钢结构工程施工质量验收规范》GB 50205—2001

6.3.6　高强度连接螺栓摩擦面应保持干燥、整洁、不应有飞边、毛刺、焊接飞溅物、焊疤、氧化铁皮、污垢等，除设计要求外摩擦面不应涂漆。

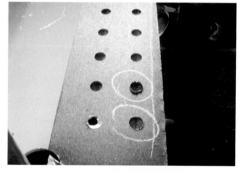

图 2.6-28　栓接面存在飞边

（2）《钢结构高强度螺栓连接技术规程》JGJ 82—2011

6.4.10　安装高强度螺栓时，构件的摩擦面应保持干燥，不得在雨中作业。

3. 原因分析

（1）螺栓孔开孔后未及时清理孔周边的飞边、毛刺；

（2）焊接作业引起的飞溅物、焊疤等未进行清理；

（3）临近构件涂装作业，摩擦面未进行有效保护，造成的油漆滴溅；

（4）构件加工成型后防止时间太久，表面发生氧化、锈蚀等。

4. 预防措施

（1）对作业工人做好技术交底，高强度螺栓连接前应做好摩擦面的清理，不允许有飞边、毛刺、焊疤、焊接飞溅物等，应用钢丝刷沿受力垂直方向除去浮锈；摩擦面上误涂或溅涂的油漆应清除；

（2）加强工序检查、验收，验收合格摩擦面才能进行螺栓连接施工；

（3）做好成品保护，防止二次污染，保持干燥，防止锈蚀等；

（4）摩擦面应保持干燥、整洁、施工时没结露、积霜、积雪。不得在雨天进行安装。

5. 治理措施

对表面质量差的摩擦面进行打磨清理和清洗。

6. 工程实例图片（图 2.6-29、图 2.6-30）

图 2.6-29　开孔质量合格的钢桥构件

图 2.6-30　螺栓连接的钢桥构件现场准确对接

2.6.9　通病名称：螺栓孔错位扩孔质量差

1. 通病现象

拼接钢板的螺栓孔不能对正，轴中心错位，螺栓不能穿过或不能自由穿过；扩孔采用气割切割，扩孔不规则、偏差较大（图 2.6-31、图 2.6-32）。

图 2.6-31　螺栓孔错位，扩孔随意

图 2.6-32　违反规范采用气割扩孔

2. 规范标准相关规定

（1）《钢结构工程施工质量验收规范》GB 50205—2001

6.3.7　高强度螺栓应自由穿过螺栓孔，高强度螺栓孔不应采用气割扩孔，扩孔数量应征得设计同意，扩孔后的孔径不应超过 1.2d（d 为螺栓直径）。

（2）《钢结构高强度螺栓连接技术规程》JGJ 82—2011

6.4.8　安装高强度螺栓时，严禁强行穿入。当不能自由穿入时，该孔应用铰刀进行修正，修整后孔的最大直径不应大于 1.2 倍螺栓直径，且修孔数量不应超过该节点螺栓数量的 25%。修孔前应将四周螺栓全部拧紧，使板迭密贴后再进行铰孔，严禁气割扩孔。

3．原因分析

（1）设计图纸错误，造成拼接钢板螺栓孔不对中；

（2）开孔作业技术交底错误或操作人员大意量错尺寸；

（3）技术交底对扩孔方法交代不清，又无作业规程；

（4）操作人员责任心不强，质量意识淡薄，违反要求作业。

4．预防措施

（1）高强度螺栓穿入时不得采用锤击等方式强行穿入。

（2）严禁采用切割方式进行扩孔工作。

（3）扩孔的数量应征得设计同意。扩孔后的孔径不应超过 1.2 倍螺栓直径。

（4）采用绞刀等机械方式扩孔，扩孔时铁屑不得掉入板层间。否则应在扩孔后将连接板拆开清理，重新安装。

5．治理措施

对孔距偏差较小的采取扩孔处理，对孔距超差过大的，应采用打磨后重新打孔或更换连接板。扩孔或重新打孔的数量和位置应提请设计单位确定。

6．工程实例图片（图 2.6-33、图 2.6-34）

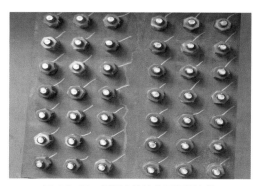
图 2.6-33　质量合格的高强螺栓连接

图 2.6-34　高强螺栓连接的钢拱桥

2.6.10　通病名称：防腐漆膜皱纹

1．通病现象

漆膜干燥后，收缩形成许多高低不平的棱脊痕迹（皱纹），影响表面光滑和光泽（图 2.6-35）。

图 2.6-35　钢结构涂装皱皮

2. 规范标准相关规定

（1）《钢结构工程施工质量验收规范》GB 50205—2001

14.2.2　涂料、涂装遍数，涂层厚度均应符合设计要求。当设计对涂层厚度无要求时，涂层干漆膜总厚度：室外应为 150μm，室内应为 125μm，其允许偏差为 −25μm 每遍涂层干层涂漆膜的允许偏差为 −5μm。

14.2.3　构件表面不应误涂、漏涂涂层必应脱皮返锈等。涂抹应均匀、无明显皱皮、流坠、针眼和气泡等。

（2）《铁路钢桥保护涂装及涂料供货技术条件》TB/T 1527—2011

3.1.1　钢桥的初始涂装和重新涂装

3.1.1.4　钢桥涂装体系

3.1.1.4.1　钢桥涂装体系见表1。

3.1.1.4.2　初始涂装时，钢桥制造厂应完成全部底漆（中间漆）和第一道面漆涂装。

3.1.1.4.3　钢桥的电弧喷涂金属涂装应符合以下要求：

a）电弧喷铝用铝丝材质应采用 GB/T 3190—2008 的规定要求。

b）金属涂层采用环氧类封孔剂进行封孔时，封孔层厚度无要求，涂覆的封孔剂至不被吸收为止，封孔后应加涂相应的配套涂料。

钢桥涂装体系　　　　　　　　　　　　　　　　　　表1

涂装体系	涂料（涂层）名称	每道干膜最小厚度（μm）	至少涂装道数	总干膜最小厚度（μm）	适用部位
1	特制红丹酚醛（醇酸）防锈底漆	35	2	70	桥栏杆、扶手、人行道托架、墩台、吊篮、围栏和桥梁检测车等桥梁附属钢桥
	灰铝粉石墨（或灰云铁）醇酸面漆	35	2	70	

续表

涂装体系	涂料（涂层）名称	每道干膜最小厚度（μm）	至少涂装道数	总干膜最小厚度（μm）	适用部位
2	电弧喷铝层	—	—	200	钢桥明桥面的纵梁、上承板梁、箱形梁上盖板
	环氧类封孔剂	—	1	—	
	棕黄聚氨酯盖板底漆	50	2	100	
	灰聚氨酯盖板面漆	40	4	160	
3	无机富锌防锈防滑涂料	80	1	80	栓焊梁连接部分摩擦面
	或 电弧喷铝层	—	—	100	
4	环氧沥青涂料	60	4	240	非密封的箱形梁和非密封的箱形杆件内表面
	或 环氧沥青厚浆涂料	120	2	240	
5	特制环氧富锌防锈底漆 或 水性无机富锌防锈底漆	40	2	80	钢桥主体，用于气候干燥、腐蚀环境较轻的地区
	云铁环氧中间漆	40	1	40	
	灰铝粉石墨醇酸面漆	40	2	80	
6	特制环氧富锌防锈底漆 或 水性无机富锌防锈底漆	40	2	80	钢桥主体、支座用于腐蚀环境较严重的地区
	云铁环氧中间漆	40	1	40	
	灰色丙烯酸脂脂肪族聚氨酯面漆	40	2	80	
7	特制环氧富锌防锈底漆 或 水性无机富锌防锈底漆	40	2	80	钢桥主体，用于酸雨、沿海等腐蚀环境严重、紫外线辐射强、有景观要求的地区
	云铁环氧中间漆	40	1	40	
	氟碳面漆	35	2	70	

注：对于温差较大地区，钢桥主体应采用断裂延伸率不小于50%的氟碳面漆。

对于栓焊梁生产或贮存在黄河以南地区时，宜采用无机富锌防锈防滑涂料喷涂摩擦面。

对于跨越河流的钢桥底面（包括桁梁下弦杆、纵横梁底面、下承板梁主梁和上承板、箱梁底面），酸雨地区的钢桥应增加涂装底漆一道、中间漆一道。

3.1.1.4.4 栓焊梁螺栓连接部分摩擦面涂装应符合以下要求：

a）采用电弧喷涂铝，涂层厚度为150μm±50μm，或采用无机富锌防锈防滑涂料，涂层厚度为150μm±50μm。涂层的抗滑移系数出厂时不小于0.55，架梁时不小于0.45。

b）杆件栓接点外露的铝表面、无机富锌防锈防滑涂料表面与涂料涂层搭接处应涂装特制环氧富锌防锈底漆。钢桥组装后，栓接点外露的铝涂层应按3.1.1.4.3b）规定进行涂装。栓接点螺栓、螺栓头处涂装特制环氧富锌防锈底漆，涂装前螺栓应除油，螺母和垫片应水洗清除造化膜。

3.1.3 涂层质量要求

3.1.3.1 涂料涂层表面平整均匀，不应有剥落、气泡、裂纹、气孔，可有不影响防护性能的轻微橘皮、流挂、刷痕和少量杂质。

3.1.3.2　金属涂层表面均匀一致，不应有起皮、鼓包、大熔滴、松散粒子、裂纹、掉块，可有不影响防护性能的轻微结疤、起皱。

3.1.4　涂装作业环境和涂装间隔时间要求

3.1.4.1　电弧喷涂铝涂层时，作业环境要求与电弧喷涂作业的间隔时间要求按 GB/T 11373—2017 规定。

3.1.4.2　钢桥表面清理后应在 4h 内完成涂装铝涂层，电弧喷涂铝完成后应力计进行覆盖封孔剂。既有线利用列车运行间隔施工时，覆盖封孔剂或涂层前，应对铝涂层表面作清洁处理。

3.1.4.3　涂装涂料时作业环境要求：

a）水性无机富锌防锈底漆、酚醛漆、醇酸漆、聚氨酯漆、氟碳面漆不宜在 5℃ 以下施工，环氧类漆不宜在 10℃ 以下施工。

b）不应在相对湿度 85% 以上，雨天、雾天或风沙场合施工。

c）待涂表面温度高于漏点 3℃ 以上方可施工。

3.1.4.4　涂装涂料层需在上一道涂层实干后，方可涂装下一道漆，底漆、中间漆最长暴露时间不超过 7d，两道面漆间隔若超过 7d 时需用细沙纸打磨成细微毛面。

3. 原因分析

（1）刷油市或刷完后遇高温或太阳暴晒，以及催干剂加得过多，使漆膜内干燥不均匀会形成表面皱纹。对于长油度的涂料、防锈漆、油性调和漆尤为显著。

（2）底漆过厚，未干透或黏度太大，漆膜表面先干结膜隔绝下层与空气接触，以至于外干里不干表面形成皱纹。

（3）在漆料中使用挥发性快的溶剂，要比挥发性慢的易产生皱纹。

（4）在长油漆膜上加涂短油漆膜，也会产生皱纹。

4. 预防措施

（1）要重视涂料的选择，醇酸调合树脂含量较多，不宜产生皱纹；而脂胶调合含桐油较多，易产生裂纹。

（2）底漆充分干燥后再涂面漆，防止表干内不干。

（3）根据产品说明书控制涂层厚度适中，防止厚度太大。

（4）多选用铅或辛等催化剂，少用钴或锰的催化剂。涂料中加入催化剂必须适量。

（5）高温、日照暴晒及寒冷、风大的气候不宜涂刷油漆。

（6）避免在长油度漆膜上，加涂短油度料；或在底漆未完全干透的情况下涂饰面漆。

5. 治理措施

轻微起皱不用处理，严重皱纹应铲除问题区域涂装，重新按规范涂装。

6. 工程实例图片（图 2.6-36、图 2.6-37）

图 2.6-36　涂装合格的钢桁架桥

图 2.6-37　涂装合格的钢箱梁天桥

2.6.11　通病名称：防腐漆膜（面漆）剥离

1. 通病现象

钢结构表面涂刷的漆膜翘起、与结构表面剥离（图 2.6-38）。

2. 规范标准相关规定

（1）《钢结构工程施工质量验收规范》GB 50205—2001

图 2.6-38　防腐漆整块剥离

14.2.2　涂料、涂装遍数，涂层厚度均应符合设计要求。当设计对涂层厚度无要求时，涂层干漆膜总厚度：室外应为 $150\,\mu m$，室内应为 $125\,\mu m$，其允许偏差为 $-25\,\mu m$ 每遍涂层干层涂漆膜的允许偏差为 $-5\,\mu m$；

14.2.3　构件表面不应误涂、漏涂，涂层不应蜕皮和返锈等。涂层应均匀、无明显皱皮、流坠、针眼和气泡等。

14.2.4　当钢结构处在有腐蚀介质环境或外露且设计有要求时，应进行涂层附着力测试，在检测处范围内，当涂料完整度达到 70% 以上时，涂料附着力达到合格质量标准的要求。

（2）《铁路钢桥保护涂装及涂料供货技术条件》TB/T 1527—2011

3.1.3　涂层质量要求

3.1.3.3　整个涂装体系图层间附着力，采用胶带实验检测法时，试验结束后涂层的剥落或分离宽度在任意边上不应大于 2mm；采用拉开试验检测法时，附着力不应小于 3MPa。当存在异议时，以拉开试验检测法测定结果为准。

3. 原因分析

（1）涂料系列不同；

（2）涂膜过厚时产生大片剥落；

（3）底面清理不干净；

（4）剥离层的基底潮湿。

4．预防措施

（1）使用相同系列的涂料。

（2）注意基底的清理，以提供一个可以叠涂的基底。基底处理包括除锈、去污、平整金属表面和涂刷底层涂料。

（3）保证基底干燥。

（4）严格按规范或设计要求的涂抹厚度进行喷涂。

5．治理措施

将可剥离层（或经检测不合格区域、批次）除掉后（喷砂）对基底层进行清理，清理干净并确保基底干燥后重新涂装。

6．工程实例图片（图 2.6-39、图 2.6-40）

图 2.6-39　钢桥柱涂装无漆膜剥离　　　　　　图 2.6-40　钢拱肋涂装无漆膜剥离

2.6.12　通病名称：防腐漆膜返锈

1．通病现象（图 2.6-41、图 2.6-42）

图 2.6-41　桁架桥柱漆膜返锈　　　　　　图 2.6-42　悬拼节段桥面板漆膜返锈

2. 规范标准相关规定

（1）《钢结构工程施工质量验收规范》GB 50205—2001

14.2.2 涂料、涂装遍数、涂层厚度均应符合实际要求。当设计对涂层厚度无要求时，涂层干漆膜总厚度：室外应为 $150\,\mu m$，室内应为 $125\,\mu m$，其允许偏差为 $-25\,\mu m$。每遍涂层干漆膜厚度的允许偏差为 $-5\,\mu m$。

14.2.3 构件表面不应误涂、漏涂、涂层不应脱皮和返锈等。涂层应均匀、无明显皱皮、流坠、针眼和气泡等。

（2）《铁路钢桥保护涂装及涂料供货技术条件》TB/T 1527—2011

3.1.2 钢桥的维护性涂装

3.1.2.1 铁路钢桥涂膜劣化类型按 TB/T 2486—1994 判定。

3.1.2.2 劣化类型为 3 级粉化时，应清除涂层表面污渍，用细沙纸除去粉化物，然后覆盖 2 道相应面漆。

3.1.2.4 当旧涂层未锈蚀，劣化类型为 2～3 级生锈时，应清除松散的涂层，直到良好结合的涂层区域为止，旧涂层表面清理应达到 GB/T 8923.2—2008 中规定的 P St3 级，未损坏的涂层区域边缘按 3.1.2.2 要求处理，然后局部涂装相应防锈底漆和相应中间漆、面漆。如要保持漆层表面一致，可以局部涂面漆后，再全部覆盖面漆。

3.1.2.5 当旧喷锌或铝涂层发生锈蚀，劣化类型为 2～3 级生锈时，应除去松动的锌或铝涂层和涂料涂层直到良好结合的锌或铝涂层区域为止，钢表面锈蚀清理应达到 GB/T 8923.2—2008 中规定的 P Sa21/2 级。对于未损坏的涂料和锌或铝涂层区域边缘按 3.1.2.2 要求处理。对于喷锌或铝涂层清理部位，也可改涂特制环氧富锌防锈底漆 2 道，然后涂装相应中间漆和面漆。

3. 原因分析

（1）底材处理问题：

对钢结构涂装防腐涂料（基材洁净处理）前，钢结构表面的锈蚀、酸液、水分、污垢等并未经过彻底的清洁，导致不能和基材紧密贴合，而后此区域的锈蚀又在不断扩大，导致漆膜因附着力问题出现脱落现象。

（2）产品问题：

涂料本身存在严重质量问题，或者没有根据现有情况选择合适的防腐漆。

（3）施工问题：

1）在涂装下层油漆时，未等待底漆完全干透，导致两层漆之间因存有水汽从而导致漆膜分层，防腐效果自然也不能达到预估效果。

2）在涂刷底漆时，涂装施工中未能涂刷均匀或有漏涂现象，没有防护区域的钢结构自然会第一个被腐蚀。

3）漆膜太薄，水气或腐蚀气体透过膜层，到达涂层内部的钢铁基层表面，产生针蚀而发展到大面积锈蚀。

（4）油漆配套问题：

选用的底漆和面漆不配套，涂覆之后两层漆发生了化学反应，防腐涂层自然也变成了一层笑话。

4. 预防措施

（1）保证基材的除锈、除污质量，并在基材干燥的条件下施工；

（2）选用合适的漆料，所用底漆与面漆必须是配套产品，并且涂料必须经检验合格后才能使用，使用过程中注意要保证涂料不被污染；

（3）涂漆前，必须把钢铁表面的锈斑清除干净，处理后要尽快涂上底漆，防止再生锈；

（4）钢铁表面涂普通防锈漆时，漆膜要略厚些，最好涂两遍防锈漆；并防止出现针孔或漏涂漆等弊病。

5. 治理措施

按规范《铁路钢桥保护涂装及涂料供货技术条件》TB/T 1527—2011 要求处理。

6. 工程实例图片（图 2.6-43、图 2.6-44）

图 2.6-43　涂装合格的钢结构天桥　　　　　图 2.6-44　涂装合格的钢箱梁

2.6.13　通病名称：涂层厚度达不到设计要求

1. 通病现象

经专用仪器检测涂层厚度，与设计要求不符（图 2.6-45、图 2.6-46）。

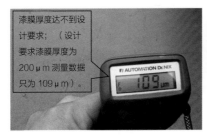

图 2.6-45　涂层厚度不合格　　　　　　图 2.6-46　漆膜厚度不足

2. 规范标准相关规定

（1）《钢结构工程施工质量验收规范》GB 50205—2001

14.2.2 涂料、涂装遍数、涂层厚度均应符合实际要求。当设计对涂层厚度无要求时，涂层干漆膜总厚度：室外应为 150μm，室内应为 125μm，其允许偏差为 −25μm。每遍涂层干漆膜厚度的允许偏差为 −5μm。

（2）《铁路钢桥保护涂装及涂料供货技术条件》TB/T 1527—2011

3.1.1 钢桥的初始涂装和重新涂装

3.1.1.4 钢桥涂装体系

3.1.1.4.1 钢桥涂装体系见表 1。

钢桥涂装体系 表1

涂装体系	涂料（涂层）名称	每道干膜最小厚度（μm）	至少涂装道数	总干膜最小厚度（μm）	适用部位
1	特制红丹酚醛（醇酸）防锈底漆	35	2	70	桥栏杆、扶手、人行道托架、墩台、吊篮、围栏和桥梁检测车等桥梁附属钢桥
	灰铝粉石墨（或灰云铁）醇酸面漆	35	2	70	
2	电弧喷铝层	—	—	200	钢桥明桥面的纵梁、上承板梁、箱形梁上盖板
	环氧类封孔剂	—	1	—	
	棕黄聚氨酯盖板底漆	50	2	100	钢桥明桥面的纵梁、上承板梁、箱形梁上盖板
	灰聚氨酯盖板面漆	40	4	160	
3	无机富锌防锈防滑涂料	80	1	80	栓焊梁连接部分摩擦面
	或电弧喷铝层	—	—	100	
4	环氧沥青涂料	60	4	240	非密封的箱形梁和非密封的箱形杆件内表面
	或环氧沥青厚浆涂料	120	2	240	
5	特制环氧富锌防锈底漆或水性无机富锌防锈底漆	40	2	80	钢桥主体，用于气候干燥、腐蚀环境较轻的地区
	云铁环氧中间漆	40	1	40	
	灰铝粉石墨醇酸面漆	40	2	80	
6	特制环氧富锌防锈底漆或水性无机富锌防锈底漆	40	2	80	钢桥主体、支座用于腐蚀环境较严重的地区
	云铁环氧中间漆	40	1	40	
	灰色丙烯酸脂防族聚氨酯面漆	40	2	80	
7	特制环氧富锌防锈底漆或水性无机富锌防锈底漆	40	2	80	钢桥主体，用于酸雨、沿海等腐蚀环境严重、紫外线辐射强、有景观要求的地区
	云铁环氧中间漆	40	1	40	
	氟碳面漆	35	2	70	

注：对于温差较大地区，钢桥主体应采用断裂延伸率不小于 50% 的氟碳面漆。

对于栓焊梁生产或贮存在黄河以南地区时，宜采用无机富锌防锈防滑涂料喷涂摩擦面。

对于跨越河流的钢桥底面（包括桁梁下弦杆、纵横梁底面、下承板梁主梁和上承板、箱梁底面）、酸雨地区的钢桥应增加涂装底漆一道、中间漆一道。

3. 原因分析

（1）技术交底不清或未进行技术交底，作业人员不清楚设计要求；

（2）操作技能欠佳或涂装位置欠佳，引起涂层厚度不均；

（3）涂层厚度的检验方法不正确或干漆膜测厚仪未作校核计量读数有误。

4. 预防措施

（1）正确掌握被涂装构件的设计要求；

（2）被涂装构件的涂装面尽可能平卧，保持水平；

（3）正确掌握涂装操作技能，对易产生涂层厚度不足的边缘处先作涂装处理；

（4）涂装厚度检测应在漆膜实干后进行，检验方法按规范规定要求检查。

5. 治理措施

对超过干膜厚度允许偏差的涂层应补涂修整。

6. 工程实例图片（图 2.6-47、图 2.6-48）

图 2.6-47　漆膜涂装厚度合格的钢梁构件　　　　图 2.6-48　漆膜涂装厚度合格的钢箱梁

2.7　吊杆与拉索工程

2.7.1　通病名称：吊索杆 HDPE 护套出现表面裂纹、开裂

1. 通病现象

斜拉桥的斜拉索、拱桥的吊杆和系杆一般采用热挤 HDPE 护套作防护，在桥梁投入使用后，有的桥梁在较短时间内索吊杆的表面 HDPE 出现表面裂纹、开裂（图 2.7-1、图 2.7-2）。

2. 规范标准相关规定

（1）《城市桥梁工程施工与质量验收规范》CJJ 2—2008

16.7.2　钢吊杆、系杆及锚具的材料、规格和各项技术性能必须符合国家现行标准规定和设计要求。

图 2.7-1 拉索护套微裂纹

图 2.7-2 拉索护套开裂

17.3.1 拉索和锚具的制作和防护应符合下列规定：

1 拉索及其锚具应由具体相应资质的专业单位制作，应按现行国家及行业相关标准的要求进行生产，并按标准或设计要求进行检查和验收。

17.3.2 拉索的架设应符合下列规定：

1 拉索架设前应根据索塔高度、拉索类型、拉索长度、拉索自重、安装拉索时的牵引力以及施工现场状况等综合因素选择适宜的拉索安装方法和设备。

2 施工中不得损伤拉索保护层和锚头，不得对拉索施工集中力或过度弯曲。

（2）《桥梁缆索用高密度聚乙烯护套料》CJ/T 297—2016

4.3 性能

桥梁缆索用高密度护套料技术性能应符合表1的规定。

桥梁缆索用高密度聚乙烯护套料技术性能   表1

序号	项目	单位	指标	
			H型	C型
1	密度	g/cm^3	0.940 ~ 0.955	
2	熔体质量流动速率	g/10 min	≤ 0.45	
3	拉伸断裂应力	MPa	≥ 25	
4	拉伸屈服应力	MPa	≥ 15	
5	断裂标称应变	%	≥ 400	
6	拉伸弹性模量	MPa	≥ 500	
7	弯曲弹性模量	MPa	< 1000	
8	简支梁缺口冲击强度	kJ/m^2	≥ 50	
9	邵氏硬度	—	≥ 50	
10	耐环境应力开裂 $F_0 > 5000$h	—	通过	
11	脆化温度 < −76℃	—	通过	
12	耐热应力开裂 $F_0 > 96$h	—	通过	

续表

序号	项目	单位	指标	
			H型	C型
13	200℃氧化诱导期	min	≥60	
14	耐荧光紫外老化3000h 拉伸断裂应力变化率 断裂标称应变变化率	% %	±25 ±25	
15	耐光色牢度	级	—	≥7
16	炭黑分散	级	≤3	—
17	炭黑含量	%	2.5±0.3	—

（3）《斜拉桥用热挤聚乙烯高强钢丝拉索》GB/T 18365—2018

8.2.1　拉索以脱胎成盘或钢盘卷绕的形式包装运输，其盘绕内径一般不小于20倍拉索外径，并不小于1.6m，最大外形尺寸应满足相应的运输条件。

3．原因分析

（1）设计原因

1）设计未考虑当地环境和气候因素，对索体耐久性指标提出相应的技术要求；

2）设计采用的张拉控制力偏大，导致HDPE护套的应力过大。

（2）施工原因

1）吊索杆在安装中有初始损伤，未修补或进行不恰当的修补，吊索杆张拉后护套产生局部应力集中。

2）吊索杆在运输、施工过程中盘曲半径过小不符合要求，施工现场盘曲存放时间过长，保护措施不当。

（3）材料原因

1）原标准的HDPE材料技术性能指标偏低，在高温、紫外线强度高等自然条件恶劣的地区使用，保套的耐老化性能不足。

2）高密度聚乙烯护套母料技术性能不符合标准要求，表层护套选用的添加料和调色剂不合适；

4．预防措施

（1）设计措施

1）根据桥梁环境提出适当的耐久性要求和技术指标，明确施工控制的具体要求。

2）适当提高索吊杆的安全系数，以降低HDPE护套层的应力。

（2）施工措施

1）索吊杆在生产后盘曲半径应符合要求（不小于20倍拉索外径，并不小于1.6m），缩短盘曲存放时间。

2）在安装过程中采取保护措施，避免损伤护套。

（3）材料措施

1）选用技术性能高的母料，尤其重视 HDPE 耐环境应力开裂性能，建议选用耐环境应力开裂 $F_0>10000h$ 的产品，并按要求取样进行检验。

2）表层护套宜选用黑色，如需彩色的尽量选用原材料厂家的彩色母料，并改进生产过程中热挤工艺。

5. 治理措施

（1）采用合适的工艺，对表面 PE 层局部损伤应进行修补，修补后缠包热缩带、橡胶带等（图 2.7-3、图 2.7-4）。

图 2.7-3　缠包热缩带　　　　　　　图 2.7-4　缠包橡胶带

（2）在索体表面缠包 PVF 胶带，降低紫外线的影响，提高索体耐久性。

（3）如 PE 开裂露出缠包带，索体失去密封性和防水效果，将导致钢丝锈蚀，应进行更换。

2.7.2　通病名称：索体内部钢丝锈蚀

1. 通病现象

桥梁投入使用后短期即检测发现索吊杆内部钢丝出现锈蚀，影响耐久性和桥梁安全（图 2.7-5）。

2. 规范标准相关规定

《斜拉桥用热挤聚乙烯高强钢丝拉索》GB/T 18365—2018

5.2.1　拉索采用热镀锌钢丝或锌铝合金镀层钢丝。

3. 原因分析

（1）设计原因

设计文件对索吊杆的钢丝防腐没有提出明确的技术要求，生产厂家采用高强钢丝裸线，防腐效果差。

图 2.7-5　索体钢丝锈蚀

（2）施工原因

施工过程损伤索体的 HDPE 层，又没有及时修复或修复工艺不符合要求，在张拉后修补处产生开裂，水进入索体导致钢丝锈蚀。

4．预防措施

（1）设计措施

设计文件明确索体耐久性技术要求，按《斜拉桥用热挤聚乙烯高强钢丝拉索》GB/T 18365—2018 的要求，采用热镀锌或锌铝合金高强钢丝，或其他效果更好的防腐措施。

（2）施工措施

在安装过程中，采取保护措施，避免损伤 PE 层。

5．治理措施

（1）如钢丝锈迹较轻微，需进行评估，采取防腐和保护措施后有条件让步使用。

（2）整体更换索吊杆。

2.7.3　通病名称：锚具锈蚀

1．通病现象

锚具安装后锚具在短时间内锈迹，或使用时间不长即产生锈蚀，影响索吊杆的安全性和耐久性（图 2.7-6 ~ 图 2.7-8）。

图 2.7-6　成品索的冷铸镦头锚锈蚀　　图 2.7-7　埋置混凝土内的现　图 2.7-8　锚具的螺母锈蚀
　　　　　　　　　　　　　　　　　　　　　场镦头锚锈蚀

2．规范标准相关规定

（1）《斜拉桥用热挤聚乙烯高强钢丝拉索》GB/T 18365—2018

5.3.2.2

d）锚杯及锚圈表面进行冷镀锌或热浸锌（或其他形式防腐）处理，防腐层厚度应符合设计要求；

（2）《城市桥梁工程施工与质量验收规范》CJJ 2—2008

17.3.1　拉索和锚具的制作和防护应符合下列规定：

4　施工中，必须对索管与锚端部位采取临时防水、防腐和防污染措施。

3．原因分析

（1）设计原因

拉索的预埋管防水设计考虑不周，锚具仅采用简易的防腐措施，雨水和冷凝水进入预埋管内，导致锚具锈蚀。

（2）施工原因

1）安装前在现场存放没有采取临时防水、防护措施，安装时损伤防腐层，在潮湿环境下快速产生锈蚀。

2）安装后未及时涂抹或灌注防腐油脂。

4．预防措施

（1）冷铸镦头锚设计采用热镀锌、粉末渗锌等效果较好的防腐措施；如系杆采用夹片锚，锚杯和延长筒等可采用热镀锌、粉末渗锌、镀铬等工艺进行防腐。

（2）加强完善预埋管段的防水设计；

（3）现场存放和安装过程注意采取保护措施，防止受潮和水浸泡；

（4）安装过程采取临时防水措施，安装完成后尽快涂抹防腐油脂，及时完成其他防水、防腐设施。

5．治理措施

（1）锚具表面有轻微锈蚀的可除锈后采用冷涂锌涂料进行防腐处理；

（2）锈蚀严重的应进行更换。

2.7.4　通病名称：吊索杆护套表面损伤

1．通病现象

吊索杆护套表面有深浅不一的擦痕、损伤，严重的甚至开裂，露出内层黑色 HDPE层（图 2.7-9）。

2．规范标准相关规定

《城市桥梁工程施工与质量验收规范》CJJ 2—2008

17.3.1　拉索和锚具的制作和防护应符合下列规定：

6　拉索成品和锚具出厂前，应采用柔性材料缠裹。拉索运输和堆放中应无破损、无变形、无腐蚀。

图 2.7-9　拉索护套表面伤痕

17.3.2　拉索的架设应符合下列规定：

1　拉索架设前应根据索塔高度、拉索类型、拉索长度、拉索自重、安装拉索时的牵引力以及施工现场状况等综合因素选择适宜的拉索安装方法和设备。

2　施工中不得损伤拉索保护层和锚头，不得对拉索施加集中力或过度弯曲。

3．原因分析

施工原因：

1）在吊索杆运输和安装过程没有采取保护措施或保护措施不当，受碰撞造成索体

护套表面损伤;

（2）吊装和安装过程中采用钢丝绳等硬性绳索捆绑、提吊斜拉索，损伤索体 PE 层。

4. 预防措施

（1）拉索成品出厂前应采用柔性材料缠裹，在运输和安装过程中采取保护措施。

（2）在索吊杆的起吊、挂设提升、牵引、压锚等所有施工过程中，索的吊点或拉伸受力点必须采用大直径柔性纤维绳或与索直径配套的专用夹具或夹索，索夹内应垫保护橡胶皮。索夹螺栓应按规定紧固力进行紧固。不得采用钢丝绳等硬性绳索捆绑、提吊斜拉索。

（3）在吊装和安装拉索时，应采用柔性吊带多吊点起吊，避免过度弯折（图 2.7-10、图 2.7-11）。

图 2.7-10　拉索安装过程的保护措施

图 2.7-11　斜拉索安装采用多点起吊

2.7.5　通病名称：吊索杆偏离预埋导管中心

1. 通病现象

斜拉索或吊杆在安装后，索中心与预埋管中心偏离较大，索体与锚垫板不垂直，影响索的耐久性，并影响减振块的安装，降低降振效果（图 2.7-12、图 2.7-13）。

图 2.7-12　拉索偏离预埋管中心

图 2.7-13　吊杆偏离预埋管中心

2. 规范标准相关规定

《城市桥梁工程施工与质量验收规范》CJJ 2—2008

16.7.3　锚垫板平面必须与孔道轴线垂直。

17.5.2　现浇混凝土索塔施工质量检验应符合本规范第 17.5.1 条规定，且应符合下列规定：

3　现浇混凝土索塔允许偏差应符合表 17.5.2 的规定。

现浇混凝土索塔允许偏差　　　　　　　　表17.5.2

项目	允许偏差（mm）	检验频率		检验方法
		范围	点数	
拉索锚固点高程	±10		1	用水准仪测量
索管轴线偏位	10，且两端同向	每索	1	用经纬仪测量
预埋件位置	5		2	用钢尺量

3. 原因分析

（1）施工原因

1）锚垫板和预埋导管的加工偏差较大。

2）导管测设方案不合理，导管和锚垫板的坐标定位不准确，固定支架在施工过程中变形。

（2）监测监控原因

检测监控计算未考虑主梁节段施工过程对索的影响，导致成桥后索管轴线偏位过大。

4. 预防措施

（1）锚垫板安装应仔细对中，垫板面与预应力束的力线垂直。锚垫板要可靠固定，确保在混凝土浇筑过程中不会移动。

（2）拱肋与钢梁或钢箱梁内导管在放样和加工时采取措施保证定位准确，索塔中的索道管采用劲性骨架固定（图 2.7-14）。

5. 治理措施

（1）锚垫板后加楔形钢垫板，使锚固端索体轴线与之垂直；

（2）导管设偏心调节装置，通过法兰盘连接，保证减振块安装符合要求（图 2.7-15、图 2.7-16）。

图 2.7-14　劲性骨架固定索道管

图 2.7-15　偏心调节装置

图 2.7-16　减震块安装

2.7.6　通病名称：索导管锈蚀

1. 通病现象

桥梁投入使用后，短时间索导管表面在使用短时间后出现锈蚀（图 2.7-17）。

2. 规范标准相关规定

《公路斜拉桥设计细则》JTG／T D65—01—2007

9.1.3　斜拉桥钢结构的内、外表面必须进行防腐涂装。涂装系统设计应综合考虑桥梁所处的腐蚀环境、期望涂层使用年限、涂层维修性能等。

图 2.7-17　索导管表面锈蚀

3. 原因分析

（1）设计原因

设计对索导管或预埋管的表面防腐未提出具体要求。

（2）施工原因

未按设计要求进行防腐处理或处理质量差。

4. 预防措施

完善设计文件，如设计无规定，可采用热镀锌等防腐措施。

5. 治理措施

清除导管外表面的锈迹和涂层，按重新设计的防腐体系进行处理（图 2.7-18）。

图 2.7-18　采用热镀锌的索导管

2.7.7　通病名称：环氧涂层钢绞线滑移

1．通病现象

采用环氧涂层钢绞线和夹片锚的斜拉索，在张拉过程或张拉完成后，钢绞线出现滑移，严重时出现钢绞线断丝（图 2.7-19）。

图 2.7-19　钢绞线滑移

2．规范标准相关规定

《斜拉桥钢绞线拉索技术条件》GB/T 30826—2014

6.2.1.2　锚具组件应满足安全实施钢绞线单根安装、单根张拉、整索张拉及拉索更换等作用要求。

6.2.2.1　锚具组件的静载锚固性能应符合 GB/T 14370 中相应条款要求：$h_a \geqslant 0.95$；$e_{apu} \geqslant 2.0\%$。

6.2.2.3　拉索在施工各阶段及正常使用状态下，夹片齿应咬入钢绞线母体，并且在使用应力低至钢绞线抗拉强度标准值（f_{ptk}）的 5% 时，不出现滑丝。

10.5　张拉与索力调整

10.5.2　单根安装、张拉和调索完毕，每束拉索内各根钢绞线的拉力偏差应控制在 2% 范围内。

10.5.2　拉索张拉及调索结束时，在拉索两锚固端夹片咬合点之间的钢绞线上应无夹片咬痕。

3．原因分析

（1）环氧涂层钢绞线由于涂层的影响，张拉施工设备和工艺与普通钢绞线张拉有所不同，施工时未针对其特点进行操作，如果工具夹片和工作夹片安装不正确，放张程序和速度控制不当，将导致钢绞线产生滑移。

（2）初张拉控制不当，致每根钢绞线的实际初张拉力不均匀。

4．预防措施

施工前应根据采用的环氧涂层钢绞线类型（填充型和单丝涂覆型）的特点，检查采用的锚具和张拉设备是否配套，避免与普通钢绞线夹片混用；在施工前制定严格的张拉施工方案，按规定的程序进行张拉，对于填充型环氧涂层钢绞线，在完成张拉后可对夹片进行顶压，保证夹片与钢绞线的咬合。

5．治理措施

环氧涂层钢绞线在张拉滑移后，一般都会破坏涂层，影响防腐效果，不能满足标准的要求，应进行更换索体。

2.7.8　通病名称：矮塔斜拉桥拉索抗滑装置表面锈蚀

1．通病现象

矮塔斜拉桥拉索的抗滑装置表面和固定螺栓锈蚀（图 2.7-20、图 2.7-21）。

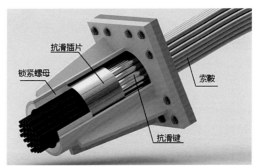

图 2.7-20　抗滑装置锈蚀　　　　　　图 2.7-21　抗滑装置结构示意图

2．规范标准相关规定

《斜拉桥钢绞线拉索技术条件》GB/T 30826—2014

9　拉索防腐与防护

9.1.2　拉索各主要部位的防腐保护应满足下列要求：

a）从锚固段到自由段再到转向段（如有），直到最后的另一个锚固段，所有部件都应达到同等安全和耐久性能（即整个拉索系统中不能存在薄弱环节）。

b）各构件应根据使用和环境要求拟定相应的养护方案，以达到设计使用年限的要求。

c）在可能的情况下，必须提出明晰的防腐要求，并进行相应试验。

3．原因分析

（1）设计原因

设计文件中拉索系统的防腐设计不完善，对抗滑移装置的表面防腐未提出具体要求；

（2）施工原因

未按设计要求进行防腐处理或处理质量差。

4. 预防措施

完善设计文件，如设计无规定，应采用热镀锌等防腐措施，固定螺栓、螺母可采用热镀锌、达克罗等防腐措施。

5. 治理措施

清除外表面的锈迹和涂层，重新进行涂层处理，更换螺栓，使用过程中加强养护。

2.7.9 通病名称：索吊杆防水罩失效

1. 通病现象

斜拉索或吊杆的防水罩（将军帽）破裂、密封性差，雨水进入预埋导管内，导管内的减振装置、锚具出现锈蚀（图 2.7-22、图 2.7-23）。

图 2.7-22　斜拉索防水罩开裂　　　　图 2.7-23　拱桥吊杆防护锈蚀

2. 规范标准相关规定

《钢管混凝土拱桥技术规范》GB 50923—2013

7.4.3 吊索的上下端锚具宜露出结构外。当锚具设置于结构内时，应满足锚具的安装空间和检查、养护要求。吊索和系杆应具有防水、排水措施，桥面处吊索预埋管上端应伸出桥面结构 100mm～150mm，伸出口应封闭。

7.4.4 吊索锚具应满足疲劳性能要求，吊索上下端的预留孔道宜填充防腐材料。外露的锚具应设防护罩，防护罩内宜注入油脂或其他防护材料进行封锚处理。

3. 原因分析

（1）设计原因：索吊杆的防腐体现设计不完善，无防水装置的详图，无防水、防腐的技术参数和技术指标。

（2）施工原因：由于设计、施工无技术指标和检验标准，防水罩的安装较随意，无法达到防水效果。

（3）索吊杆外不锈钢保护套管设计、安装不当，导致雨水通过不锈钢套进入防水罩内（图 2.7-24）。

图2.7-24 不锈钢保护套管设计施工不当

4. 预防措施

完善索吊杆防水系统设计，制定检查的检验标准，严格按设计施工。

5. 治理措施

更换防水罩、采取封闭等处理措施（图2.7-25）。

图2.7-25 设计和安装较好的防水罩

2.8 桥面系工程

2.8.1 通病名称：桥面积水、排水不畅

1. 通病现象

因进水口偏高、进水口堵塞等原因造成桥面积水、排水不通畅（图2.8-1～图2.8-3）。

图2.8-1 桥面进水口过高   图2.8-2 桥面进水口堵塞   图2.8-3 桥面积水

2. 规范规定

（1）《城市桥梁工程施工与质量验收规范》CJJ 2—2008

20.1.1　汇水槽、泄水口顶面高程应低于桥面铺装层 10mm ～ 15mm。

20.1.2　泄水管下端至少应伸出构筑物底面 100mm ～ 150mm。泄水管宜通过竖向管道直接引至地面或雨水管线，其竖向管道应采用抱箍、卡环、定位卡等预埋件固定在结构物上。

（2）《公路桥涵施工技术规范》JTG/T F50—2011

21.4.3　泄水管的施工应符合设计规定。泄水孔的顶面不应高于水泥混凝土铺装层的顶面。

3. 原因分析

（1）进水口未按设计标高施工。

（2）建筑垃圾堵塞入水口，未及时清理。

（3）桥面铺装横纵坡不满足设计要求。

4. 预防措施

（1）按设计标高施工，接顺桥面铺装与进水口相接的横坡和纵坡，使进水口低于流水混凝土面。

（2）不允许从落水管倾倒建筑垃圾及杂物。

（3）桥面铺装平整度及纵横坡必须合格。

5. 治理措施

（1）清理堵塞的落水管。

（2）桥面局部低洼应予调平接顺。

6. 工程实例图片（图 2.8-4）

图 2.8-4　桥面进水口

2.8.2　通病名称：水泥混凝土桥面铺装平整度差

1. 通病现象

水泥混凝土桥面铺装平整度差（图 2.8-5、图 2.8-6）。

图 2.8-5　水泥混凝土桥面铺装平整度差　　图 2.8-6　水泥混凝土桥面铺装平整度差

2．规范规定

（1）《城市桥梁工程施工与质量验收规范》CJJ 2—2008

20.8.3 桥面铺装层质量检验应符合下列规定：

5 外观检查应符合下列要求：

1）水泥混凝土桥面铺装面层表面应坚实、平整，无裂缝，并应有足够的粗糙度。

（2）《公路桥涵施工技术规范》JTG/T F50—2011

21.5.3 混凝土桥面铺装施工质量应符合表21.5.3的规定。

混凝土桥面铺装施工质量标准　　　　　　　　　　表21.5.3

项目			规定值或允许偏差	
强度或压实度			符合设计要求	
厚度（mm）			沥青混凝土	水泥混凝土
			+10，−5	+20，−5
平整度	高速公路、一级公路	IRI（m/km）	2.5	3
		σ（mm）	1.5	1.8
	其他公路	IRI（m/km）	4.2	
		σ（mm）	2.5	
		最大间隙 h	5	
横坡（%）	水泥混凝土面层		±0.15	
	沥青混凝土面层		±0.3	
抗滑构造深度			符合设计要求	

注：（1）桥长不足100m时，按100m处理；（2）高速公路、一级公路上的小桥可按路面的要求进行质量控制。

3．原因分析

（1）桥面铺装现浇层标高和摊铺设备的走轨采用钢筋制作，由于钢筋的刚度小，易变形，难以保证桥面铺装层的平整度。

（2）混凝土的拌合质量是影响铺装平整度的重要因素之一。混凝土的配合比计量不准确、拌合质量不满足要求及对骨料的含水量检测频率不够都会影响到现场混凝土的坍落度和和易性，造成密实度不均匀，致使桥面铺装平整度较差。

（3）混凝土没有振捣密实、压平或抹面不及时。

4．预防措施

（1）桥面铺装现浇层标高和摊铺设备的走轨采用型钢。

（2）严格控制混凝土质量，使得混凝土的坍落度和和易性满足要求。

（3）混凝土要振捣密实、压平，浇筑过程中要仔细找平，抹面要适时，要坚持收浆后两次抹面工艺。

（4）做好养生工作，做到适时、足时、定时养护，达不到设计强度要求不允许开放交通。

5. 治理措施

对坑洼严重部位进行规则切缝、凿除后用混凝土找平，加铺沥青混凝土。

6. 工程实例图片（图 2.8-7、图 2.8-8）

图 2.8-7　桥面铺装摊铺设备的走轨采用型钢

图 2.8-8　水泥混凝土桥面铺装层平整

2.8.3　通病名称：水泥混凝土铺装层开裂

1. 通病现象

桥面防水层上的水泥混凝土铺装层，在通车后一至数月后，首先在车轮经常经过的角板产生裂缝，并很快发展为纵横交错的裂缝，1～2 年发生严重碎裂，以至脱落形成坑洼（图 2.8-9）。

2. 规范规定

（1）《城市桥梁工程施工与质量验收规范》CJJ 2—2008

图 2.8-9　桥面横向裂缝

20.3.4　水泥混凝土桥面铺装层施工应符合下列规定：

1　铺装层的厚度、配筋、混凝土强度等应符合设计要求。结构厚度误差不得超过 −20mm。

2　铺装层的基面（裸梁或防水层保护层）应粗糙、干净，并于铺装前湿润。

3　桥面钢筋网应位置准确、连续。

（2）《城市桥梁养护技术标准》CJJ 99—2017

5.1.2　水泥混凝土桥面的病害处理和防护应符合下列规定：

2　对宽度大于 3mm 的桥面裂缝，应检查其发生原因，在确定无结构破坏和延续发展的条件下，可进行灌缝处理。

3. 原因分析

（1）桥面平整度不好或桥面伸缩缝附近不平整，使车辆行驶产生较大冲击。

（2）桥面防水层，由于与主梁顶面和桥面水泥混凝土铺装层间联结不好，将铺装层与主梁分为两个独立体系，在车辆荷载作用下变形不一致，形成桥面铺装层与主梁顶面间的空隙；铺装层 10cm 厚，强度低，板角及板缝处的应力集中形成板角裂缝。

（3）水泥性能不稳定、强度不足；混凝土坍落度太大，表面浮浆层较多，集料较少，干缩后发生龟裂；水泥用量太多，在施工时表面很光洁，时间久了混凝土表面出现龟裂。

（4）养护不及时、缺水或养护时洒水量过大。

（5）切缝不及时。

4. 预防措施

（1）及时、足时、定时养生，大风时遮盖。

（2）施工过程中注意各部分之间的联结，防止出现由于联结不足造成体系独立的情况，最终导致病害产生。

（3）设计时严格按照设计规范进行设计，防止出现由于设计问题导致材料刚度等属性不能满足工艺要求导致病害产生的情况。混凝土采用合适的配合比，防止过大水泥用量和水灰比；采用优质粗细集料。

（4）将桥面铺装水泥混凝土，按弹性地基上的水泥混凝土路面设计，双层配筋，并将铺装层由原 10cm 加厚至 18cm，如采用钢纤维混凝土，可减至 15cm 厚。加强桥面混凝土振捣，收浆后两次抹面；防止钢筋网上层混凝土过厚。

（5）将桥面铺装层改为沥青混凝土，可同时消除原水泥混凝土铺装的干缩及温度裂缝，弹药解决好防水层与沥青混凝土磨耗层的联结。

（6）及时切缝。

5. 治理措施

（1）凿除重做。

（2）采用专业补缝料及工艺进行缝补裂缝。

6. 工程实例图片（图 2.8-10）

图 2.8-10　桥面裂缝修补

2.8.4　通病名称：桥头跳车

1. 通病现象

桥头填土由于其沉降或固结量与桥台沉降存在差异，在桥台处形成一个台阶。这种台阶影响行车的舒适和安全，并对桥梁产生很大冲击力的现象称为桥头跳车；或者在桥头处形成斜坡，车辆在斜坡进入凹角处受到垂直振动，然后再斜坡顶端凸角处又受到垂直振动，而产生跳车（图 2.8-11）。

图 2.8-11　出现明显桥头跳车位置

2. 规范标准相关规定

《城市桥梁工程施工与质量验收规范》CJJ 2—2008

11.4　台背填土

11.4.1　台背填土不得使用含杂质、腐殖物或冻土块的土类。宜采用透水性土。

11.4.2　台背、锥坡应同时回填，并应按设计宽度一次填齐。

11.4.3　台背填土宜与路基填土同时进行，宜采用机械碾压，台背 0.8m ~ 1m 范围内宜回填砂石、半刚性材料，并采用小型压实设备或人工夯实。

11.4.4　轻型桥台台背填土应待盖板和支撑梁安装完成后，两台对称均匀进行。

11.4.5　刚构应两端对称均匀回填。

11.4.6　拱桥台背填土应在主拱施工前完成；拱桥台背填土长度应符合设计要求。

11.4.7　柱式桥台台背填土宜在柱侧对称均匀地进行。

11.4.8　回填土均应分层夯实，填土压实度应符合国家现行标准《城镇道路工程施工与质量验收规范》CJJ 1 的有关规定。

21.3　桥头搭板

21.3.1　现浇和预制桥头搭板，应保证桥梁伸缩缝贯通、不堵塞，且与地梁、桥台锚固牢固。

21.3.2　现浇桥头搭板基底应平整、密实，在砂土上浇筑应铺 3cm ~ 5cm 厚水泥砂浆垫层。

21.3.3　预制桥头搭板安装时应在与地梁、桥台接触面铺 2cm ~ 3cm 厚水泥砂浆，搭板应安装稳固不翘曲。预制板纵向留灌浆槽，灌浆应饱满，砂浆达到设计强度后方可铺筑路面。

3. 原因分析

（1）桥头处路基，由于路堤填土本身及路堤下地基两者的沉降，而产生大于桥台的沉降差，尤其当桥台基础是桩基时，这一沉降差会更大，国外试验资料表明，路堤填土密实度从最佳密度的 90% 增至 98% 时，其沉降量可减少 3/5 ~ 2/3，说明加强桥台后背填土密实度，可减少填土的沉降量，路堤下地基的沉降，取决于土质、气候、水文地质条件，而且路堤与路堤下地基的沉降稳定时间，随土质黏性的增加而加长。因此，桥头处台身与填土间的沉降值，只能减为最少，而不可能完全没有。

（2）桥面伸缩缝不平顺或者损坏，造成桥头跳车，埋式伸缩缝，钢板、型钢镶边伸缩缝，由于缝中的塑料胶泥在梁热胀时被挤出，高于桥面的填料造成跳车；橡胶条伸缩缝，由于橡胶性能所限，夏季梁热胀使橡胶高于桥面，冬季梁冷缩橡胶条与型钢拉开、跑出，都会发生跳车。

（3）桥面铺装碎裂脱落，出现坑洼也会产生跳车。

4. 防治措施

（1）桥台后一定范围内的填土，选用排水和压实性能好的回填材料，并达到最好的压实度，以减少路堤填土的沉降量，换土范围为路堤高度的 2 ~ 3 倍。

（2）在桥台等结构物与填土部分的连接处，设置钢筋混凝土桥头搭板，桥头搭板采用埋入或半埋入式，并做成一定斜度，使车辆在上桥过程中，路面刚度可逐渐增大至桥面刚度，提高行车的舒适度；为消除表面搭板的下沉，可向板下压入水泥砂浆。桥头搭板长度为 3 ~ 8m。

（3）对于桩柱式桥台，可以首先进行填方，待填方充分沉降稳定后，再修建桩柱式桥台，从而减少结构物与填方的沉降差。

（4）选择使用性能较好的伸缩缝，严把伸缩缝的检验和安装的施工质量，保证桥面伸缩缝处的平整性和完好。

（5）采用有效措施，尽量减少桥面铺装层的裂缝。

5. 治理措施

（1）对于出现的裂缝，要及时进行修理，防止产生碎裂或脱落。

（2）对于跳车较为严重桥头，应铣刨既有铺装层，按一定长度拉顺重新铺装。

6. 工程实例图片（图 2.8-12）

图 2.8-12　桥台与路基处衔接平顺

2.8.5 通病名称：沥青混凝土面层拥包

1. 通病现象

沥青混凝土面层局部隆起，出现拥包现象（图 2.8-13）。

2. 规范标准相关规定

《城市桥梁工程施工与质量验收规范》CJJ 2—2008

图 2.8-13 沥青混凝土面层拥包

20.3.3 沥青混合料桥面铺装层施工应符合下列规定：

1 在水泥混凝土桥面上铺筑沥青铺装层应符合下列要求：

1）铺筑前应在桥面防水层上撒布一层沥青石屑保护层，或在防水粘结层上撒布一层石屑保护层，并用轻碾慢压。

2）沥青铺装宜采用双层式，底层宜采用高温稳定性较好的中粒式密级配热拌沥青混合料，表层应采用防滑面层。

3）铺装宜采用轮胎或钢筒式压路机碾压。

2 在钢桥面上铺筑沥青铺装层应符合下列要求：

1）铺装材料应防水性能良好；具有高温抗流动变形和低温抗裂性能；具有较好的抗疲劳性能和表面抗滑性能；与钢板粘结良好，具有较好的抗水平剪切、重复荷载和蠕变变形能力。

2）桥面铺装宜采用改性沥青，其压实设备和工艺应通过试验确定。

3）桥面铺装宜在无雨、少雾季节、干燥状态下施工。施工气温不得低于15℃。

4）桥面铺筑沥青铺装层前应涂刷防水粘结层。涂防水粘结层前应磨平焊缝、除锈、除污，涂防锈层。

5）采用浇筑式沥青混凝土铺筑桥面时，可不设防水粘结层。

3. 原因分析

（1）沥青混凝土面层，由于局部与路面基层的粘结力削弱，造成结合不牢，或沥青混凝土的热稳定性差而形成的。

（2）板面铺筑沥青混凝土前潮湿或有水，桥面板（如钢梁时）变形大。

（3）沥青混合料摊铺不匀，局部细料集中。

（4）下面层未经压实，强度不足，发生变形位移；平整度较差路段，沥青面层混合料易在行车作用下向低处聚积形成拥包。

4. 预防措施

（1）严格控制沥青混合料的油石比和石料级配，确保其符合设计要求的马歇尔稳定度和流值。

（2）做好桥面柔性防水层的施工，提高贴铺质量，并在铺筑沥青混凝土前，浇好粘层油，使其与桥面防水层牢固粘贴。

5. 治理措施

（1）属于基层原因引起的拥包，可用挖补法先处理基层，然后再做面层。

（2）由于面层沥青混凝土热稳定性不好，或油石比不适，或摊铺不均，造成的拥包，可用挖补法修补，也可在高温季节，将拥包铲平。

6. 工程实例图片（图2.8-14）

图2.8-14　沥青混凝土面层拥包处治

2.8.6　通病名称：沥青混凝土面层开裂

1. 通病现象

沥青混凝土面层出现开裂，按裂缝形状又可以分为横向裂缝、纵向裂缝和反射裂缝（图2.8-15）。

图2.8-15　沥青混凝土面层横向裂缝

2. 规范标准相关规定

《城市桥梁工程施工与质量验收规范》CJJ 2—2008

20.3.3　沥青混合料桥面铺装层施工应符合下列规定：

1　在水泥混凝土桥面上铺筑沥青铺装层应符合下列要求：

1）铺筑前应在桥面防水层上撒布一层沥青石屑保护层，或在防水粘结层上撒布一层石屑保护层，并用轻碾慢压。

2）沥青铺装宜采用双层式，底层宜采用高温稳定性较好的中粒式密级配热拌沥青混合料，表层应采用防滑面层。

3）铺装宜采用轮胎或钢筒式压路机碾压。

2 在钢桥面上铺筑沥青铺装层应符合下列要求：

1）铺装材料应防水性能良好；具有高温抗流动变形和低温抗裂性能；具有较好的抗疲劳性能和表面抗滑性能；与钢板粘结良好，具有较好的抗水平剪切、重复荷载和蠕变变形能力。

2）桥面铺装宜采用改性沥青，其压实设备和工艺应通过试验确定。

3）桥面铺装宜在无雨、少雾季节、干燥状态下施工。施工气温不得低于15℃。

4）桥面铺筑沥青铺装层前应涂刷防水粘结层。涂防水粘结层前应磨平焊缝、除锈、除污，涂防锈层。

5）采用浇筑式沥青混凝土铺筑桥面时，可不设防水粘结层。

3. 原因分析

（1）横向裂缝往往由于温度应力的作用，路面发生疲劳裂缝。这种温度裂缝往往起始于温度变化率最大的表面并很快向下延伸，并随着时间增长造成沥青老化，沥青面层的抗裂缝能力逐年降低，温度裂缝也随之增加。

（2）纵向裂缝主要由于水泥混凝土桥面铺装层及下面层的不均匀性，特别是在空心板铰缝处，由于铰缝混凝土浇筑不够密实、混凝土强度偏低、铰缝部位连接钢筋及混凝土铺装层钢筋设置不足、整体刚度偏小，导致铰缝位置相对比较薄弱，从而出现沿空心板铰缝处纵向发展的裂缝。

（3）反射裂缝主要是由于在旧桥面加罩沥青面层后，原桥面已有裂缝包括水泥混凝土桥面的裂缝反射。

（4）横向裂缝也多出现于墩顶附近，主要原因在于支点附近的桥面铺装层承担因活载引起的部分负弯矩，钢筋混凝土调平层中的钢筋设置不足或割缝位置不合理，导致墩顶钢筋混凝土调平层横向开裂，从而裂缝反射到桥面的沥青铺装层中。

（5）桥梁拓宽改建时，由于新旧桥的不均匀沉降过大，将导致面层纵向开裂。

（6）施工缝未处理好，接缝不紧密，结合不良；冷接缝未按照有关规范要求认真处理，结合不紧密而脱开。

（7）沥青与沥青混合料质量差，延度低，抗裂性差。

4. 预防措施

（1）原材料质量和混合料质量严格按照规范要求进行选定、拌制和施工。

（2）合理组织施工，摊铺作业连续进行，尽量减少冷接缝。

（3）采用全路幅一次摊铺；无条件全幅摊铺时，上下层施工缝应错开15cm以上。

（4）沥青面层各层应满足最小施工厚度的要求，保证上下层的良好粘结；路面结构设计应做好交通量调查和预测。

（5）在旧桥面加罩沥青面层结构前，可先铣刨原桥面后再加罩，或采用铺设土工织物、玻纤网后再加罩，以延缓反射裂缝的形成。

（6）在墩顶附近钢筋混凝土调平层中适当增加构造钢筋，并在浇筑混凝土时振捣密实，避免墩顶调平层因受负弯矩而开裂。

（7）提高空心板铰缝处的施工质量。

（8）桥梁拓宽改建时，新桥墩台基础须加强，桩数量和长度要足够，避免新旧桥有较大差异沉降量，上部构造的刚度需与旧桥接近。

5. 治理措施

（1）细裂缝（2～5mm）用乳化沥青灌缝。

（2）大于5mm的裂缝，可采用改性沥青灌缝，灌缝前，清缝；灌缝后，表面撒粗砂或3～5mm石屑。

（3）如夹有软弱层或不稳定结构层，应将其铲除；结构层积水引起网裂，铲除面层后，加设排水设施，再铺筑新的沥青混合料。

（4）若因沥青层厚度不足引起网裂，则铣刨网裂的面层后加铺新料来处理。

（5）发现裂缝后应及时进行处理，防止病害扩大。

6. 工程实例图片（图2.8-16、图2.8-17）

图2.8-16　沥青混凝土面层裂缝处治　　　图2.8-17　沥青混凝土面层裂缝处治

2.8.7　通病名称：沥青混凝土面层松散、出现坑槽

1. 通病现象

沥青混凝土面层中的集料颗粒脱落，粗细集料散失起砂，路面磨损，路表粗麻，表层剥落，甚至从路表面向下形成坑槽（图2.8-18）。

2. 规范标准相关规定

《城市桥梁工程施工与质量验收规范》CJJ 2—2008

20.3.3　沥青混合料桥面铺装层施工应符合下列规定：

图2.8-18　沥青混凝土面层出现坑槽

1　在水泥混凝土桥面上铺筑沥青铺装层应符合下列要求：

1）铺筑前应在桥面防水层上撒布一层沥青石屑保护层，或在防水粘结层上撒布一层石屑保护层，并用轻碾慢压。

2）沥青铺装宜采用双层式，底层宜采用高温稳定性较好的中粒式密级配热拌沥青混合料，表层应采用防滑面层。

3）铺装宜采用轮胎或钢筒式压路机碾压。

2 在钢桥面上铺筑沥青铺装层应符合下列要求：

1）铺装材料应防水性能良好；具有高温抗流动变形和低温抗裂性能；具有较好的抗疲劳性能和表面抗滑性能；与钢板粘结良好，具有较好的抗水平剪切、重复荷载和蠕变变形能力。

2）桥面铺装宜采用改性沥青，其压实设备和工艺应通过试验确定。

3）桥面铺装宜在无雨、少雾季节、干燥状态下施工。施工气温不得低于15℃。

4）桥面铺筑沥青铺装层前应涂刷防水粘结层。涂防水粘结层前应磨平焊缝、除锈、除污，涂防锈层。

5）采用浇筑式沥青混凝土铺筑桥面时，可不设防水粘结层。

3．原因分析

（1）面层厚度不足，沥青混合料粘结力不佳，沥青加热温度过高，碾压不密实，在雨水和行车等作用下，面层材料性能日益恶化松散、开裂，逐步形成坑槽。

（2）沥青混合料中沥青偏少，油石比偏低，沥青与集料间粘结性差；集料含泥量超标，集料颗粒被粉尘包裹，使沥青膜不能粘结在集料颗粒上；拌合时温度过高，导致沥青老化。

（3）摊铺时，下层表面泥灰、垃圾未彻底清除，使上下层不能有效粘结。

（4）桥面罩面前，原有的坑槽、松散等病害未完全修复。

（5）溶解性油类泄漏、水分逐渐渗入沥青与集料的界面，降低了沥青黏附性和粘结力。

（6）养护不及时，当桥面出现松散、脱皮、网裂等病害时，或被机械行使刮铲损坏后，未及时养护修复。

4．预防措施

（1）沥青面层应具有足够的设计厚度。

（2）原材料质量和混合料质量严格按照规范要求进行选定、拌制和施工。沥青混合料配合比设计宜选用具有较高粘结力的较密实的级配；混合料拌制过程中，严格掌握拌制时间、沥青用量及拌合温度，保证混合料的均匀性。

（3）摊铺面层前，下层应清扫干净，并均匀喷洒粘层沥青。

（4）当桥面出现松散、脱皮、轻微网裂等可能使雨水下渗的病害，或路面被机械刮铲受损，应及时修补以免病害扩展。

（5）沥青混合料到工地后应及时摊铺、及时碾压，达到规定的压实度。

5. 治理措施

将松散的面层清除，重铺沥青混凝土面层。如涉及下层结构，则应先对下层结构进行处理。

6. 工程实例图片（图2.8-19）

图2.8-19　沥青混凝土面层坑槽修补

2.8.8　通病名称：沥青混凝土面层出现车辙

1. 通病现象

沥青混凝土面层在车辆的反复碾压下产生永久变形和塑性流动而逐渐形成车辙（图2.8-20、图2.8-21）。

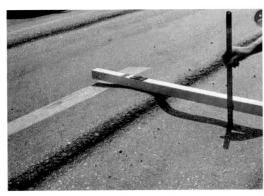

图2.8-20　沥青混凝土面层出现车辙

图2.8-21　沥青混凝土面层车辙槽积水

2. 规范标准相关规定

《城市桥梁工程施工与质量验收规范》CJJ 2—2008

20.3.3　沥青混合料桥面铺装层施工应符合下列规定：

1　在水泥混凝土桥面上铺筑沥青铺装层应符合下列要求：

1）铺筑前应在桥面防水层上撒布一层沥青石屑保护层，或在防水粘结层上撒布一层石屑保护层，并用轻碾慢压。

2）沥青铺装宜采用双层式，底层宜采用高温稳定性较好的中粒式密级配热拌沥青混合料，表层应采用防滑面层。

3）铺装宜采用轮胎或钢筒式压路机碾压。

2　在钢桥面上铺筑沥青铺装层应符合下列要求：

1）铺装材料应防水性能良好；具有高温抗流动变形和低温抗裂性能；具有较好的抗疲劳性能和表面抗滑性能；与钢板粘结良好，具有较好的抗水平剪切、重复荷载和蠕变变形能力。

2）桥面铺装宜采用改性沥青，其压实设备和工艺应通过试验确定。

3）桥面铺装宜在无雨、少雾季节、干燥状态下施工。施工气温不得低于 15℃。

4）桥面铺筑沥青铺装层前应涂刷防水粘结层。涂防水粘结层前应磨平焊缝、除锈、除污，涂防锈层。

5）采用浇筑式沥青混凝土铺筑桥面时，可不设防水粘结层。

3. 原因分析

（1）沥青混合料是一种典型的流变性材料，它的强度和劲度模量随着温度的升高而降低。所以沥青混凝土路面夏季高温时，在交通的作用下，由于交通的渠化，在轮迹带逐渐形成变形下凹，两侧鼓起的所谓"车辙"。

（2）结构性车辙：这种车辙是由于下面层结构的强度不足引起的永久变形，它的特点是宽度比较大，两侧没有隆起，横断面呈凹陷。

（3）失稳性车辙：这种车辙是指沥青面层进一步被压实及侧向流动的变形，这种变形主要发生在重载车辆车轮经常作用的部位，其特点是车轮作用的部位下陷，两侧向上隆起。

（4）磨损性车辙：这种车辙是人为性因素造成的。比如：有些车辆在雨雪天气里，为防止轮胎打滑，在车轮上加防滑链或实用镀钉轮胎，多发生在我国北方寒冷地区。

（5）采用的沥青结合料含蜡量高，沥青用量过多，在高温时会使沥青路面容易发软，导致沥青路面高温稳定性降低，出现车辙。

（6）粗集料用量少，沥青混合料形不成一定骨架，集料实际上是悬浮在沥青砂浆中，交通荷载主要由沥青砂浆承受着，在高温时浆黏度变小，承受变形的能力急剧降低，容易产生永久变形，形成车辙。再者粗集料表面光滑、棱角性太差，集料与集料之间不能相互嵌挤密实极易滑动，集料与沥青的粘结性也不足，集料表面不易形成沥青薄膜，造成混合料粘结不好，在车辆外力作用下，容易发生流动变形，造成车辙。

（7）车辆减速、急刹车、车轮作用次数过多、重载、超载、高温天气、湿度过大等外部环境因素，也是产生车辙的原因。

4. 预防措施

提高沥青混合料的高温稳定性是防止沥青路面产生车辙最有效的途径，具体措施如下：

（1）选用高黏度沥青，使用添加改性剂的改性沥青，确保与集料具有良好的黏附性，以保证沥青混合料有足够的高温稳定性和低温抗裂性。

（2）使用具有棱角性的集料，合理调整级配，增加粗集料用量，保证粗集料与粗集料颗粒之间有良好的嵌挤作用，使沥青混合料产生非常好的抵抗荷载变形的能力，即使在高温条件下，沥青黏度有所下降，对这种抵抗能力的影响也不会减小，因而具有较强的高温抗车辙能力。

（3）适当增加粉胶比，随着矿粉用量的增加，混合料的空隙率减小，马歇尔稳定度稍有增加，而动稳定度则明显提高。

（4）增强层间结合，加强路面压实，提高路面整体强度。

5. 治理措施

（1）对于压密型、磨耗型等比较稳定的车辙，采用微表处填补。

（2）针对车辙深度在 2cm 以上的严重失稳型车辙，采用铣刨加铺法。处治时先铣刨掉其产生车辙的各面层，铣刨宽度视车辙范围而定，一般单车道 4m，双车道 8m，铣刨后认真检查下卧层状况，并对局部破坏进行修复。

（3）对于失稳型车辙，在下卧层稳定的前提下，可以采用路面再生技术，可以明显改善上面层的抗车辙能力。

（4）对于结构性车辙、下卧层有不稳定夹层形成的车辙，宜进行重建、大修。

2.9　桥梁附属工程

2.9.1　通病名称：支座垫石开裂

1. 通病现象：支座垫石配筋或混凝土强度达不到设计要求，垫石开裂（图 2.9-1）。

2. 规范标准相关规定

（1）《城市桥梁工程施工与质量验收规范》CJJ 2—2008

12.1.4　墩台帽、盖梁上的支座垫石和挡块宜二次浇筑，确保其高程和位置的准确。垫石混凝土的强度必须符合设计要求。

图 2.9-1　支座垫石开裂

（2）《公路桥梁板式橡胶支座》JT/T 4—2004

8.2.1　板式橡胶支座安装处宜设置支承垫石，支承垫石平面尺寸大小应按局部承压计算确定，垫石长度、宽度应比支座相应的尺寸增加 50mm 左右，其高度应为 100mm 以上，且应考虑便于支座的更换。

8.2.2　支座垫石内应布置钢筋网，钢筋直径为 8mm 时，间距宜为 50mm×50mm，桥梁墩、台内应有竖向钢筋延伸至支座垫石内，支座垫石的混凝土强度等级不应低于 C30。

8.2.3　支座垫石表面应平整、清洁、干爽、无浮沙。支座垫石顶面标高要求准确无误。在平坡情况下，同一片梁两端支承垫石及同一桥墩、台上支承垫石应处于同一设计标高平面内，其相对高差不应超过 ±1.5mm，同一支承垫石高差应小于 0.5mm。

3. 原因分析

（1）设计原因

支座垫石平面尺寸大小和配筋数量未按局部承压计算确定。

（2）施工原因

1）垫石施工时未按设计图纸要求安装钢筋。

2）垫石混凝土强度达不到设计要求。

3）垫石混凝土浇筑前，盖梁表面未清理干净。

4）垫石混凝土养生达不到设计要求，混凝土浇筑后开裂形成微裂缝，通车加载后裂缝发展。

4．预防措施

（1）设计措施

支座垫石的配筋设计应按局部承压计算确定，并满足相关规范标准要求。

（2）施工措施

1）严格按照设计图纸施工，盖梁施工时按图纸预埋垫石钢筋。

2）按施工配合比调配混凝土，保证垫石混凝土强度达到设计要求。

3）垫石混凝土浇筑前，盖梁表面应平整、清洁、干爽、无浮浆。

4）垫石混凝土养生应达到设计要求。

5．治理措施

顶升梁体，凿除支座垫石重新施工，并按设计要求安装垫石钢筋。

2.9.2　通病名称：橡胶支座与梁脱空

1．通病现象：单片梁由四个支座支承时，其中一个支座与梁脱空（图 2.9-2）。

2．规范标准相关规定

施工规范标准相关规定

（1）《城市桥梁工程施工与质量验收规范》CJJ 2—2008

12.1.2　支座安装平面位置和顶面高程必须正确，不得偏斜、脱空、不均匀受力。

（2）《公路桥梁板式橡胶支座》JT/T 4—2004

图 2.9-2　支座与梁脱空

8.2.3　支座垫石表面应平整、清洁、干爽、无浮沙。支座垫石顶面标高要求准确无误。在平坡情况下，同一片梁两端支承垫石及同一桥墩、台上支承垫石应处于同一设计标高平面内，其相对高差不应超过 ±1.5mm，同一支承垫石高差应小于 0.5mm。

3．原因分析

（1）设计原因

设计图纸缺少每一块支座垫石的标高。

（2）施工原因

1）施工时，垫石顶面高差较大，超过规范要求。

2）预制梁梁底不平整。

4. 预防措施

（1）设计措施

设计图纸应明确每一块支座垫石的标高。

（2）施工措施

1）严格按照设计图纸要求测量放样，确保每个支座垫石顶面高程正确。

2）预制梁台座平整度应符合规范要求。

5. 治理措施

顶升梁体，更换合适支座。

2.9.3 通病名称：橡胶支座与垫板不密贴

1. 通病现象：橡胶支座安装后与垫板不密贴（图2.9-3）。

2. 规范标准相关规定

（1）设计规范标准相关规定

1）《城市桥梁设计规范》CJJ 11—2011

9.4.2 支座的设计、安装要求应符合有关标准的规定，且应易于检查、养护、更换，并应有防尘、清洁、防止积水等构造措施。

2）《公路桥梁板式橡胶支座》JT/T 4—2004

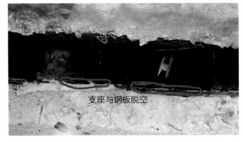

图2.9-3 支座底部脱空

8.2.3 支座垫石表面应平整、清洁、干爽、无浮沙。支座垫石顶面标高要求准确无误。在平坡情况下，同一片梁两端支承垫石及同一桥墩、台上支承垫石应处于同一设计标高平面内，其相对高差不应超过 ±1.5mm，同一支承垫石高差应小于0.5mm。

8.3.2 支座安装时，应防止支座出现偏压或产生过大的初始剪切变形。安装完成后，必须保证支座与上、下部结构紧密接触，不得出现脱空现象。对未形成整体的梁板结构，应避免重型车辆通过。

（2）施工规范标准相关规定

《城市桥梁工程施工与质量验收规范》CJJ 2—2008

12.2.1 支座安装前应将垫石顶面清理干净，采用干硬性水泥砂浆抹平，顶面标高应符合设计要求。

3. 原因分析

（1）设计原因

设计图纸缺少每一个支座垫石的标高。

（2）施工原因

1）支座安装时，垫石顶面不平整。

2）当纵坡坡度大于 1% 时，未按设计图纸要求将梁底调平。

4．预防措施

（1）设计措施

1）设计图纸应明确每一个支座垫石的标高。

2）当纵坡坡度大于 1% 时，应采用预埋钢板、混凝土垫块或其他措施将梁底调平。

（2）施工措施

1）支座安装前，垫石表面应平整、清洁、干爽、无浮沙。

2）允许加垫涂漆防锈钢板垫平，但钢板不应小于支座面积的 1/3，且不允许多层重叠塞垫。

5．治理措施

顶升梁体，按设计要求垫入不锈钢板或调整支座型号。

2.9.4　通病名称：橡胶支座剪切变形过大

1．通病现象：橡胶支座正常使用时产生剪切变形过大，甚至超过允许剪切变形（图 2.9-4）。

2．规范标准相关规定

（1）《城市桥梁设计规范》CJJ 11—2011

图 2.9-4　橡胶支座剪切变形过大

9.4.1　桥梁支座可按其跨径、结构形式、反力力值、支承处的位移及转角变形值选取不同的支座。

支座的材料、成品等技术要求应符合国家现行相关标准的规定。

9.4.2　支座安装时应预留由于施工期间温度变化、预应力张拉以及混凝土收缩、徐变等因素产生的变形和位移，成桥后的支座状态应符合设计要求。

（2）《公路桥梁板式橡胶支座》JT/T 4—2004

8.1.3　当桥梁纵坡坡度不大于 1% 时，板式橡胶支座可直接设置于墩台上，但应考虑纵坡影响所需要的厚度。当纵坡坡度大于 1% 时，应采用预埋钢板、混凝土垫块或其他措施将梁底调平，保证支座平置。板式橡胶支座应按 JTG D62 的有关规定验算并在验算满足规定要求后方可使用。

3．原因分析

（1）设计原因

1）橡胶支座的剪切变形未通过计算确定，支座的允许剪切变形接近或小于支座正常使用时的剪切变形。

2）桥梁纵坡坡度大于 1% 时，设计未采取措施将梁底调平。

（2）施工原因

1）支座安装时未考虑温度的影响。

2）桥梁纵坡坡度大于 1% 时，未按设计要求安装调平钢板。

4．预防措施

（1）设计措施

1）橡胶支座的剪切变形量应通过计算确定，设计选用支座的允许剪切变形应符合规范标准要求。

2）纵坡坡度大于 1% 时，应采用预埋钢板、混凝土垫块或其他措施将梁底调平，保证支座平置。

（2）施工措施

1）选择合适的温度安装支座。

2）纵坡坡度大于 1% 时，应按照设计要求将梁底调平，保证支座平置。

5．治理措施

经设计验算后，若橡胶支座的剪切变形小于允许剪切变形，则无须处理，否则需顶升梁体更换橡胶支座。

2.9.5　通病名称：橡胶支座规格选用错误

1．通病现象：矩形板式橡胶支座安装后，横向尺寸超出梁底范围（图 2.9-5）。

2．规范标准相关规定

（1）《城市桥梁设计规范》CJJ 11—2011

9.4.2　支座的设计、安装要求应符合有关标准的规定。

（2）《公路桥梁板式橡胶支座》JT/T 4—2004

图 2.9-5　矩形板式橡胶支座纵横向位置放反

8.2.1　板式橡胶支座安装处宜设置支承垫石，支承垫石平面尺寸大小应按局部承压计算确定，垫石长度、宽度应比支座相应的尺寸增加 50mm 左右，其高度应为 100mm 以上，且应考虑便于支座的更换。

8.3.1　支座进场后，应检查支座上是否有制造商的商标或永久性标记。安装时，应按照设计图纸要求，在支承垫石和支座上均标出支座位置中心线，以保证支座准确就位。

8.3.4　支座安装后，应全面检查是否有支座漏放，支座安装方向、支座型式是否有错，临时固定设施是否拆除，四氟滑板支座是否注入硅脂油（严禁使用润滑油代替硅脂油）等现象，一经发现，应及时调整和处理，确保支座安装后的正常工作，并记录支座安装后出现的各项偏差及异常情况。

3．原因分析

（1）设计原因

矩形板式橡胶支座设计中，未根据支座计算情况结合规范标准的要求选择支座型号，以致支座横向尺寸超出梁底宽度。

（2）施工原因

安装的支座型号与设计图纸不符。

4．预防措施

（1）设计措施

支座设计应根据支座的计算结果，按照规范标准选择相应支座型号。

（2）施工措施

支座订购前应与设计图纸核对，支座安装前应复核支座型号。

5．治理措施

顶升梁体，更换符合设计要求的支座。

2.9.6　通病名称：橡胶支座垫板锈蚀

1．通病现象：橡胶支座垫板无防腐措施，支座安装时钢板已锈蚀（图2.9-6）。

2．规范标准相关规定

《城市桥梁设计规范》CJJ 11—2011

3.0.16　桥梁结构应符合下列规定：

3　结构或构件应根据其所处的环境条件进行耐久性设计。采用的材料及其技术性能应符合相关标准的规定。

图 2.9-6　橡胶支座垫板锈蚀

3．原因分析

（1）设计原因

设计图纸中橡胶支座垫板缺少防腐设计措施。

（2）施工原因

橡胶支座垫板未按设计图纸要求做防腐处理。

4．预防措施

（1）设计措施

设计应根据工程所处的腐蚀环境，对橡胶支座垫板选择合适的防腐措施。

（2）施工措施

施工时垫板应按设计图纸要求做防腐处理。

5．治理措施

对表面锈蚀的钢板进行除锈，并按设计要求进行防腐处理。

2.9.7　通病名称：四氟板式橡胶支座不锈钢板安装错误

1. 通病现象：四氟板式橡胶支座不锈钢板安装在垫石上，支座安装时四氟板方向朝下，四氟板表面储油槽内的硅脂油流失（图2.9-7）。

2. 规范标准相关规定

（1）设计规范标准相关规定

1)《城市桥梁设计规范》CJJ 11—2011

9.4.2　支座的设计、安装要求应符合有关标准的规定。

图2.9-7　不锈钢板安装在垫石上方

2)《公路桥梁板式橡胶支座》JT/T 4—2004

8.1.4　四氟滑板橡胶支座应水平安装。支座的四氟滑板不得设置在支座底面，与四氟滑板接触的不锈钢板也不能设置在桥梁墩、台垫石上。

（2）施工规范标准相关规定

《城市桥梁工程施工与质量验收规范》CJJ 2—2008

12.1.3　支座滑动面上的聚四氟乙烯滑板和不锈钢板位置应正确，不得有划痕，碰伤。

3. 原因分析

（1）设计原因

设计图纸中不锈钢板设置在桥梁墩、台垫石上。

（2）施工原因

施工时将不锈钢板安装在垫石上。

4. 预防措施

（1）设计措施

设计图纸中与四氟滑板接触的不锈钢板不能设置在桥梁墩、台垫石上。

（2）施工措施

不锈钢板安装施工时应按设计图纸施工。

5. 治理措施

顶升梁体，按设计要求重新安装不锈钢板。

2.9.8　通病名称：四氟板式橡胶支座四氟板顶面未注满硅脂

1. 通病现象：四氟板式橡胶支座安装时四氟板储油槽上未注满硅脂油（图2.9-8）。

2. 规范标准相关规定

（1）设计规范标准相关规定

1)《城市桥梁设计规范》CJJ 11—2011

图2.9-8　四氟板式橡胶支座四氟板顶面未注满硅脂油

9.4.1　支座的材料、成品等技术要求应符合国家现行相关标准的规定。

2)《公路桥梁板式橡胶支座》JT/T 4—2004

8.3.4　支座安装后，应全面检查是否有支座漏放，支座安装方向、支座型式是否有错，临时固定设施是否拆除，四氟滑板支座是否注入硅脂油（严禁使用润滑油代替硅脂油）等现象，一经发现，应及时调整和处理，确保支座安装后的正常工作，并记录支座安装后出现的各项偏差及异常情况。

（2）施工规范标准相关规定

《城市桥梁工程施工与质量验收规范》CJJ 2—2008

12.3.3　活动支座安装前应采用丙酮或酒精解体清洗其各相对滑移面，擦净后在聚四氟乙烯板顶面满注硅脂。重新组装时应保持精度。

3. 原因分析

四氟滑板橡胶支座安装前，未在聚四氟乙烯板顶面注满硅脂油。

4. 预防措施

支座安装前应严格按规范要求在聚四氟乙烯板上注满硅脂油。

5. 治理措施

顶升梁体，采用丙酮或酒精解体清洗聚四氟乙烯板，擦净后在聚四氟乙烯板储油槽满注硅脂油。

2.9.9　通病名称：橡胶支座开裂

1. 通病现象：橡胶支座安装后不久，橡胶鼓胀开裂（图2.9-9、图2.9-10）。

图2.9-9　橡胶支座橡胶开裂　　　　　　　图2.9-10　橡胶支座钢板外露

2. 规范标准相关规定

（1）《城市桥梁设计规范》CJJ 11—2011

9.4.2　支座的设计、安装要求应符合有关标准的规定。

（2）《公路桥梁板式橡胶支座》JT/T 4—2004

4.3.1　橡胶的物理机械性能应满足表 2 的要求。

橡胶的物理机械性能　　　　　　　　　　　　　　表2

技术指标		氯丁橡胶	天然橡胶
硬度（IRHD）		60±5	60±5
拉伸强度（MPa）		≥17	≥18
拉断伸长率（%）		≥400	≥450
脆性温度（℃）		≤ -40	≤ -50
恒定压缩永久变形（70℃×24h）（h）		≤15	≤30
耐臭氧老化（试验条件，20%伸长，40℃×96h）		100pphm	25pphm
		无龟裂	无龟裂
热空气老化试验（与未老化前数值相比发生的最大变化）	试验条件（℃×h）	100×70	70×168
	拉伸强度（%）	-15	-15
	扯断伸长（%）	-40	-20
	硬度变化（IRHD）	0，+10	-5，+10
橡胶与钢板粘结剥离强度（kN/m）		＞10	＞10
四氟板与橡胶剥离强度（kN/m）		＞7	＞7

注：不得使用任何再生胶或粉碎的硫化橡胶，其最小含胶量不得低于重量的55%。

3. 原因分析

支座的橡胶中掺入了再生胶或粉碎的硫化橡胶，橡胶支座的结构不符合规范标准要求，支座的硬度、弹性模量大幅增加，橡胶开裂。

4. 预防措施

支座应按规范标准要求进行实验，必要时可剖开支座，核查加劲钢板、橡胶的厚度和层数。

5. 治理措施

更换符合规范标准要求的橡胶支座。

2.9.10　通病名称：盆式支座钢结构锈蚀

1. 通病现象： 盆式支座钢结构防腐措施不符合设计或规范标准要求，支座安装完一段时间后锈蚀（图 2.9-11）。

图 2.9-11　盆式支座钢结构锈蚀

2. 规范标准相关规定

（1）《城市桥梁设计规范》CJJ 11—2011

9.4.2　支座的设计、安装要求应符合有关标准的规定。

（2）《公路桥梁盆式支座》JT/T 391—2009

4.8.1　盆式支座使用在《公路桥梁钢结构防腐涂装技术条件》JT/T 722 中 C1 ~ C3 腐蚀环境，支座外漏钢件表面采用《公路桥梁钢结构防腐涂装技术条件》JT/T 722 中配套编号为 S04 的涂装配套体系；若使用在 C4 ~ C5-M 的腐蚀环境，则采用配套编号为 S07、S09 或 S11 的涂装配套体系。所用涂装配套体系的面漆均采用橘黄色。

4.8.2　涂装的表面处理、涂装要求及涂层质量均应符合《公路桥梁钢结构防腐涂装技术条件》JT/T 722 的有关要求。

4.8.3　按图样要求采用热浸锌处理时，锌膜最小厚度为 $50\mu m$。

3. 原因分析

（1）设计原因

设计图纸中未根据工程所处的腐蚀环境，对盆式支座钢结构选用合适的涂装配套体系。

（2）施工原因

订购的盆式支座钢结构的涂装配套体系与设计图纸不符。

4. 预防措施

（1）设计措施

设计时应根据工程所处的腐蚀环境，对橡胶支座钢结构选择合适的防腐措施，比如热喷锌，或者选用耐候钢等。

（2）施工措施

订购盆式支座时，应按设计图纸提出钢结构防腐要求，支座进场后应按规范标准要求检查涂层厚度等关键技术指标。

5. 治理措施

经设计、监理、业主等各方同意后，可按设计要求处理，必要时更换盆式支座。

2.9.11　通病名称：盆式支座顶、底板连接构件未拆除

1. 通病现象：盆式橡胶支座安装后顶、底板连接构件未拆除，活动支座不能自由滑动，影响盆式支座正常使用（图 2.9-12）。

2. 规范标准相关规定

（1）《城市桥梁设计规范》CJJ 11—2011

9.3.1　支座的材料、成品等技术要求应符

图 2.9-12　盆式支座顶、底板连接构件未拆除

合国家现行相关标准的规定。

2)《公路桥梁盆式橡胶支座》JT／T 391—2009

9.9　支座安装完毕检查合格后，要拆除支座出厂时顶、底板间的连接构件，并安装支座防尘围板。

3. 原因分析

盆式支座安装完毕后未拆除顶、底板间的连接构件。

4. 预防措施

盆式支座安装完毕后，应及时拆顶、底板间的连接构件。

5. 治理措施

尽快拆除盆式支座顶、底板间的连接构件，同时检查盆式支座技术状况，如果支座有损伤及时修复。

2.9.12　通病名称：伸缩缝锚固区混凝土破损

1. 通病现象：伸缩缝锚固钢筋未与预埋钢筋可靠连接，锚固混凝土破损（图2.9-13）。

2. 规范标准相关规定

（1）《城市桥梁设计规范》CJJ 11—2011

图 2.9-13　伸缩缝锚固区混凝土破损、凿除

9.3.1　桥面伸缩装置，应满足梁端自由伸缩、转角变形及使车辆平稳通过的要求，伸缩装置应根据桥梁长度、结构形式采用经久耐用、防渗、防滑等性能良好，且易于清洁、检修、更换的材料和构造形式。材料及其成品的技术要求应符合国家现行相关标准的规定。

（2）《公路桥梁伸缩装置通用技术条件》JT／T 327—2016

5.1.1　伸缩装置应适应、满足桥梁纵、横、竖三向变形要求，伸缩装置变形性能应符合表2的要求。当桥梁变形使伸缩装置产生显著的横向错位和竖向错位时，宜通过专题研究确定伸缩装置的平面转角要求和竖向转角要求，并进行变形性能检测。

伸缩装置变形性能要求　　　　　　　　　　　　　　　表2

装置类型	项目			要求
MB	拉伸、压缩时最大水平摩阻力（kN/m）			$\leq 4 \times n$
	拉伸、压缩时变形均匀性	每单元最大偏差值（mm）		$-2 \sim 2$
		总变形最大偏差值（mm）	$80 \leq e \leq 400$	$-5 \sim 5$
			$400 < e \leq 800$	$-10 \sim 10$
			$e > 800$	$-15 \sim 15$

续表

装置类型	项目		要求
MB	拉伸、压缩时每单元最大竖向变形偏差（mm）		≤ 2.0
	符合水平摩阻力和变形均匀性条件下的错位性能	纵向错位	伸缩装置的扇形变位角度 ≥ 2.5°
		横向错位	伸缩装置两端偏差值 ≥ 20 × n（mm）
		竖向错位	顺桥向坡度 ≥ 5%
SC	拉伸、压缩时最大竖向变形偏差（mm）		≤ 1.0
SSA SSB	拉伸、压缩时最大水平摩阻力（kN/m）		≤ 5.0
	拉伸、压缩时最大竖向变形偏差（mm）	80 ≤ e ≤ 720	≤ 1.0
		720 < e ≤ 1440	≤ 1.5
		e > 1440	≤ 2.0
w	拉伸、压缩时最大竖向变形（mm）		≤ 6.0

注：n 为多缝模数式伸缩装置中橡胶密封带的个数。

5.1.2　伸缩装置应具有可靠的防水、排水系统，防水性能应符合注满水 24h 无渗漏的要求。

5.2.2　在正常设计、生产、安装、运营养护条件下，伸缩装置设计使用年限不应低于 15 年。当公路桥梁处于重要路段或伸缩装置结构特殊时，伸缩装置设计使用年限宜适当提高。

3. 原因分析

（1）设计原因

设计图纸中伸缩缝锚固钢筋与槽口预埋钢筋未可靠连接。

（2）施工原因

伸缩缝槽口预埋钢筋不符合设计要求，锚固钢筋未与预埋钢筋可靠连接（图 2.9-14）。

4. 预埋措施

（1）设计措施

伸缩缝锚固区混凝土锚固钢筋应与预埋钢筋可靠连接。

（2）施工措施

伸缩缝槽口施工时应严格按图纸要求预埋钢筋，伸缩缝锚固钢筋应与预埋钢筋可靠连接。

图 2.9-14　锚固钢筋未与预埋钢筋可靠连接

5. 治理措施

凿除部分锚固区混凝土，并在槽口植筋，然后与锚固区钢筋可靠连接。

6. 示例照片（图2.9-15）

图 2.9-15　槽口植筋并与钢筋可靠锚固

2.9.13　通病名称：伸缩缝顺桥平整度不符合规范要求

1. 通病现象：伸缩装置安装完毕后，伸缩缝顺桥平整度不符合规范要求（图 2.9-16）。

2. 规范标准相关规定

（1）设计规范标准相关规定

1）《城市桥梁设计规范》CJJ 11—2011

9.3.1　桥面伸缩装置，应满足梁端自由伸缩、转角变形及使车辆平稳通过的要求。

2）《公路桥梁伸缩装置通用技术条件》JT/T 327—2016

图 2.9-16　伸缩缝顺桥平整度不符合规范要求

5.1.1　伸缩装置应适应、满足桥梁纵、横、竖三向变形要求，伸缩装置变形性能应符合表 2 的要求。当桥梁变形使伸缩装置产生显著的横向错位和竖向错位时，宜通过专题研究确定伸缩装置的平面转角要求和竖向转角要求，并进行变形性能检测。

伸缩装置变形性能要求　　　　　　　　　　　　　　表2

装置类型	项目			要求
MB	拉伸、压缩时最大水平摩阻力（kN/m）			$\leq 4 \times n$
	拉伸、压缩时变形均匀性	每单元最大偏差值（mm）		$-2 \sim 2$
		总变形最大偏差值（mm）	$80 \leq e \leq 400$	$-5 \sim 5$
			$400 < e \leq 800$	$-10 \sim 10$
			$e > 800$	$-15 \sim 15$
	拉伸、压缩时每单元最大竖向变形偏差（mm）			≤ 2.0

续表

装置类型	项目		要求
MB	符合水平摩阻力和变形均匀性条件下的错位性能	纵向错位	伸缩装置的扇形变位角度 $\geq 2.5°$
		横向错位	伸缩装置两端偏差值 $\geq 20 \times n$（mm）
		竖向错位	顺桥向坡度 $\geq 5\%$
SC	拉伸、压缩时最大竖向变形偏差（mm）		≤ 1.0
SSA SSB	拉伸、压缩时最大水平摩阻力（kN/m）		≤ 5.0
	拉伸、压缩时最大竖向变形偏差(mm)	$80 \leq e \leq 720$	≤ 1.0
		$720 < e \leq 1440$	≤ 1.5
		$e > 1440$	≤ 2.0
w	拉伸、压缩时最大竖向变形（mm）		≤ 6.0

注：n 为多缝模数式伸缩装置中橡胶密封带的个数。

5.1.2　伸缩装置应具有可靠的防水、排水系统，防水性能应符合注满水 24h 无渗漏的要求。

5.2.2　在正常设计、生产、安装、运营养护条件下，伸缩装置设计使用年限不应低于 15 年。当公路桥梁处于重要路段或伸缩装置结构特殊时，伸缩装置设计使用年限宜适当提高。

（2）施工规范标准相关规定

1）《城市桥梁工程施工与质量验收规范》CJJ 2—2008

20.4.8　模数式伸缩装置施工应符合下列要求：

6　伸缩装置中心线与梁段间隙中心线应对正重合。伸缩装置顶面各点高程应与桥面横断面高程对应一致。

20.8.4　伸缩装置质量检验应符合下列规定：

4　伸缩装置安装允许偏差应符合表 20.8.4 的规定。

伸缩装置安装允许偏差　表20.8.4

项目	允许偏差（mm）	检验频率		检验方法
		范围	点数	
顺桥平整度	符合道路标准			按道路检验标准检测
相邻板差	2	每条缝	每车道1点	用钢板尺和塞尺量
缝宽	符合设计要求			用钢尺量，任意选点
与桥面高差	2			用钢板尺和塞尺量
长度	符合设计要求		2	用钢尺量

2）《城镇道路工程施工与质量验收规范》CJJ 1—2008

8.5.1　热拌沥青混合料面层质量检验应符合下列规定：

4　热拌沥青混合料面层允许偏差应符合表8.5.1的规定。

热拌沥青混合料面层允许偏差　　　　　　　　表8.5.1

项目		允许偏差	检验频率			检验方法
			范围	点数		
纵断高程（mm）		±15	20m	1		
中线偏位（mm）		≤20	100m	1		
平整度（mm）	标准差σ值	快速路、主干路 ≤1.5	100m	路宽（m）	<9	1	用测平仪检测，见注
		次干路、支路 ≤2.4			9～15	2	
					>15	3	
	最大间隙	次干路、支路 ≤5	20m	路宽（m）	<9	1	用3m直尺和塞尺连续量取两尺取最大值
					9～15	2	
					>15	3	

注：测平仪为全线每车道连续检测每100m计算标准差σ；无测平仪时可采用3m直尺检测；表中检测频率点数为测线数。

3. 原因分析

伸缩装置安装时，伸缩装置顶面标高定位不准。

4. 预防措施

安装伸缩装置时，伸缩装置顶面标高定位应准确，确保其顶面标高与设计要求相吻合。

5. 治理措施

凿除锚固混凝土，重新安装伸缩装置。

2.9.14　通病名称：伸缩缝槽口预埋钢筋数量和位置不符合设计要求

1. 通病现象

伸缩缝槽口位置处预埋钢筋数量少于设计图纸数量，预埋钢筋位置不符合设计要求（图2.9-17）。

2. 规范标准相关规定

（1）《城市桥梁设计规范》CJJ 11—2011

9.3.1　桥面伸缩装置，应满足梁端自由伸缩、转角变形及使车辆平稳通过的要求，伸缩装置应根据桥梁长度、结构形式采用经久耐用、防渗、防滑等性能良好，且易于清洁、检修、更换的材

图2.9-17　伸缩缝预埋钢筋不足、位置错误

料和构造形式。材料及其成品的技术要求应符合国家现行相关标准的规定。

（2）《公路桥梁伸缩装置》JT/T 327—2016

5.1.1 伸缩装置应适应、满足桥梁纵、横、竖三向变形要求，伸缩装置变形性能应符合表2的要求。当桥梁变形使伸缩装置产生显著的横向错位和竖向错位时，宜通过专题研究确定伸缩装置的平面转角要求和竖向转角要求，并进行变形性能检测。

伸缩装置变形性能要求　　　　　　　　　　　　　表2

装置类型	项目			要求
MB	拉伸、压缩时最大水平摩阻力（kN/m）			$\leq 4 \times n$
	拉伸、压缩时变形均匀性	每单元最大偏差值（mm）		$-2 \sim 2$
		总变形最大偏差值（mm）	$80 \leq e \leq 400$	$-5 \sim 5$
			$400 < e \leq 800$	$-10 \sim 10$
			$e > 800$	$-15 \sim 15$
MB	拉伸、压缩时每单元最大竖向变形偏差（mm）			≤ 2.0
	符合水平摩阻力和变形均匀性条件下的错位性能	纵向错位		伸缩装置的扇形变位角度 $\geq 2.5°$
		横向错位		伸缩装置两端偏差值 $\geq 20 \times n$（mm）
		竖向错位		顺桥向坡度 $\geq 5\%$
SC	拉伸、压缩时最大竖向变形偏差（mm）			≤ 1.0
SSA SSB	拉伸、压缩时最大水平摩阻力（kN/m）			≤ 5.0
	拉伸、压缩时最大竖向变形偏差（mm）	$80 \leq e \leq 720$		≤ 1.0
		$720 < e \leq 1440$		≤ 1.5
		$e > 1440$		≤ 2.0
W	拉伸、压缩时最大竖向变形（mm）			≤ 6.0

注：n 为多缝模数式伸缩装置中橡胶密封带的个数。

5.1.2 伸缩装置应具有可靠的防水、排水系统，防水性能应符合注满水24h无渗漏的要求。

5.2.2 在正常设计、生产、安装、运营养护条件下，伸缩装置设计使用年限不应低于15年。当公路桥梁处于重要路段或伸缩装置结构特殊时，伸缩装置设计使用年限宜适当提高。

3. 原因分析

（1）施工时梁、板伸缩缝槽口位置未安装预埋钢筋，尤其伸缩缝槽口湿接缝段预埋钢筋经常未安装。

（2）梁、板伸缩缝槽口位置预埋钢筋定位不准。

4. 预防措施

（1）梁、板槽口及湿接缝施工时应按设计要求安装伸缩缝预埋钢筋。

（2）伸缩缝预埋钢筋的位置应符合设计要求。

5. 治理措施

在伸缩缝槽口位置植筋，植筋位置应与伸缩缝锚固钢筋相对应，确保伸缩装置锚固可靠。

2.9.15　通病名称：梁端预留缝缝宽不符合设计要求

1. 通病现象

梁端预留缝缝宽超出设计要求，伸缩装置型钢形成悬挑结构，锚固区混凝土破损（图2.9-18、图2.9-19）。

图2.9-18　伸缩缝缝宽过大锚固混凝土破损　　　图2.9-19　梁端预留缝缝宽过大

2. 规范标准相关规定

（1）设计规范标准相关规定

1）《城市桥梁设计规范》CJJ 11—2011

9.3.1　桥面伸缩装置，应满足梁端自由伸缩、转角变形及使车辆平稳通过的要求，伸缩装置应根据桥梁长度、结构形式采用经久耐用、防渗、防滑等性能良好，且易于清洁、检修、更换的材料和构造形式。材料及其成品的技术要求应符合国家现行相关标准的规定。

2）《公路桥梁伸缩装置通用技术条件》JT/T 327—2016

5.1.1　伸缩装置应适应、满足桥梁纵、横、竖三向变形要求，伸缩装置变形性能应符合表2的要求。当桥梁变形使伸缩装置产生显著的横向错位和竖向错位时，宜通过专题研究确定伸缩装置的平面转角要求和竖向转角要求，并进行变形性能检测。

伸缩装置变形性能要求　　　　　　　　　　　　　　　　表2

装置类型	项目	要求
MB	拉伸、压缩时最大水平摩阻力（kN/m）	$\leq 4 \times n$

续表

装置类型	项目			要求
MB	拉伸、压缩时变形均匀性	每单元最大偏差值（mm）		−2～2
		总变形最大偏差值（mm）	$80 \leq e \leq 400$	−5～5
			$400 < e \leq 800$	−10～10
			$e > 800$	−15～15
	拉伸、压缩时每单元最大竖向变形偏差（mm）			≤2.0
	符合水平摩阻力和变形均匀性条件下的错位性能	纵向错位		伸缩装置的扇形变位角度≥2.5°
		横向错位		伸缩装置两端偏差值≥$20 \times n$（mm）
		竖向错位		顺桥向坡度≥5%
SC	拉伸、压缩时最大竖向变形偏差（mm）			≤1.0
SSA SSB	拉伸、压缩时最大水平摩阻力（kN/m）			≤5.0
	拉伸、压缩时最大竖向变形偏差（mm）	$80 \leq e \leq 720$		≤1.0
		$720 < e \leq 1440$		≤1.5
		$e > 1440$		≤2.0
W	拉伸、压缩时最大竖向变形（mm）			≤6.0

注：n 为多缝模数式伸缩装置中橡胶密封带的个数。

5.1.2　伸缩装置应具有可靠的防水、排水系统，防水性能应符合注满水24h无渗漏的要求。

5.2.2　在正常设计、生产、安装、运营养护条件下，伸缩装置设计使用年限不应低于15年。当公路桥梁处于重要路段或伸缩装置结构特殊时，伸缩装置设计使用年限宜适当提高。

（2）施工规范标准相关规定

《城市桥梁工程施工与质量验收规范》CJJ 2—2008

20.4.2　伸缩装置安装前应检查修正梁端预留缝的间隙，缝宽应符合设计要求，上下必须贯通，不得堵塞。伸缩装置应锚固可靠，浇筑锚固段（过渡段）混凝土时应采取措施防止堵塞梁端伸缩缝隙。

3. 原因分析

（1）预制梁长度误差过大，不符合规范要求。

（2）预制梁封锚端模板跑模或模板定位不准，使梁端预留缝缝宽超出设计要求。

4. 预防措施

（1）梁体长度应定位准确，曲线梁段应进行放样，调整每片梁的长度、角度，确保梁端伸缩缝缝宽符合设计要求。

（2）预制梁封锚端模板应准确定位，安装牢固。

5. 治理措施

凿除梁端预留缝缝宽过大部分的顶板或翼板混凝土，露出原纵向钢筋，接长纵向钢筋、安装横向钢筋后，安装模板，使梁端端缝宽度一致并符合设计要求，然后浇筑混凝土。

6. 示例（图2.9-20）

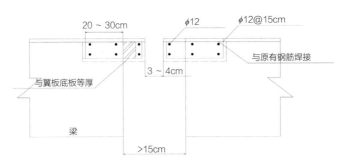

图2.9-20　80型伸缩缝缝宽过大槽口处理

2.9.16　通病名称：盖梁上方混凝土或砂浆未清理影响支座使用

1. 通病现象

湿接缝、伸缩缝、桥面连续结构施工完毕后，盖梁上方混凝土或砂浆未清理，影响伸缩装置或支座的正常使用（图2.9-21）。

2. 规范标准相关规定

（1）设计规范标准相关规定

《城市桥梁设计规范》CJJ 11—2011

9.3.1　桥面伸缩装置，应满足梁端自由伸缩、转角变形及使车辆平稳通过的要求，伸

图2.9-21　盖梁上方沥青混凝土未清理

缩装置应根据桥梁长度、结构形式采用经久耐用、防渗、防滑等性能良好，且易于清洁、检修、更换的材料和构造形式。材料及其成品的技术要求应符合国家现行相关标准的规定。

（2）施工规范标准相关规定

《城市桥梁工程施工与质量验收规范》CJJ 2—2008

20.4.2　伸缩装置安装前应检查修正梁端预留缝的间隙，缝宽应符合设计要求，上下必须贯通，不得堵塞。伸缩装置应锚固可靠，浇筑锚固段（过渡段）混凝土时应采取措施防止堵塞梁端伸缩缝隙。

21.3.1　现浇和预制桥头搭板，应保证桥梁伸缩缝贯通、不堵塞，且与地梁、桥台锚固牢固。

3. 原因分析

湿接缝、伸缩缝、桥面连续结构施工时混凝土掉落盖梁上，施工完毕未清理。

4. 预防措施

湿接缝、伸缩缝、桥面连续结构施工完成后，及时清理盖梁上混凝土、砂浆等建筑垃圾。

5. 治理措施

清理盖梁上混凝土、砂浆等。

2.9.17 通病名称：排水管道脱开

1. 通病现象

排水设计未考虑梁体温度影响，梁体的热胀冷缩带动部分排水管道移动，导致排水管接头脱开（图 2.9-22）。

2. 规范标准相关规定

《城市桥梁设计规范》CJJ 11—2011

9.2.3 桥面排水设施的设置应符合下列规定：

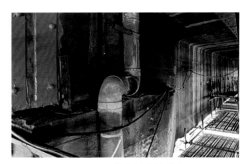

图 2.9-22 排水管道接头脱开

1 桥面排水设施应适应桥梁结构的变形，细部构造布置应保证桥梁结构的任何部分不受排水设施及泄漏水流的侵蚀。

3. 原因分析

排水设计未考虑桥梁结构的变形。

4. 防治措施

排水设计应考虑桥梁结构的变形，合理设置排水管道伸缩接头。

5. 治理措施

根据桥梁结构的变形，增设排水管道伸缩接头。

2.9.18 通病名称：防撞墙预埋钢筋偏位

1. 通病现象

梁体施工时未按设计要求预埋防撞墙钢筋，防撞墙预埋钢筋偏位（图 2.9-23）。

2. 规范标准相关规定

（1）《城市桥梁设计规范》CJJ 11—2011

9.5.1 防撞护栏的设计可按现行行业标准《公路交通安全设施设计规范》JTG D81 的有关规定进行。

（2）《公路交通安全设施设计规范》JTG D81—2017

图 2.9-23 防撞墙预埋钢筋偏位

5.4.5 桥梁护栏与桥面板应进行可靠连接。

3. 原因分析

（1）预埋防撞墙钢筋的位置与设计图纸不符。

（2）预埋防撞墙钢筋位置未根据桥梁平曲线调整。

4. 预防措施

（1）预埋防撞墙钢筋的位置应与设计图纸一致。

（2）当桥梁位于平曲线段时，防撞墙预埋钢筋的位置应做相应调整。

5. 治理措施

应按设计要求验算防撞墙受力，并按设计要求做相应处理。

2.9.19 通病名称：伸缩缝位置处防撞墙未设断缝

1. 通病现象

伸缩缝位置处防撞墙未设断缝，防撞墙开裂（图2.9-24）。

图2.9-24 伸缩缝位置处防撞墙未设断缝

2. 规范标准相关规定

施工规范标准相关规定

《城市桥梁工程施工与质量验收规范》CJJ 2—2008

20.6.1 栏杆和防撞、隔离设施应在桥梁上部结构混凝土的浇筑支架卸落后施工，其线形应流畅、平顺，伸缩缝必须全部贯通，并与主梁伸缩缝相对应。

3. 原因分析

防撞墙立模浇筑时未在伸缩缝位置设置断缝。

4. 预防措施

根据设计图纸要求进行断缝施工，浇筑防撞墙混凝土前应根据图纸复查。

5. 治理措施

防撞墙应重新切缝，确保在伸缩缝处断开。

2.9.20　通病名称：防撞墙露筋

1.通病现象

防撞墙钢筋保护层厚度偏小，施工完成一段时间后露筋（图 2.9-25）。

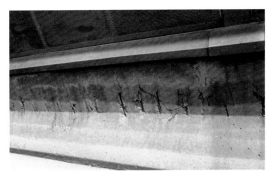

图 2.9-25　防撞墙露筋

2.规范标准相关规定

《城市桥梁工程施工与质量验收规范》CJJ 2—2008

20.8.6　防护设施质量检验应符合下列规定：

8　混凝土结构表面不得有孔洞、露筋、蜂窝、麻面、缺棱、掉角等缺陷，线形应流畅平顺。

3.原因分析

防撞墙混凝土浇筑前，防撞墙钢筋骨架与模板之间未设垫块。

4.预防措施

防撞墙混凝土浇筑时，应在钢筋骨架与模板之间放置垫块，确保混凝土保护层厚度达到设计要求。

5.治理措施

防撞墙外漏钢筋应做防腐处理。

2.9.21　通病名称：防撞墙断缝边缘不整齐

1.通病现象

防撞墙断缝边缘不整齐，需修补（图 2.9-26）。

2.规范标准相关规定

《城市桥梁设计规范》CJJ 11—2011

9.5.3　桥梁栏杆及防撞护栏的设计除满足受力要求以外，其栏杆造型、色调应与周围环境协调。对重要桥梁宜作景观设计。

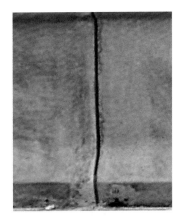

图 2.9-26　防撞墙断缝边缘修补痕迹明显

3. 原因分析

（1）防撞墙断缝施工仍采用简易的施工工艺，比如断缝选用易变形的泡沫板填充。

（2）防撞墙拆模过早。

4. 预防措施

（1）防撞墙断缝施工应采用更为成熟的施工工艺，比如两块钢板夹一块泡沫板作为断缝模板。

（2）防撞墙养生时间符合设计要求后拆模。

5. 治理措施

对防撞墙断缝进行适当修饰。

6. 示例照片（图2.9-27、图2.9-28）

图2.9-27　防撞墙断缝施工　　　　　　　图2.9-28　防撞墙断缝整齐

第 3 章　养护维修加固工程

3.1　道路维护工程

3.1.1　通病名称：沥青路面裂缝

1. 通病现象

沥青路面出现纵横裂缝、网状裂缝和龟裂（图 3.1-1、图 3.1-2）。

图 3.1-1　纵向裂缝　　　　　　　　　图 3.1-2　龟裂

2. 规范标准相关规定

养护规范标准相关规定

《城镇道路养护技术规范》CJJ 36—2016

5.3.1　裂缝的维修应符合下列规定

1　缝宽在 10mm 及以内的，应采用专用灌缝（封缝）材料或热沥青灌缝，缝内潮湿时应采用乳化沥青灌缝；

2　缝宽在 10mm 以上时，应按本规范第 5.3.7 条要求进行修补。

3. 原因分析

（1）设计原因

城市"白加黑"路面改造中，水泥混凝土板缝及原有混凝土路面病害处理不当，或沥青面层结构设计不合理，导致反射裂缝的产生。

（2）施工原因

1）施工缝与原混凝土板缝未处理好，接缝不紧密，结合不良；

2）沥青层厚度不足，层间粘结差，水分渗入，加速裂缝的形成。

（3）材料原因

1）地基的不均匀沉降会造成路面纵向裂缝；

2）沥青与沥青混合料质量差，延度低，抗裂性差，沥青混合料性能不能满足路面使用功能要求；

3）沥青老化也容易引起裂缝的产生。

4．预防措施

（1）设计措施

1）调查与检测原有路面的病害，病害处理措施得当；

2）选择适宜的施工工艺处理混凝土路面接缝，如增加防裂贴、格栅或应力吸收层等；

3）选择合适的沥青面层结构类型，如可采用高韧静音型薄层沥青路面等。

（2）施工措施

1）纵向摊铺尽量采用全路幅一次摊铺；若分幅摊铺，应尽量采用热接缝。

2）上、下层沥青路面接缝应符合规范要求。

3）沥青面层各层应满足最小施工厚度的要求，保证上下层的良好链接。

（3）材料措施

1）优先选用高韧、高黏、低稠度的沥青等；

2）优先选择性能良好的骨料、添加剂等原材料。

5．治理措施

（1）裂缝处治技术包括灌缝、封缝两种。裂缝宽度大于 3mm 时宜采用灌缝方式，裂缝宽度小于 3mm 时宜采用封缝方式。

1）当路面裂缝损坏密度较大时（$20\% \leqslant \rho \leqslant 50\%$），单一的裂缝修补措施不足以防止路面反射裂缝的出现，应在裂缝修补后加铺应力吸收层，再应用其他的预养护措施。

2）灌缝应根据裂缝的几何形状开槽，清理、干燥后选择伸缩性良好的灌缝料进行灌缝。常用的灌缝料有热沥青、橡胶沥青、沥青玛蹄脂等。

3）封缝无须对裂缝开槽，将裂缝清理、干燥后，用密封材料封闭裂缝。常用的封缝材料有：压缝带、抗裂贴、封缝胶等。

（2）缝宽大于 10mm 裂缝和龟裂病害，可采用铣刨并加铺高韧静音型薄层沥青路面。

（3）沥青路面再生处治

沥青再生处治宜采用专用机械喷洒沥青再生剂，施工前路面应干净清洁，下雨天气严禁施工。

6. 工程实例图片（图 3.1-3、图 3.1-4）

图 3.1-3　热粘压缝带封缝

图 3.1-4　自粘压缝带封缝

3.1.2　通病名称：沥青路面坑槽

1. 通病现象

沥青路面出现表层局部松散，形成深度 2cm 以上的凹槽（图 3.1-5）。

图 3.1-5　沥青路面坑槽

2. 规范标准相关规定

《城镇道路养护技术规范》CJJ 36—2016

5.3.7　坑槽的维修应符合下列规定：

1　坑槽深度已达基层，应先处治基层，再修复面层。

2　修补的坑槽应为顺路方向切割成矩形，坑槽四壁不得松动，加热坑槽四壁，涂刷粘层油，铺筑混合料，压实成型，封缝，开放交通。槽深大于 50mm 时应分层摊铺压实。

3　在应急情况下，可采用沥青冷补材料处治。

4　当采用就地热再生修补方法时，应先沿加热边线退回 100mm，翻松被加热面层，喷洒乳化沥青，加入新的沥青混合料，整平压实。

3. 原因分析

（1）设计原因

沥青路面面层结构与结构类型设计不合理。

（2）施工原因

1）沥青路面施工压实度不足或碾压不均匀，雨天水进入并滞留在面层，在车轮快速作用下，孔隙水压力将沥青从碎石表面剥离。

2）摊铺面层前，下表层未清理干净，有杂质，导致层间结合不足。

3）基层或路基不密实。

（3）材料原因

1）基层材料强度不满足要求。造成基层下沉，导致路面产生坑槽。

2）沥青混合料沥青含量不足，粘结力不佳，沥青加热温度过高。

3）薄层结构层间材料粘力不足。

4. 预防措施

（1）设计措施

沥青面层结构与结构类型设计合理。

（2）施工原因

1）面层厚度不够，沥青混合料粘结力不佳，沥青加热温度过高，摊铺不密实，在雨水和行车等作用下，面层材料性能日益恶化松散、开裂，逐步形成坑槽。

2）出现沥青骨料剥落等现象及时处理，避免扩大、发展成坑槽。

（3）材料措施

加强基层及面层材料的进场抽检，禁止使用不合格材料。

5. 治理措施

（1）坑槽深度已达基层，应先处治基层，再修复面层。

（2）热拌沥青坑槽修复。

对坑槽应采用异形方补，将病害位置切割成方形并将损坏路面刨除成槽，成槽后在槽底和槽壁处浇洒粘层沥青油，再用热拌沥青混合料填补并碾压，沥青混合料碾压宜采用小型压路机或振板进行压实。槽深大于 50mm 时应分层摊铺压实。压实后还应对切缝处进行封缝处理。

一般情况下，下雨时或地面潮湿的情况下不宜采用热拌沥青混合料进行坑槽修补作业。

（3）冷拌沥青坑槽修复。

对坑槽应采用异形方补，切割开挖成槽，成槽后浇洒粘层沥青油，再用冷拌沥青混合料填补并碾压，沥青混合料碾压宜采用小型压路机或振板进行压实。压实后还应对切缝处进行封缝处理。

下雨时或地面潮湿等应急修补的情况下，应采用适合水中修补的快速修复冷补料。

（4）预热式坑槽修补。

利用路面热养护修补车自带的加热设备对沥青路面间歇式加热，利用路面废旧沥青混合料，添加少量乳化沥青或添加新的热拌沥青混合料，重新摊铺整平、碾压，实现对沥青路面坑槽的修复。

（5）喷射式坑槽修补。

利用自动修补车自带的鼓风机喷出的高强空气流实现对坑槽内部的清洁，利用喷射管喷射的沥青混合料直接填补坑槽，再进行平整压实。

（6）就地热再生修补方法。

应先沿加热边线退回 100mm，翻松被加热面层，喷洒乳化沥青，加入新的沥青混合料，整平压实。

6. 工程实例图片（图 3.1-6）

图 3.1-6　坑槽修复

3.1.3 通病名称：沥青路面壅包、车辙

1. 通病现象

沥青路面出现沥青推移壅包、车轮迹凹陷波浪凸起（图 3.1-7、图 3.1-8）。

图 3.1-7 沥青路面壅包　　　　　　　　　图 3.1-8 沥青路面车辙

2. 规范标准相关规定

《城镇道路养护技术规范》CJJ 36—2016

5.3.2 壅包的维修应符合下列规定：

1 当壅包峰谷高差不大于 15mm 时，可采用机械铣刨平整。

2 当壅包峰谷高差大于 15mm 且面积大于 $2m^2$ 时，应采用铣刨机将壅包全部除去，并应低于路表面 30mm 及以上，清扫干净后应按本规范第 5.3.7 条第 2 款进行维修。

3 基础变形形成的壅包，应更换已变形的基层，再重铺面层。

4 壅包的维修也可采用热再生方法，具体应按本规范第 5.3.7 条第 4 款进行维修。

5.3.3 车辙的维修应符合下列规定：

1 当车辙在 15mm 以上时，可采用铣刨机清除；

2 当联结层损坏时，应将损坏部位全部挖除，重新修补；

3 因基层局部下沉而造成的车辙，应先修补基层。

3. 原因分析

（1）设计原因

1）沥青面层结构与结构类型设计不合理。

2）大量重型或超载车辆在路面上行驶，使结构层的拉应力远远大于沥青面层的抗拉强度。

（2）施工原因

1）沥青铺装层与基层之间未清理干净或透层沥青洒布不均导致层间粘结强度不够，在行车作用下产生壅包。

2）由于基层局部强度不足或水稳性不好，使基层松软在行车作用形成局部壅包或车辙。

3）沥青混合料面层施工时未充分压实，强度不足。

（3）材料原因

1）沥青混合料热稳定性不足。

2）矿料级配不好，沥青软化点低、沥青用量偏高，粗集料用量过少，容易形成车辙。

4．预防措施

（1）设计措施

1）根据道路交通量，选择合适路面结构类型，保证大量重型或超载车辆在路面上行驶时，结构层受到的拉应力小于沥青面层的抗拉强度。

2）道路结构组合设计时，沥青面层每层的厚度不宜超过混合料集料最大粒径的4倍。

（2）施工措施

1）沥青面层摊铺压实严格按照规范要求进行。

2）摊铺时清理干净下卧层，均匀洒布透层或粘层油。

（3）材料措施

1）原材料、沥青混合料进场时，严格把控质量。

2）在混合料配合比设计时，要控制细集料的用量，选用针入度较低的沥青，并严格控制沥青的用量。

5．治理措施

（1）铣刨处理

1）当壅包峰谷高差不大于 15mm 时，可采用机械铣刨平整；当车辙在 15mm 以上时，可采用铣刨机清除。

2）当壅包峰谷高差大于 15mm 且面积大于 $2m^2$ 时，应采用铣刨机将壅包全部除去，并应低于路表面 30mm 及以上，清扫干净后可采用就地热再生修补方法。

（2）热拌沥青修复

1）对于严重的壅包和车辙，应将面层铣刨，重新铺筑沥青路面。

2）因基层强度不足或基层松软，形成的较大面积壅包和车辙，应将基层挖除，重新铺筑基层，然后再做面层。

6．工程实例图片（图 3.1-9、图 3.1-10）

图 3.1-9　沥青路面铣刨　　　　　　图 3.1-10　铺筑沥青路面

3.1.4　通病名称：沥青路面剥落、松散

1．通病现象

沥青路面出现松散、脱皮、粒料脱落等（图 3.1-11）。

2．规范标准相关规定

《城镇道路养护技术规范》CJJ 36—2016

5.3.6　剥落的维修应符合下列规定：

图 3.1-11　沥青路面松散、剥落

1　已成松散状态的面层，应将松散部分全部挖除，重铺面层，或应按 0.8kg/m² ~ 1.0kg/m² 的用量喷洒沥青，撒布石屑或粗砂进行处治；

2　沥青面层因不贫油出现的轻微麻面，可在高温季节撒布适当的沥青嵌缝料处治；

3　大面积麻面应喷洒沥青，并应撒布适当粒径的嵌缝料处治，或重设面层；

4　封层的脱皮，应清除已脱落和松动的部分，再重新做上封层。

5　沥青面层层间产生脱皮，应将脱落及松动部分清除，在下层沥青面上涂刷粘层油，并应重铺沥青层。

3．原因分析

（1）设计原因

沥青面层结构类型选择不当或沥青混合料级配设计不合理。

（2）施工原因

1）沥青混合料中沥青针入度偏小，粘结性能不良；混合料的沥青用量偏小；矿料潮湿或不洁净，与沥青粘结不牢；沥青老化或与酸性石料间的黏附性能不良。

2）摊铺沥青时粘层油撒布不均匀，导致面层与下卧层粘结力不足，造成面层剥落。

3）摊铺沥青施工时，未充分压实，或摊铺时，沥青混合料温度低；雨天摊铺，水膜降低了集料间的粘结力。

（3）材料原因

1）沥青质量差。例如稠度偏低、含蜡高、粘结力差，会导致沥青与集料没有牢固的粘结吸附，颗粒之间的黏聚力下降，最终使沥青混合料松散剥落。

2）沥青路面孔隙率偏大，水浸入沥青混凝土面层的空隙中，在重荷载、高低温反复作用下，破坏了沥青的粘结力。

4．预防措施

（1）设计措施

合理选择沥青面层结构类型，沥青混合料级配设计合理。

（2）施工措施

摊铺时清理干净下卧层，均匀洒布透层或粘层油。

（3）材料措施

1）原材料、沥青混合料进场时，严格把控质量。

2）对使用酸性石料拌制沥青混合料时，须在沥青中掺入抗剥落剂等添加剂以提高沥青和酸性石料的黏附性能。

3）沥青混合料运到工地后应及时摊铺，及时碾压。摊铺温度及碾压温度偏低会降低沥青混合料面层的压实质量。

5. 治理措施

（1）已成松散状态的面层，应将松散部分全部挖除，重铺面层，或应按 0.8 ~ 1.0kg/m^2 的用量喷洒沥青，撒布石屑或粗砂进行处治；

（2）沥青面层因不贫油出现的轻微麻面，采用处治（含砂）雾封层处治；

（3）大面积麻面应喷洒沥青，并应撒布适当粒径的嵌缝料处治，或重设面层；

（4）封层的脱皮，应清除已脱落和松动的部分，再重新做上封层。

（5）沥青面层层间产生脱皮，应将脱落及松动部分清除，在下层沥青面上涂刷粘层油，并应重铺沥青层。

（6）可根据路面技术状况指标值域采取适当的预防性养护措施，常用的措施有以下几种：

1）沥青路面再生处治；

2）（含砂）雾封层；

3）单层碎石封层及复合封层；

4）稀浆封层；

5）微表处；

6）薄层热拌沥青混凝土罩面（厚度 ≤ 30mm）。

6. 工程实例图片（图 3.1-12）

图 3.1-12　薄层热拌沥青混凝土罩面

3.1.5　通病名称：沥青路面翻浆

1. 通病现象

基层的粉、细料浆水从面层裂缝或从多空隙率面层的空隙处析出，渗透到沥青路面表面（图 3.1-13）。

2. 规范标准相关规定

《城镇道路养护技术规范》CJJ 36—2016

9.2.3　路基产生翻浆、沉陷、空洞、塌陷、滑移等病害，应对路基病害质量后再进行面层结构的恢复。

图 3.1-13　沥青路面翻浆

9.2.4 路基翻浆、沉陷应根据交通状况、含水情况、道路变形破坏程度，使用砂砾或水稳性能良好的材料，采取换土回填、挤密、化学加固等相应技术手段对病害进行处治。

3. 原因分析

（1）设计原因

1）道路结构层设计厚度小于冻胀影响深度。

2）路基顶面低于地下水位。

3）沥青面层厚度较薄，空隙率较大，未设置下封层和没有采取结构层内排水措施，促使雨水下渗，加速翻浆的形成。

（2）施工原因

1）沥青面层压实度不足、不透水性差，导致水浸入基层，导致基层混合料松软渗出面层。

2）基层或路基施工时，遇到降雨天气，导致含水量高于标准范围，引起路基翻浆。

（3）材料原因

路基或基层混合料用料不当，粉性土和黏性土含有大量腐殖质和易溶盐时，非常容易形成翻浆。

4. 预防措施

（1）设计措施

1）根据水文地质情况合理设计道路结构层厚度和路基标高。

2）设计时，对空隙率较大、易渗水的路面，应考虑设置排除结构层内给水的结构措施。

（2）施工措施

1）摊铺沥青时紧跟慢压，保证面层的压实度。

2）深挖边沟，保证排水畅通。

3）在多雨地区，可设置排水垫层或在基层表面设计一层隔水、防水层。

（3）材料措施

采用水泥、石灰及二灰等稳定粒料作为高等级道路的基层材料。

5. 治理措施

（1）采取切实措施，使路面排水畅顺，避免路面积水和减少雨水下渗。

（2）将受损基层或路基挖除，使用砂砾或水稳性能良好的材料，采用换土回填、挤密、化学加固等技术处理。

（3）面层摊铺

用适宜的沥青结构层进行修复，并做好排除路面结构层内积水的技术措施。

6. 工程实例图片（图3.1-14、图3.1-15）

图3.1-14　沥青路面局部铣刨　　　图3.1-15　沥青路面局部修复

3.1.6　通病名称：混凝土路面板边、板角破损、角隅断裂

1. 通病现象

混凝土板块边角位出现裂缝、破损（图3.1-16）。

2. 规范标准相关规定

《城镇道路养护技术规范》CJJ 36—2016

6.3.2　板边和板角修补应符合下列规定。

1　当水泥混凝土路面板边轻度剥落时，快速路和主干路的养护不得采用沥青混合料修补。

图3.1-16　板边、板角破损

2　板角断裂应按破裂面确定切割范围；宜采用早强补偿收缩混凝土，并应按原路面设置纵缝、横向缩缝、胀缝。

3　凿除破损部分时，应保留原有钢筋，没有钢筋时应植入钢筋，新旧板面间应涂刷界面剂。

4　与原有路面板的接缝面，应涂刷沥青，如为胀缝，应设置胀缝板。

5　当混凝土养生达到设计强度后，方可通行车辆。

3. 原因分析

（1）设计原因

1）路基强度不足；

2）混凝土板厚度、抗折强度不足；

3）混凝土板块边角处未设计角隅钢筋。

（2）施工原因

1）角隅处于纵横缝交叉处容易产生唧泥，形成脱空、导致角隅应力增大，产生断裂。

2）板角出现锐角，加强钢筋未按设计绑扎。

3）胀缝往往是位于端模板处，拆模时容易损伤；而在下一相邻板块浇捣时，由于已浇板块强度有限，极易受伤，造成隐患，故此处角隅较易断裂。

（3）材料原因

1）混凝土原材料不符合要求，配合比不准确或未按抗折强度指标确定配合比。

2）基础材料强度或抗冲刷能力不足，导致不均匀沉降引起板边板角裂缝。

3）基础在行车荷载与水的综合作用下，逐步产生塑性变形累积，使角隅应力逐渐递增，导致断裂。

4．预防措施

（1）设计措施

1）胀缝处角隅应采用角隅钢筋补强。

2）在板角设置角隅钢筋，补强板块边角。

（2）施工措施

1）选用合适的填料，减少或防止接缝渗水；重视经常性的接缝养护，使接缝处于良好防水状态。

2）混凝土路面拆模与浇捣时要防止角隅损伤并注意充分捣实。

3）板边、板角加强钢筋按图施工。

4）加强缩胀缝填缝料的质量控制，防止水从缝渗透至基层。

（3）材料措施

采用抗冲刷、水稳性好的材料，如水泥稳定拉料作基层，以减少冲刷与塑性变形。

基层压实平整，采用水稳性能好的混合料。

5．治理措施

（1）将受损混凝土部位凿除，应保留原有钢筋，没有钢筋时应植入钢筋，新旧板面间应涂刷界面剂。

（2）宜采用早强补偿收缩混凝土或其他满足强度的快速修复材料浇筑，浇筑前将原来混凝土面清洁，并应按原路面设置纵缝、横向缩缝、胀缝。

（3）当混凝土养生达到设计强度后，方可通行车辆。

6．工程实例图片（图 3.1-17 ～图 3.1-20）

图 3.1-17　板边、板角　　　　　　图 3.1-18　板边、板角修复

图 3.1-19　板边、板角破损　　　　　图 3.1-20　快速修复材料
（常温 2 ~ 4h 开发交通）

3.1.7　通病名称：混凝土面板裂缝、接缝

1. 通病现象

混凝土板块出现纵横裂缝、破损（图 3.1-21、图 3.1-22）。

图 3.1-21　裂缝　　　　　　　　　　图 3.1-22　碎裂

2. 规范标准相关规定

《城镇道路养护技术规范》CJJ 36—2016

6.3.1　水泥混凝土路面裂缝维修应符合下列规定：

1　对路面板出现小于 2mm 宽的轻微裂缝，可采用直接灌浆法处治，灌浆材料应满足现行行业标准《混凝土裂缝修补灌浆材料技术条件》JG/T 333 有关规定。

2　对裂缝宽大于或等于 2mm 且小于 15mm 贯穿板厚的中等裂缝，可采取扩缝补块的方法处治，扩缝补块的最小宽度不应小于 100mm。

3　对大于或等于 15mm 的严重裂缝，可采用挖补法全深度补块；当采用挖补法全深度补块时，基层强度应符合设计要求。

4　扩缝补块、挖补法全深度补块时应进行植筋，植筋深度应满足设计要求，无设计时植筋深度不应小于板厚的 2/3。

6.3.3 接缝的维修应符合下列规定：

1 接缝填料的损坏维修应符合本规范第 6.2.3 条的要求；

2 接缝处因传力杆设置不当所引起的损坏，应将原传力杆纠正到正确位置；

3 在胀缝修理时，应先将热沥青涂刷缝壁，再将胀缝板压入缝内。对胀缝板接头及胀缝板与传力杆之间的间隙，必须采用沥青或其他胀缝料抹平，上部采用嵌缝条的胀缝板应及时嵌入嵌缝条；

4 在低温季节或缝内潮湿时应将接缝烘干；

5 当纵向接缝张开宽度在 10mm 及以下时，宜采用加热式填缝料；

6 当纵向接缝张开宽度在 10mm 以上时，宜采用聚氨酯类填缝料常温施工；

7 当接缝出现碎裂时，应先扩缝补块，再做接缝处理。

3. 原因分析

（1）设计原因

1）在重交通道路，未合理配置钢筋。

2）混凝土板厚度、抗折强度不足。

3）路基强度不足。

（2）施工原因

1）混凝土浇筑后，表面没有及时覆盖，在炎热或大风天气，表面游离水分蒸发过快，体积急剧的收缩，导致混凝土开裂。

2）混凝土在拌制时水灰比过大；模板与垫层过于干燥，吸水大。

3）混凝土配合比不合理，水泥用量砂率过大。

4）混凝土表面过度震荡或抹平，使水泥和细骨料过多上浮至表面，导致缩裂。

5）浇筑后保养期间切缝不及时或间距过大，表层风干收缩所致。

（3）材料原因

1）混凝土的弯拉强度达不到规范或设计要求。

2）基层材料强度不足，产生不均匀沉降引起裂缝。

4. 预防措施

（1）设计措施

1）在重交通道路，配置钢筋网，提高混凝土强度。

2）混凝土路面的结构组合与厚度设计应满足交通需要，特别是重车、超重车的路段。

（2）施工措施

1）混凝土面层成活后及时采取养护措施，用潮湿材料覆盖，保持面层湿润，防止强风和曝晒。

2）在浇筑混凝土路面时，将基层和模板浇水湿透，避免吸收混凝土中的水分。

3）按规范或设计要求把握切缝时间和间距。

（3）材料措施

1）基层压实平整，采用水稳性能好的混合料。

2）配制混凝土时，应严格控制水灰比和水泥用量，选择合适的粗集料级配和砂率。

5. 治理措施

（1）对路面板出现小于2mm宽的轻微裂缝，可采用直接灌浆法处治，灌浆材料应满足现行行业标准《混凝土裂缝修补灌浆材料技术条件》JG/T 333有关规定。采用沥青类、冷用沥青类及专用材料对裂缝进行封缝作业，达到维修养护效果。或者使用热粘压缝带或者自粘压缝带封缝处理。

（2）对裂缝宽大于或等于2mm且小于15mm贯穿板厚的中等裂缝，可采取扩缝补块的方法处治，扩缝补块的最小宽度不应小于100mm。

（3）对大于或等于15mm的严重裂缝，可采用挖补法全深度补块；当采用挖补法全深度补块时，基层强度应符合设计要求。

（4）扩缝补块、挖补法全深度补块时应进行植筋，植筋深度应满足设计要求，无设计时植筋深度不应小于板厚的2/3。

（5）整板破除浇筑混凝土修复

若裂缝成网状碎裂，则需整板破除，重新浇筑混凝土板，养护保养。基层存在沉降现象时，应先处理基层，再浇筑面层。

6. 工程实例图片（图3.1-23、图3.1-24）

图3.1-23　板块破碎

图3.1-24　混凝土浇筑

3.1.8　通病名称：混凝土面板错台

1. 通病现象

相邻两块混凝土板块出现明显的高差（图3.1-25）。

2. 规范标准相关规定

《城镇道路养护技术规范》CJJ 36—2016

6.3.5　错台的维修应符合下列规定：

图3.1-25　错台

1 当Ⅰ等养护的道路错台高差大于 5mm，Ⅱ等和Ⅲ等养护的道路错台高差大于 10mm 时，应及时处治。

2 高差大于 20mm 的错台，应采用适当材料修补，且接顺的坡度不得大于 1%。

3. 原因分析

（1）设计原因

1）板块之间未按规范设置传力杆或拉杆。

2）路基承载力不足，产生不均匀沉降。

（2）施工原因

1）未按图纸设置传力杆或拉杆。

2）基层压实度不足，不均匀。

（3）材料原因

基层或路基材料抗冲刷能力不足，导致不均匀沉降发生错台。

4. 预防措施

（1）设计措施

1）路基与基层承载力满足运营要求。

2）按规范要求设置传力杆或拉杆。

3）路面结构设计时，应增设结构层内部排水系统，减少水的侵蚀。

（2）施工措施

1）路基和基层严格按照规范要求压实平整。

2）填缝材料质量应符合规范要求，以减少渗水和冲刷。

（3）材料措施

基层应采用耐冲刷材料如水泥稳定粒料，基层表面应平整、坚实，不得用松散细集料整平。

5. 治理措施

（1）磨平法

1）对高差为 5～10mm 的轻微错台，可采用机械磨平法、人工凿平法进行处治，与邻板凿平之后也可加设传力杆。

2）当错台高低落差大于 10mm 时，采用凿低补平罩面法修补。将低下去的一侧水泥板凿去 10～20mm，使用具有良好粘结力的混凝土材料罩平。修补长度按错台高度除以 1.0% 坡度计算。

（2）板底灌浆抬高法

在下沉板块端钻孔，往孔内注水泥浆，将下沉板块抬升。

（3）填补法

如错台引起碎裂，则应锯切 1m 以上宽度，同时安设传力杆或校正传力杆位置，重浇混凝土板块。

6. 工程实例图片（图3.1-26）

3.1.9　通病名称：混凝土板块脱空、唧浆

1. 通病现象

混凝土板块底部基层出现空洞，并有基层混合料从板缝溢出（图3.1-27）。

图3.1-26　错台找平

图3.1-27　水泥板底脱空、唧浆

2. 规范标准相关规定

《城镇道路养护技术规范》CJJ 36—2016

6.3.8　采用注浆方法处置面板脱空、唧浆应符合下列规定：

1　应通过试验确定注浆压力、初凝时间、注浆流量、浆液扩散半径等参数；

2　注浆孔与面板边的距离不应小于0.5m，注浆孔的数量在块板上宜为3个～5个；

3　注浆孔的直径应与灌注嘴直径一致，宜为70mm～110mm；

4　注浆作业应从脱空量大的地方开始；

5　注浆应自上而下进行灌浆，第一次注浆结束2h后再进行第二次重复注浆；

6　注浆后残留在路面的灰浆应及时清扫、清除；

7　应待灰浆强度达到设计强度后再开放交通。

3. 原因分析

（1）设计原因

1）基层混合料选择不合理，水稳性、防冻性及抗冲刷能力差。

2）路面排水系统存在缺陷，导致积水未能及时疏导。

（2）施工原因

1）基层混合料压实度不足，导致基层松散，抗冲刷能力差。

2）接缝、裂缝未及时封填。接缝材料损坏或缺失，造成水的侵入，对基层造成破坏。

（3）材料原因

基层混合料水稳性、防冻性及抗冲刷能力差。

4. 预防措施

（1）设计措施

选择合适的基层混合料，且考虑路面排水系统的完善。

（2）施工措施

1）对基层或路基压实度和平整度应严格要求。

2）及时对接缝和裂缝进行维修养护，防止水的侵入。

（3）材料措施

基层混合料选择水稳性、防冻性及抗冲刷能力强的材料。

5. 治理措施

（1）注浆法

路面面板沉降且没有破坏时，先将混凝土板钻孔，再用压缩空气或千斤顶把板直接顶起，然后往孔中压住灌浆直至填满空隙密实为止。

（2）面板破碎维修

在封闭车道不严重影响交通的情况下，可把出现脱空的面板直接破碎凿除，然后重新铺筑水泥混凝土面板。

图 3.1-28　板块脱空注浆修复

6. 工程实例图片（图 3.1-28）

3.1.10　通病名称：人行道砖松动、下沉、凸起

1. 通病现象

人行道砖松动、凹凸不平（图 3.1-29）。

2. 规范标准相关规定

《城镇道路养护技术规范》CJJ 36—2016

8.1.4　人行道及其附属设施应处于完好状态，人行道的养护应符合下列规定：

1　表面应平整，无障碍物，无积水，砌块无松动、残缺，相邻块高差应符合要求；

图 3.1-29　人行道砖下沉破损

8.2.1　人行道面层砌块铺装时，应设置满足强度要求的基层。

8.2.2　当人行道下沉和拱胀凸起时，应对基层进行维修。

3. 原因分析

（1）设计原因

路基、基层结构强度不足。

（2）施工原因

1）路基或基层压实度不足，导致基础沉降下陷。

2）灌缝不饱满。填缝材料缺失，造成水的浸入，对基层造成破坏。

3）砂浆调平层厚度超过设计厚度太多。

4）机动车在人行道上行驶，养护期间保护不到位或养护时间短。

（3）材料与其他原因

1）路基或基层混合料未达到设计规范要求的强度。

2）由于人行道上各种管线的敷设和人行道宽度狭小，使土基和基层难以有效压实，导致日后发生沉陷。

3）预制板间接缝无防水功能，雨水下渗和冲刷，使垫层流失，铺面沉陷、开裂。

4）人行道上违章停车是造成人行道损坏的重要外在原因。

4．预防措施

（1）设计措施

1）加强基础，提高基础材料的强度和水稳定性。

2）合理设计人行道横坡及排水系统，预防发生积水。

（2）施工措施

1）施工前测定标高，做好标记，严格把控调平层厚度；

2）严格遵循先管线、后土基、基础、再作铺面的顺序施工。对土基及基础进行有效压实，必须满足设计压实度要求。在碾压困难的地段可采用混凝土基层；

3）铺筑时保证平整度和坡度的同时，应将人行道砖夯实嵌紧；

4）铺筑完成及时扫缝灌缝，灌缝应饱满；

5）养护期间做好交通疏导和围蔽措施，保证养护时间达到设计及规范要求。

（3）材料措施

施工前应对基层混合料配合比进行试验，得到最佳配合比。

5．治理措施

（1）人行道翻修

一般需要重新处理基层，将人行道基层翻松，加入适量水泥拌合，整平、压实；铺砌砖块，灌缝保养。更换的新砖应与旧砖为相同规格和款式。砖块未损坏的，可利用旧砖修复。

（2）人行道升级改造

重新规划设计，提升人行道使用功能。

6．工程实例图片（图3.1-30、图3.1-31）

图3.1-30 人行道砖破损   图3.1-31 人行道砖修复后

3.1.11 通病名称：路缘石不平顺、破损

1. 通病现象

路缘石出现线型不顺直、移位、破损（图 3.1-32）。

2. 规范标准相关规定

《城镇道路养护技术规范》CJJ 36—2016

8.4.1 缘石应保持清洁，冬季应及时清除含有盐类、除雪剂的融雪。

8.4.2 混凝土缘石应保持稳固、直顺。发生挤压、拱胀变形应调整并及时勾缝。

8.4.3 更换的缘石规格、材质应与原路缘石一致。

图 3.1-32 侧石凸起不平顺

8.4.4 道路翻修、人行道改造时，砌筑缘石应采用 C15 水泥混凝土做立缘石背填。

8.4.5 花岗石、大理石类缘石的维修养护，其缝宽不得小于 3mm，最大缝宽不得超过 10mm。

3. 原因分析

（1）设计原因

路缘石选型不能满足路况要求。

（2）施工原因

1）路缘石间未留缝隙，导致拱胀变形。

2）路基压实度不足导致沉降。

3）完工后成品保护不到位，导致破损。

（3）材料原因

1）水泥混凝土路缘石出厂不合格，强度不足。

2）花岗岩路缘石原材料不合格，原材料处于矿脉分界面，导致强度不足。

3）路缘石底座或后座混凝土强度不满足要求。

4. 预防措施

（1）设计措施

合理选择路缘石类型。

（2）施工措施

1）路缘石缝宽不得小于 3mm，最大缝宽不得超过 10mm，及时勾缝。

2）路缘石基础后座应按设计图纸要求施工。

3）路缘石基础应有足够的保养时间，铺砌前应准确放线。

（3）材料措施

1）在厂内加工制作异型砖。

2）材料性能满足质量要求。

5. 治理措施

路缘石修复：将移位或破损的路缘石挖除，基础损坏的，应先重新浇筑基础。铺砌前准确放线，铺砌应采用干硬性水泥砂浆调平。砌筑完成后及时勾缝。

6. 工程实例图片（图 3.1-33）

图 3.1-33　侧平石修复平顺

3.1.12　通病名称：球墨井盖变形损坏、异响、不平整，井盖意外弹起

1. 病害现象

（1）道路排水井盖出现盖板变形损坏（图 3.1-34）；

（2）异响，噪声扰民；

（3）不平整、产生跳车（图 3.1-35）；

（4）井盖意外弹起（图 3.1-36）。

图 3.1-34　井盖出现严重损坏

图 3.1-35　井盖低于路面标高

图 3.1-36　井盖反方向安装意外弹起

2. 规范标准相关规定

《井盖设施建设技术规范》DBJ440100/T 160—2013

5.2.2　球墨铸铁

制作井盖设施所用的球墨铸铁应符合 GB/T 1348 的规定。

6　要求

6.1　外观

6.1.1　盖板顶面不应有拱度，盖板与井座的表面应完整、光滑，材质均匀，无影响产品使用的裂纹、冷隔、缩松、鼓包、沙眼、气孔等缺陷，不得补焊。

6.1.2　盖板与井座的接触面应平整、光滑，盖板落座面与井座支承面应进行机械加工，保证盖板与井座接触平稳。

6.1.3　盖座保持顶平，盖板关闭后盖座之间允许高差为 ±1mm，盖板与井座装配尺寸应符合 GB/T 6414 的要求。

13　日常维护

13.4　路面上的井盖设施，应安装牢固并保持与路面平顺相接。检查井及其周边路面 1.5m×1.5m 范围内不得出现沉陷或突起。如有，应该立即维修整平。

13.5　井盖设施出现松动，或发现井座、盖板、箅子断裂、丢失，应立即维修补装完整。

3. 原因分析

（1）设计原因

1）没有按照城市道路等级、安装位置等因素进行设计，选用合适的井盖。

2）检查井井身设计强度不足。

（2）施工原因

1）井盖下沉引起不平整、产生跳车

① 可调式防沉降井盖施工时没用调节环，沥青混合料泄漏进检查井里；压实机械不适用或压实能力不够；未使用震荡压路机将沥青混合料与路面压平等导致填充沥青混合料的密实度不足；

② 井盖设施直接坐落于井体，荷载完全转移到井体，导致下沉；

③ 使用混凝土浇筑，没用沥青混合料填充，丧失了柔性受力的性能；

④ 井环周边沥青路面破损、检查井井身强度不够、出现破损。

2）井盖安装方向错误，盖板弹起后易引发交通事。

（3）材料原因

1）球墨铸铁材质不符合《球墨铸铁件》GB/T 1348—2009 要求，产生变形，损坏。

2）井盖承载力不足，产生变形损坏。

3）盖板落座面与井座支承面应进行机械加工，平整度不足，产品噪声。

4）井盖没有弹性缓冲减震胶垫，或弹性缓冲减震胶垫材质低劣、易老化、移位、变形和脱落，产品噪声。

5）井盖没有有效的柔性稳固受力（弹性锁定）结构来使盖板牢固在井座内，防止行车经过时产生跳动、震动、噪声。

6）井盖弹性锁容易失效，引发盖板弹起。

4．预防措施

（1）设计措施

按照城市道路等级、安装位置等进行设计，选用的井盖承载能力足，普遍采用球墨铸铁材质，沥青路面圆形井盖设施一律采用可调式防沉降井盖设施。

（2）施工措施

1）统一安装方向，铰链轴需与行车方向垂直，并安装在来车方向，当井盖设施没有正常关闭时，来车不会陷落。

2）安装可调式防沉降井盖所用填料应使用沥青混合料。压实机械压实能力足够并适用。

3）井盖设施安装前，检查井井口应使用预制混凝土调节环，以确保安装高度满足设计要求。

4）井座底部应插入预制混凝土调节环内 30mm 以上，且其外壁与调节环内壁的径向总间隙不大于 5mm，以防止沥青混合料漏入检查井内。

5）须使用"安装限位井圈"，井盖设施安装与沥青路面摊铺同步进行、分层实施，井座承载面底下的沥青应分层夯实，保证压实度不低于周围沥青路面的设计要求。

6）井座底部应喷洒乳化沥青，确保与沥青混合料紧密结合。沥青混合料摊铺初始碾压后，应及时通过填充井座承载面底部的沥青混合料来调整井盖设施标高，然后使用震荡压路机反复轧平压实。

7）井盖设施安装完成后，其标高应与路面保持平整。

8）当在旧有道路更换井盖设施时，旧有井盖设施周围路面应切割整齐、美观；凿除旧有井盖设施后的工作面基底应清理干净，不得有余泥、杂物，并在表面喷洒乳化沥青。

9）设施养护完毕后，应开启和关闭盖板一次，并检查和清理盖板与井座间的砂石，确保井盖设施处于正常使用状态。

（3）材料措施

1）井盖承载能力符合要求，具备产品合格证、质量检测报告，并经抽检检验合格。

2）对盖板落座面和井座支承面严格进行机加工，增加平整度。

3）提高和改善弹性缓冲减震胶垫的材质，增强其耐磨损、耐酸碱、耐油污、抗老化等性能；优化镶嵌工艺，镶嵌凹槽机加工成"燕尾槽"式结构，胶垫横断面为梯形结构，采用镶嵌方式安装。

4）采用弹性锁定结构。

5）采用防盗铰链设计，提高材质强度，采用较粗的不锈钢防盗铰链轴。

5. 治理措施

（1）井盖变形损坏、不平整、产生跳车的，必须采取规范更换安装高品质球墨铸铁可调式防沉降防盗井环盖或提升调平原有井盖。

（2）井盖与井环存在高差、噪声，必须更换井盖橡胶垫圈。

（3）井盖安装方向错误的，必须重新安装。

（4）加强巡检，发现井盖不符合适用的要求的，进行维护或更换。

6. 工程实例及图片（图 3.1-37 ~图 3.1-40）。

图 3.1-37　应用高品质球墨铸铁可调式防沉降防盗井环盖

图 3.1-38　井盖与井框之间接触面平整

图 3.1-39　弹性锁定结构

图 3.1-40　梯形燕尾槽高品质弹性缓冲减震胶垫

3.2　桥梁维护工程

3.2.1　通病名称：混凝土梁、敦（柱）等裂缝

1. 通病现象

桥梁梁体、墩柱或挡墙裂缝（图 3.2-1）。

2. 规范标准相关规定

《城市桥梁养护技术标准》CJJ 99—2017

5.3.1　钢筋混凝土及预应力混凝土桥梁应每年进行一次裂缝观察。结构裂缝应重点检查受拉、受剪区域，表面温度裂缝应重点检查构件的较大面。

图 3.2-1　梁板裂缝

5.3.2　钢筋混凝土及预应力混凝土桥梁裂缝应根据裂缝类型和构件抗裂等级分别采用不同的方法处理。恒载裂缝宽度最大限值应符合表5.3.2的规定，超过最大限值时，应查明原因，采取下列措施进行处理：

恒载裂缝宽度最大限值 　　　　　　　　　　表5.3.2

结构类型	裂缝部位及所处侵蚀环境			允许最大裂缝宽度（mm）
钢筋混凝土构件	A 类			0.20
	B 类			0.20
	C 类			0.15
	D 类			0.15
预应力混凝土构件	非结构裂缝			0.10
	结构裂缝			不允许或按设计规定
混凝土拱	拱圈横向			0.30（裂缝高小于截面高一半）
	拱圈竖向（纵缝）			0.50（裂缝长小于跨径1/8）
	拱波与拱肋结合处			0.20
墩台	墩台帽			0.30
	墩台身	A 类		0.40（不允许贯通墩台身截面一半）
		B 类	有筋	0.25
			无筋	0.35（不允许贯通墩台身截面一半）
		C、D 类	有筋	0.20
			无筋	0.30（不允许贯通墩台身截面一半）

注：所处侵蚀环境按本规范表4.3.14侵蚀环境分类表规定选取。

1　对非结构裂缝应观察其发展状态，在不影响结构安全的前提下，可封闭处理。

2　对结构裂缝，应根据抗裂等级的不同，分别采取下列措施：

1）当裂缝宽度大于允许最大裂缝宽度时，应查明开裂原因，进行裂缝危害评估，确定处理措施。

2）预应力混凝土构件受压区，一旦发现裂缝，应立即封闭交通，严禁车辆和行人在桥上、桥下通行，并应进行结构可靠性评估，判别裂缝的危害程度，并提出相应的处理措施。

3）预应力混凝土构件受拉区，出现结构性裂缝，应进行裂缝危害评估，确定处理措施。

5.4.3　圬工拱桥的恒载裂缝宽度最大限值应符合表5.4.3的规定。当裂缝宽度超过表列数值时，应查明原因，及时维修与加固。

恒载裂缝宽度最大限值   表5.4.3

结构类别	裂缝部位及所处侵蚀环境	允许最大裂缝宽度（mm）
上部结构	拱圈横向	0.30（裂缝高度小于截面高度一半）
	拱圈纵向（竖缝）	0.50（裂缝长度小于跨径1/8）
	拱波与拱肋结合处	0.20
砖石墩台墩台身	A 类	0.40
	B 类	0.25
	C 类、D 类	0.20（不允许贯通墩身截面一半）

5.4.5　圬工拱桥结构变形超过限值时，应及时进行维修与加固。砌体损坏严重、拱轴线严重变形时必须翻修。

5.6.2　钢－混凝土组合梁中混凝土桥面板不得有纵向劈裂裂缝。应每季度检查一次，检查纵向裂缝的宽度、长度、位置、密度及发展程度等，难以辨明时应拆除部分铺装层进行观测。当产生纵向劈裂裂缝时，应采取加固措施。

5.6.3　桥面横向裂缝可每季度检查一次。在连续组合梁支座及其附近的桥面板，不应有裂缝和渗漏水，应加强对其结合部位的保养维修。裂缝和渗漏水部位，应重做防水和封闭裂缝。纵向钢筋失效引起的裂缝，应采取纵向受力加固措施。预应力混凝土桥面板预应力失效产生裂缝，应立即修复加固。

6.2.2　墩台的维修与加固应符合下列规定：

3　当墩台裂缝超过本标准表 5.3.2 或表 5.4.3 限值时，应查明原因，并采取下列措施进行加固：

1）当裂缝宽度小于或等于规定限值时，应进行封闭处理。

2）当裂缝宽度大于规定限值且小于0.5mm时，应灌浆；大于0.5mm的裂缝应及时修补。

3）当石砌圬工出现通缝和错缝时，应拆除部分石料，重新砌筑。

4）当活动支座失效造成墩台拉裂时，应修复或更换支座，并维修裂缝。

5）对由基础不均匀沉降产生的自下而上的裂缝，应先加固基础，并应根据裂缝发展程度确定加固方法。

6）对碱骨料反应、冻融环境、氯离子侵蚀、空气或水污染腐蚀的混凝土，应采取相应保护措施。当造成混凝土裂缝扩展、混凝土损坏时，应及时修补。

3. 原因分析

（1）设计原因

钢筋混凝土构件的内应力计算有误或配筋分布不合理等。

（2）施工原因

1）混凝土浇筑顺序或分块不合理。

2）混凝土养护措施不到位，未针对特殊天气制定质量保证措施。

3）不按设计图纸施工，导致结构受力模式改变。预制梁体吊装及安装违反操作流程等。

（3）材料原因

混凝土配合比不合理，水灰比大，骨料用量少等，引起混凝土的强度、刚度、稳定性不足。

4．预防措施

（1）设计措施

正确计算钢筋混凝土构件内应力，合理布置钢筋。

（2）施工措施

1）合理安排施工工序，合理地分缝分块施工。

2）按图施工，按图进行钢筋布置。

3）浇筑完成应及时进行养护，针对不同季节、温度及混凝土体积采取养护措施，防止裂缝产生。

（3）材料措施

对混凝土配合比进行对比试验，并及时调整施工配合比。

5．治理措施

（1）裂缝表面封闭

对于细小的非结构性裂缝可以通过表面封缝处理，即在混凝土表面沿着裂缝凿出Ⅴ形槽口，清理干净，接下来刷素水泥浆，再将膨胀砂浆填充进去，在表面抹压湿面进行养护。

（2）裂缝压力灌浆

压力灌浆即利用液压或气压把能凝固的浆液均匀地注入裂缝中，浆液以填充、渗透和挤密等方式，驱走缝间的水分和空气后填充其位置，通过胶液固化，与缝间混凝土胶结成整体，从而达到加固的效果。

（3）钢板粘贴加固

（4）碳纤维布粘贴加固

粘贴碳纤维布加固适用于抗弯拉能力或者承载能力不足的钢筋混凝土构件，但该加固工艺不适于发生剪切破坏的混凝土构件。

6．工程实例图片（图 3.2-2、图 3.2-3）

 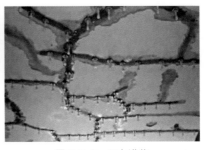

图 3.2-2　粘贴钢板加固　　　　　　　　　　图 3.2-3　压力灌浆

3.2.2　通病名称：混凝土结构露筋、锈胀、剥落

1. 通病现象

桥梁梁、墩（柱）、防撞墙等混凝土保护层剥落、露筋（图 3.2-4）。

2. 规范标准相关规定

《城市桥梁养护技术标准》CJJ 99—2017

图 3.2-4　剥落、露筋

5.3.3　钢筋混凝土及预应力混凝土结构发生混凝土剥落、露筋等现象时，应及时清除钢筋锈迹，凿去表面松动的混凝土后进行修补。对损坏面积较大的结构，凿除混凝土后不得明显降低结构的承载力，必要时宜采用分批修补。

5.3.4　当预应力混凝土构件锚固端的封端混凝土出现裂缝、剥落、渗漏、穿孔、预应力锚具暴露时，应及时对预应力锚具刷防锈漆，重做封端混凝土。

5.3.5　钢筋混凝土及预应力混凝土桥梁构件出现明显的损伤或产生明显的变形、移位，应依据特殊检测评估做设计，进行修复或加固。

5.6.4　桥面板受压区混凝土压裂、压碎、磨损，应及时加固修复。

6.2.2　墩台的维修与加固应符合下列规定：

1　当表面风化剥落深度在 30mm 及以内时，应采用 M10 以上的水泥砂浆或环氧砂浆修补；当剥落深度超过 30m，且损坏面积较大时，应增设钢筋网浇筑混凝土层，浇筑混凝土前应清除松浮部分，用水冲洗，并宜采用锚钉连接。

3. 原因分析

（1）设计原因

混凝土保护层设计厚度不足。

（2）施工原因

1）施工过程中保护层厚度未能按照规范要求实施。

2）浇筑混凝土时，钢筋定位措施不足，导致钢筋移位外露或保护层不足。

（3）材料原因

混凝土是一种多孔性的易脆材料，因水化放热，凝固干缩而产生裂纹，水通过裂缝深入结构内部，导致钢筋锈蚀膨胀，最后混凝土保护层脱落。

4. 预防措施

（1）设计措施

各部位混凝土保护层厚度应符合设计及规范要求。

（2）施工措施

严格检查钢筋绑扎情况定位情况。确保钢筋保护层厚度。

（3）材料措施

宜在混凝土表面涂装防水材料，增强防水性。

5. 治理措施

（1）钢筋混凝土及预应力混凝土结构发生混凝土剥落、露筋等现象时，应及时清除钢筋锈迹，凿去表面松动的混凝土后进行修补。对损坏面积较大的结构，凿除混凝土后不得明显降低结构的承载力，必要时宜采用分批修补。

（2）当预应力混凝土构件锚固端的封端混凝土出现裂缝、剥落、渗漏、穿孔、预应力锚具暴露时，应及时对预应力锚具刷防锈漆，重做封端混凝土。

（3）钢筋混凝土及预应力混凝土桥梁构件出现明显的损伤或产生明显的变形、移位，应依据特殊检测评估做设计，进行修复或加固。

（4）桥面板受压区混凝土压裂、压碎、磨损，应及时加固修复。

（5）当墩台表面风化剥落深度在 30mm 及以内时，应采用 M10 以上的水泥砂浆或环氧砂浆修补；当剥落深度超过 30m，且损坏面积较大时，应增设钢筋网浇筑混凝土层，浇筑混凝土前应清除松浮部分，用水冲洗，并宜采用锚钉连接。

（6）锈胀修复

清除松动的混凝土块，对锈蚀钢筋进行除锈处理并清理干净，可用钢刷或电动砂轮机。对钢筋除锈后即进行防锈处理，可采用复合氨基醇水性混凝土防锈浸渍剂进行钢筋锈蚀防护处理。再用环氧树脂砂浆找平修补。

6. 工程实例图片（图3.2-5、图3.2-6）

图3.2-5　锈胀找平　　　　　　图3.2-6　锈胀修复

3.2.3　通病名称：支座锈蚀、破损

1. 通病现象

桥梁支座老化、锈蚀、破损（图3.2-7）。

2. 规范标准相关规定

1）《城市桥梁养护技术标准》CJJ 99—2017

图3.2-7　支座污损

6.1.1　支座应定期检查和养护，并应符合下列规定：

1　支座各部分应完整、清洁、有效，支座垫板应平整、紧密、锚固牢固。支座周边应干燥、洁净，无积水、油污。

2 支座应每半年检查、清扫一次，应每年养护一次。

3 支座养护前应检查支座状况，并与前一次检查养护结果进行比较，并留存记录。

4 固定支座应检查锚栓的坚固性，支承垫板应平整紧密。

5 活动支座应保持灵活，实际位移量应符合设计规定。

6 支座外露金属构件不得锈蚀，应定期清洁、除锈、刷防锈漆，但铰轴、辊轴、不锈钢滑动面处不得涂刷油漆。局部除锈刷漆颜色宜和原色一致，整体除锈刷漆颜色宜和梁体颜色一致。

7 滑移的支座应及时复位，损坏或状态达不到设计使用要求的支座应及时更换。

8 支座周边积水应检查积水原因，及时处理，必要时可做散水坡。

2）《城市桥梁结构加固技术规程》CJJ/T 239—2016

12.3.2 支座更换应符合下列规定：

1 顶升前应对桥梁基础、下部结构、梁体、桥面系和附属工程的技术状况逐一进行检查。

2 应对基础、下部结构及上部承重结构的缺陷按本规程规定的方法先行处理。

3 操作平台应有足够的操作空间。

4 在千斤顶与梁体之间应用垫板扩大接触面，千斤顶顶面、垫板、梁体底面之间应密合、平稳，不得损伤梁体结构。

5 检查、校正顶升设备并就位，支座整体顶升更换的系统宜选用可编程逻辑控制液压同步顶升系统。

6 顶升装置验收合格后方可进行试顶加载，顶至梁体脱空 2mm ～ 5mm 时应停止，并应停放 5min ～ 10min 进行观察，无任何异常后方可进行后续顶升。

7 千斤顶同步顶升应控制起梁速度，宜采用观测梁体起顶高度和千斤顶的起顶力施行双控。

8 顶升到设计高度后应垫实梁体，回落千斤顶应使梁板支承于临时支撑设施上。

9 在梁体顶升完成后，应修整、更换支承垫石、梁底钢板和支座。

10 支座更换完成后，应同步顶起梁体，逐步撤除垫块，同步缓慢回落梁板至更换好的支座，并应详细检查垫石及支座，确认压紧密贴、位置正确后，方可撤除顶升系统。

3. 原因分析

（1）设计原因

1）支座的选型与布置不当。

2）防水、排水装置设计缺陷，使支座锈蚀。

3）支座边缘距离不够。

4）支座支承垫石补强钢筋不足。

（2）施工原因

1）垫石未按图纸施工，导致垫石强度不足。

2）支座安装未按设计规范要求，导致受力不良。

（3）材料原因

1）铸件等材料性能不符合要求。

2）金属支座的油漆、防腐防锈处理不可靠。

4. 预防措施

（1）设计措施

1）合理选定支座型号及布置形式。

2）充分考虑排水系统对支座的影响，使支座处于干燥状态。

（2）施工措施

1）安装前，滑动面、滚动面夹杂尘埃、异物。

2）垫石施工及安装支座严格按照规范施工。

（3）材料措施

支座进场时严格，送检合格方可使用。

5. 治理措施

（1）日常养护

1）支座各部分应保持完整、清洁。及时清除支座周围的垃圾杂物，保证支座正常工作。同时应经常清扫污水，排除墩台墩帽积水，防止橡胶支座接触油脂。

2）支座应每半年检查、清扫一次，应每年养护一次。

3）支座外露金属构件不得锈蚀，应定期清洁、除锈、刷防锈漆，但铰轴、辊轴、不锈钢滑动面处不得涂刷油漆。局部除锈刷漆颜色宜和原色一致，整体除锈刷漆颜色宜和梁体颜色一致。

4）滑移的支座应及时复位，损坏或状态达不到设计使用要求的支座应及时更换。

（2）更换支座

1）板式橡胶支座发生过大剪切变形、老化、开裂等应及时更换。

2）若支座不能通过修复恢复使用功能，则需更换。更换支座应按照规范《城市桥梁结构加固技术规程》CJJ/T 239—2016 的相关要求进行。

6. 工程实例图片（图 3.2-8、图 3.2-9）

图 3.2-8　支座更换作业

图 3.2-9　支座更换作业

3.2.4　通病名称：伸缩缝松动、破损

1. 通病现象

桥梁伸缩缝松动、断裂、破损（图 3.2-10）。

2. 规范标准相关规定

《城市桥梁养护技术标准》CJJ 99—2017

5.2.1　伸缩装置的一般养护应符合下列规定：

1　伸缩装置应平整、直顺、伸缩自如，处于良好的工作状态。有堵塞时应及时清除，出现渗漏、变形、开裂，行车有异常响声、跳车时，应及时维修。梳齿板、橡胶板或异型钢类伸缩缝表面，应每月进行一次清缝工作。伸缩装置下方的梁端缝隙，应每年清理不少于两次。

图 3.2-10　伸缩缝破损

2　伸缩装置对应处的栏杆、平侧石、人行道、梁体等应断开。

3　梳齿板和橡胶板式伸缩装置的固定螺栓应每季度保养一次，松动应及时拧紧；梳齿板和橡胶板丢失应及时补上，弹簧（止退）垫不得省略。严重破损的梳齿板和橡胶板，应及时按同型号进行更换。

4　伸缩装置的密封橡胶带（止水带），损坏后应及时更换。密封橡胶带的选择，应满足原设计的规格和性能要求。

5　当钢板伸缩装置的钢板松动、开焊、翘曲和脱落时，应及时修复。

6　当弹塑体伸缩装置出现脱落、翘起时，应及时清除，并重新浇筑。当伸缩装置两侧沥青混凝土破损或平整度偏差大于 3mm 时，应进行清除后重新摊铺、碾压沥青混凝土，并应按新建要求重新安装弹塑体伸缩装置。

3. 原因分析

（1）设计原因

1）伸缩缝选型不当，在反复荷载作用下，梁端破损引起伸缩装置失灵。

2）梁端变形量计算不当，采用了过大的伸缩间距，导致伸缩装置破损。

（2）施工原因

1）伸缩装置间距未按设计要求施工，间距过小止水带胶条易因超限挤压凸起而造成跳车，间距过大止水带胶条易松动脱出定位角钢。

2）伸缩缝刚性带耐久性差，导致伸缩功能失效。

（3）材料原因

1）伸缩装置本身构造刚度不足，锚固构件强度不足，在营运过程中产生不同程度的破坏。

2）伸缩装置的后浇刚性带材料选择不当，易破损，导致伸缩缝松动。

3）止水带胶条老化，破裂。

4．预防措施

（1）设计措施

路面行车现状调查，合理选择伸缩缝类型及变形量。

（2）施工措施

1）严格按照设计要求安装伸缩装置。

2）伸缩装置对应处的栏杆、平侧石、人行道、梁体等应断开。

（3）材料措施

合理选择伸缩缝刚性带材料。

5．治理措施

（1）伸缩缝清理、维修

1）经常性检查和清除自由端缝内硬物、杂物，保持伸缩缝自由伸缩。有堵塞时应及时清除，出现渗漏、变形、开裂，行车有异常响声、跳车时，应及时维修。

2）梳齿板、橡胶板或异型钢类伸缩缝表面，应每月进行一次清缝工作。伸缩装置下方的梁端缝隙，应每年清理不少于两次。

3）梳齿板和橡胶板式伸缩装置的固定螺栓应每季度保养一次，松动应及时拧紧；梳齿板和橡胶板丢失应及时补上，弹簧（止退）垫不得省略。严重破损的梳齿板和橡胶板，应及时按同型号进行更换。

4）检查密封橡胶带是否老化或漏水，若出现破损现象，可根据现场情况采取整条更换方式。

5）当钢板伸缩装置的钢板松动、开焊、翘曲和脱落时，应及时修复。

6）当弹塑体伸缩装置出现脱落、翘起时，应及时清除，并重新浇筑。当伸缩装置两侧沥青混凝土破损或平整度偏差大于 3mm 时，应进行清除后重新摊铺、碾压沥青混凝土，并应按新建要求重新安装弹塑体伸缩装置。

（2）伸缩缝改造

采用新型伸缩缝形式，满足行车舒适需求，如采用无缝伸缩缝等。

6．工程实例图片（图 3.2-11、图 3.2-12）

图 3.2-11　安装伸缩缝　　　　　　　　　　图 3.2-12　修复刚性带

3.2.5　通病名称：排水设施不通畅、渗漏

1. 通病现象

桥梁泄水管或泄水口阻塞、渗漏（图 3.2-13）。

2. 规范标准相关规定

1）《城市桥梁工程施工与质量验收规范》CJJ 2—2018

20.1.1　汇水槽、泄水口顶面高程应低于桥面铺装层 10mm～15mm。

20.1.2　泄水管下端至少应伸出构筑物底面 100mm～150mm。泄水管宜通过竖向管道直接引至地面或雨水管线，其竖向管道应采用抱箍、卡环、定位卡等预埋件固定在结构物上。

2）《城市桥梁养护技术标准》CJJ 99—2017

图 3.2-13　泄水管破损

10.1.1　桥面泄水孔应完好、畅通、有效。当收水口无法正常汇水时，应查明原因后，采取针对性措施，并应对收水口周边桥面或引道进行系统改造。

10.1.2　桥面泄水管和排水槽应完好、畅通，外观整洁美观。雨季前应全面检查和疏通，降水较多地区可加大检修频率，出现堵塞、残缺破损应及时疏通或维修更换。跨河桥梁泄水管下端露出不应少于 10cm，立交桥泄水管出口宜高出地面 30cm～50cm 或直接接入雨水系统。

3. 原因分析

（1）设计原因

1）收水口设置不合理。

2）排水能力设计不能满足排水需求。

（2）施工原因

1）泄水管安装时，坡度未按规范设计要求施工，管道安装接口不密实，管道坡度过于平缓或逆坡。

2）泄水管抱箍安装不牢靠，导致泄水管移位，造成排水不畅而堵塞。

3）坡度小和有弯头的管段淤积的杂物，造成排水不畅。

（3）材料原因

管道材料耐久性差。

4. 预防措施

（1）设计措施

合理设置泄水管坡度及管径。

（2）施工措施

1）管道安装接口细致认真，管道坡度严格按照设计图纸。

2）安装时时刻检查抱箍、定位卡的稳固性。

3）对排水系统进行定期检查，发现问题及时养护。

（3）材料措施

选用强度符合规范设计要求的泄水管道。

5. 治理措施

（1）日常养护

汇水口垃圾应及时清理，收水口井盖缺失应及时修复。

（2）维修或更换泄水管

泄水管阻塞无法疏通时，需对阻塞段进行更换。安装时认真疏通管道，除去杂物。保持管道安装坡度均匀，不得有倒坡。

6. 工程实例图片（图3.2-14、图3.2-15）

图3.2-14　泄水管破损　　　　　图3.2-15　泄水管修复

3.2.6　通病名称：涂装层脱皮、剥落

1. 通病现象

桥梁结构涂装层空鼓、剥落（图3.2-16）。

2. 规范标准相关规定

《城市桥梁工程施工与质量验收规范》CJJ 2—2008

图3.2-16　梁底涂装层脱落

22.3.1　涂装前应将基面的麻面、缝隙用腻子刮平。腻子干燥后应坚实牢固，不得起粉、起皮和裂纹。施涂前应将腻子打磨平整光滑，并清理干净。

22.3.2　涂料的工作黏度或稠度，应以在施涂时不流坠、无刷纹为准，施涂过程中不得任意稀释涂料。

22.3.3　涂料在施涂前和施涂过程中，均应充分搅拌，并在规定的时间用完。

22.3.4　施涂溶剂型涂料时，后一遍涂料必须在前一遍涂料干燥后进行；施涂水性或乳液涂料时，后一遍涂料必须在前一遍涂料表干后进行。

22.3.5　采用机械喷涂时，应将不喷涂的部位遮盖，不得沾污。

22.3.6　同一墙面应用同一批号的涂料，每遍涂料不宜施涂过厚，涂层应均匀、色泽一致，层间结合牢固。

3．原因分析

（1）设计原因

未对基面病害进行设计处理，而直接涂装。

（2）施工原因

涂装前基底未清理干净。

（3）材料原因

涂层材料选择不合理，涂装材料老化。

4．预防措施

（1）设计措施

对基面病害采取有效处理措施。

（2）施工措施

1）涂装前应将基底清理干净，扫除杂物。

2）涂料按配合比配好后，在规定时间内完成作业。

（3）材料措施

涂层材料性能应符合设计要求，配合料应符合设计配比要求。

5．治理措施

（1）清除混凝土表面，采用高压淡水（压力不小于 20MPa）、喷砂或手工打磨等方法将混凝土表面的浮灰、浮浆、夹渣、苔藓以及疏松部位清理干净。

（2）在修补部位涂刷封闭漆，涂装前应将基面的麻面、缝隙用腻子刮平。腻子干燥后应坚实牢固，不得起粉、起皮和裂纹。施涂前应将腻子打磨平整光滑，并清理干净。

（3）涂料的工作黏度或稠度，应以在施涂时不流坠、无刷纹为准，施涂过程中不得任意稀释涂料。

（4）涂料在施涂前和施涂过程中，均应充分搅拌，并在规定的时间用完。

（5）施涂溶剂型涂料时，后一遍涂料必须在前一遍涂料干燥后进行；施涂水性或乳液涂料时，后一遍涂料必须在前一遍涂料表干后进行。

（6）采用机械喷涂时，应将不喷涂的部位遮盖，不得沾污。

（7）同一墙面应用同一批号的涂料，每遍涂料不宜施涂过厚，涂层应均匀、色泽一致，层间结合牢固。

6．工程实例图片（图 3.2-17、图 3.2-18）

图 3.2-17　梁底涂装　　　　图 3.2-18　梁底涂装层修复后

3.2.7　通病名称：声屏障破损

1. 通病现象

桥梁声屏障破损（图 3.2-19）。

图 3.2-19　声屏障损坏

2. 规范标准相关规定

1）《城市桥梁工程施工与质量验收规范》CJJ 2—2018

21.1.1　隔声和防眩装置应在基础混凝土达到设计强度后，方可安装。施工中应加强产品保护，不得损伤隔声和防眩板面及其防护涂层。

21.1.2　防眩板安装应与桥梁线形一致：防眩板的荧光标识面应迎向行车方向，板间距、遮光角应符合设计要求。

21.1.3　声屏障加工与安装应符合下列规定：

1　声屏障的加工模数宜由桥梁两伸缩缝之间长度而定。

2　声屏障必须与钢筋混凝土预埋件牢固连接。

3　声屏障应连续安装，不得留有间隙，在桥梁伸缩缝部位应按设计要求处理。

4　安装时应选择桥梁伸缩缝一侧的端部为控制点，依序安装。

5　5级（含）以上大风时不得进行声屏障安装。

2）《城市桥梁养护技术标准》CJJ 99—2017

10.7.1　声屏障应干净、有效、完整、牢固，应每月冲洗一次。损坏、缺失的部分应及时修补。

3. 原因分析

（1）设计原因

1）声屏障设计未与桥梁附属设施同步设计、同步施工。

2）声屏障底座强度不足。

（2）施工原因

1）声屏障立柱垂直度不足，造成倾斜。

2）基础螺栓未能拧紧，松动。

3）未按规范要求定期巡检养护。

（3）材料原因

声屏障基础安装部位螺栓不牢靠，立柱强度不足。

4. 预防措施

（1）设计措施

对原有设施进行复核验算，不满足要求的应采取补强措施。

（2）施工措施

1）声屏障立柱安装时保证垂直度，不发生歪斜。

（2）按规范要求定期巡检养护，发现病害及时维修。

（3）材料措施

对声屏障成品及半成品进行材料检测，检测合格方可使用。

5. 治理措施

（1）日常养护

声屏障应每月冲洗一次。

（2）维修或更换声屏障

底座维修：拆除连接的声屏障屏体和骨架，清理损坏的底座，凿除防撞墙表层混凝土，深度需确保主筋全部露出。在主筋上焊接锚固钢筋，锚固钢筋与底座钢板连接采用双面全焊。修复被凿除的防撞墙混凝土，并进行养护。

骨架：隔声屏骨架发生缺损，应立即依照原构件进行原样修复。发生变形，应及时对变形构件进行矫正。

屏体：隔声屏屏体多为卡普隆、玻璃或彩钢板式。当发生损坏或变形时，都应进行整体更换。

零星部件：对缺失、缺损的螺栓、嵌条、铆钉等零星小构件需及时进行补齐、更换。

6. 工程实例图片（图 3.2-20）

图 3.2-20 声屏障修复

3.3 交通设施维护工程

3.3.1 通病名称：交通标志铝板弯曲、变形、残损、不平整，支撑件锈蚀

1. 通病现象

标志铝板整体弯曲、变形、掉角、开裂现象和严重不平整，支撑件出现锈蚀（图 3.3-1 ~ 图 3.3-3）。

图 3.3-1 标志铝板弯曲、变形、不平整

图 3.3-2 标志铝板开裂

图 3.3-3 支撑件（立柱）出现锈蚀

2. 规范标准相关规定

（1）设计规范标准相关规定

1）《城市道路交通标志和标线设置规范》GB 51038—2015

3.1 设置原则

3.1.8 交通标志和标线的养护、管理应专有机构负责。应定期开展排查，发现交通标志和标线损毁、灭失的，应及时修复；需增加交通标志和标线，应及时设置。

3.2 设置流程

3.2.3 交通标志和标线的设计应包括下列内容：

1 交通标志的设置位置、内容、种类；版面和尺寸设计；支撑方式、标志板、支撑件、连接件、基础；强度、稳定性验算；视认角度验算及视认环境评价；材料及施工工艺要求等。

3.2.4 交通标志和标线应按设计、施工工艺要求进行施工。

2）《道路交通标志板及支撑件》GB 23827—2009

5.2.5 支撑件应表面光洁，颜色均匀一致，不应有破损、变形、锈蚀、漏镀及各种焊缝缺陷。

5.1.7 标志立柱为钢结构件时，顶部应加盖柱帽。柱帽结构尺寸应符合设计要求。

5.3 钢构件防腐层质量

采用钢构件制作的支撑件，其防腐层质量应符合GB/T 18226的要求，其中采用单一热浸镀锌处理时，热浸镀锌量应满足一下规定：

a）标志底板、滑槽、立柱、横梁、法兰盘等大型构件，其镀锌量不低于$600g/m^2$；

b）抱箍、紧固件等小型构件，其镀锌量不低于$350g/m^2$；

（2）施工工艺规范标准相关规定

1）在同一块标志板上，标志底板和标志板面所采用的各种材料应具有相容性，不应因电化学作用、不同的热膨胀系数或其他化学反应等造成标志板的锈蚀或其他损坏。在保证视认性前提下，标志板可分块制作，现场拼装。

2）标志采用厚度为3mm的铝合金作底板，铝合金板采用滑动铝槽加固，加固间距50cm。标志板应平整，表面无明显凹痕或变形，板面不平度不应大于7mm/m。

3）合理选择支撑方式和钢管规格型号、尺寸。大型标志柱、梁的焊接部位应符合钢结构焊接规范的质量要求。

4）标志立柱、梁的金属构件要求外观整洁，镀锌量符合要求，锌层无脱落、污染和损坏。不允许有漏镀、流挂、滴瘤或交杂结块。

5）交通标志在运输、安装过程中，不应损伤标志面、标志板及金属构件的镀层，否则应该进行修补或更换。

6）标志的位置、数量、安装角度应符合设计要求。

7）大型标志的地基承载力应符合设计要求。基础经养护达到设计强度70%后才允许进行标志杆和标志牌安装。标志安装的要求如下：①立柱竖直度误差为 ±3mm/m。②门架水平横梁误差为 ±5mm/m。③标志牌安装角度误差为 ±3°。④标志牌下缘至路面净空（净空）误差为 ±50mm。⑤标志牌紧固螺栓安装螺母后要求有适当余量。⑥标志牌要求外观整洁、无透光、起泡、划痕和损伤，安装前用湿布拭擦干净表面的灰尘。

3. 原因分析

（1）设计原因

1）没有结合当地气候条件、城市道路等级、安装位置、交通限高等因素进行设计。

2）没有结合项目实地情况进行设计，如人行道升高、树木遮挡顶撞等导致标志损坏。

（2）施工原因

1）施工人员施工技术经验不足，对设计规范、施工图纸和施工质量标准不熟悉、不了解，技术交底不够详细。

2）施工前没有对标志位置进行详细勘察，发现问题没有向设计单位提出。

3）标志运输过程中没有做好标志保护措施，导致扭曲、变形或损坏。

4）施工过程技术人员没有执行施工组织设计质量保证措施，对可能出现质量问题的标志板进行正常安装施工，用硬质工具对标志板面进行敲打调整，对不可避免被绿化遮挡的标志没有及时反馈给建设单位，导致标志板因遮挡顶碰，或被大型货车刮碰损坏。

（3）材料原因

1）标志底板违规采用铝塑板材。

2）铝合金板、钢管材、法兰、抱箍、紧固件的状态、厚度、力学性能等不符合设计和规范标准要求。

3）支撑件的镀锌量太低。

4. 预防措施

（1）设计措施

结合当地气候条件、城市道路等级、安装位置、交通限高等因素进行设计。考虑现场存在人行道升高、树木遮挡等问题，提出设计解决方案。

（2）施工措施

1）施工人员技术经验丰富，技术交底到位。

2）施工前组织对图纸标志位置进行勘察和摸查，确保安装位置合理妥当。

3）夯实标志基础的地基，承载力需符合设计要求，混凝土浇筑过程应分层进行，上层混凝土应在下层混凝土初凝之前浇筑完成，并振捣密实。

4）运输过程中，标志需做好保护有效保护措施，防止扭曲、变形损坏。出现损坏的必须进行修补或更换，严禁直接使用。

5）强化施工质量验收标准责任意识，施工时严格执行标志安装施工及验收技术要求（《城市道路交通标志和标线设置规范》GB 51038—2015 中 17.2 交通标志施工及验收），禁止有质量问题的标志板进入施工现场，禁止用硬质工具对标志板面进行平整度调整，对不符合安装标准要求的标志及时反馈建设单位，并提出合理解决方案。

（3）材料措施

1）铝合金板、钢管材、法兰、抱箍、紧固件等材料必须具备产品合格证、质量检测报告，并经抽检检验合格。

2）支撑件的镀锌量、镀锌厚度符合设计规范要求。

5. 治理措施

（1）对损坏严重的标志进行更换，局部锈蚀进行打磨清洁、喷涂防锈漆和防锈涂料。

（2）发现交通标志被绿化植遮挡，及时上报建设管理单位，对绿化植进行修剪。

（3）增加养护巡查频率，发现问题及时处理，确保交通标志的内容正确、板面洁净，指引清晰。

图 3.3-4　交通标志安全

6. 工程实例图片（图 3.3-4）

3.3.2　通病名称：交通标志反光膜粉化、褪色，逆反射系数低

1. 通病现象

反光膜粉化、褪色严重和逆反射系数较低（图 3.3-5、图 3.3-6）。

图 3.3-5　反光膜粉化严重导致剥落　　　图 3.3-6　反光膜严重褪色

2. 规范标准相关规定

（1）设计规范标准相关规定

《道路交通反光膜》GB/T 18833—2012

5　技术要求

5.2　外观质量

反光膜应有平滑、洁净的外表面，不应有明显的划痕、条纹、气泡、颜色及逆反射不均匀等缺陷，其防粘纸不应有气泡、皱折、污点或杂物等缺陷。

5.3　光度性能

5.3.1　反光膜的光度性能以逆反射系数表述，各类反光膜（包括丝网印刷和贴覆电刻膜后的反光膜，以下同），其逆反射系数 RA 值不应低于表 1 ～表 7 给出的相应类别的规定。

5.3.2　反光膜如不具备旋转均匀性，即在不同旋转角条件下的光度性能存在差异时，制造商应沿其逆反射系数值较大方向做出基准标记。

（2）施工工艺规范标准相关规定

1）反光膜应尽量可能减少拼接，任何标志的字符、图案不允许拼接，当标志板的长度或宽度、圆形标志的直径小于反光膜产品的最大宽度时，底膜不应有拼接缝。

2）当粘贴反光膜不可避免出现接缝时，应按反光膜产品的最大宽度进行拼接。

3）反光膜任一处面积为 50cm×50cm 的表面上，不得存在总面积大于 10mm^2 或一个以上的气泡。

3. 原因分析

（1）设计原因

1）没有结合当地气候、城市道路等级和反光膜类型分类进行设计。

2）由于局部地区、区域雨季频繁、日照时间较长、强度大，反光膜设计类型不合理。

（2）施工原因

1）数码打印反光膜制作质量不符合要求。

2）作业人员贴膜施工经验不足。

3）贴膜前底板清洁不到位，反光膜拼接较多，拼接缝过大，存在气泡。

4）膜面刮损，底板脱胶。

5）反光膜粉化后未及时更换，发展严重引起反光膜剥落、脱胶、分层。

（3）材料原因

1）反光膜各种技术性能指标不符合《道路交通反光膜》GB/T 18833 的要求。

2）不具备旋转均匀性的反光膜，安装时没有选择合适的方向。

4. 预防措施

（1）设计措施

结合当地气候、城市道路等级和反光膜类型分类等因素进行合理设计。针对雨季频繁，日照时间较长、强度大的区域，合理选择反光膜类型设计。

（2）施工措施

1）数码打印反光膜采用经过厂家认证的数码打印设备进行打印，打印设备使用的油墨规定为专用的 UV 油墨，对打印的成品采用透明耐用专用保护膜保护覆盖。

2）对作业人员进行贴膜技术标准交底，熟悉贴膜技术规范标准要求。

3）贴膜前清除底板粉尘或其他颗粒杂物，底板贴面平整，反光膜与底板粘贴压实牢固，减少拼接，拼接缝符合设计规范标准要求，控制反光膜设计单位面积中的气泡数量和面积。

4）运输过程中采取有效保护措施，禁止膜面刮花和底板脱胶。

5）施工安装位置合理规范，避免外部环境（车辆剐碰）造成对膜面刮损。

6）定期复测反光膜逆反射系数。

（3）材料措施

1）反光膜各种技术性能指标符合《道路交通反光膜》GB/T 18833 的要求，其中反射性能应符合规定的 IV 类及以上反光膜各入射角和观察角对应的逆反射系数要求，尤其是 1° 大观察角的逆反射系数检测必须合格。

2）反光膜必须具备产品合格证、质量检测报告，并经抽检检验合格。

5. 治理措施

（1）反光膜如有粉化、剥落、脱胶、分层等现象，影响标志全天候环境下识认性的，应清除全部板面旧反光膜，重新更换整个版面或更换整个标志。

（2）对于有明显的划痕、条纹、气泡、皱褶、颜色及逆反射不均匀等缺陷造成的标志识认性下降，或反光性能达不到规范标准要求的，应予更换。

6. 工程实例图片（图 3.3-7）

图 3.3-7　交通标志反光膜反光效果

3.3.3　通病名称：交通标线反光度低、开裂、脱落、起皮、起泡微孔

1. 通病现象

热熔型标线出现反光度低、开裂、脱落、起皮、起泡微孔和磨损严重（图 3.3-8 ~ 图 3.3-10）

图 3.3-8　标线反光度低

图 3.3-9　标线开裂

图 3.3-10　起皮、起泡微孔

2．规范标准相关规定

《城市道路交通标志和标线设置规范》GB 51038—2015

17.3.2　前期准备阶段的工作要求应符合下列规定：

2　了解气象气候状况，准备施工车辆机械设备；

3　应根据设计要求选定标线材料，确定施工交通组织方案。

17.3.3　现场施工和保护阶段的工作要求应符合下列规定：

1　施工前应仔细清洁施工范围内的路面，清洁干燥、无起灰现象；

2　在道路施工区域内，应设置相应的施工安全设施，不应在雨、雪、冰冻、沙尘暴、强风、气温低于规定温度的天气进行施工；

3　宜进行试划标线，标线新漆划或复划时应按设计或原有的颜色、形状、厚度、和位置等要求放样，反光标线玻璃珠应均匀撒布，标线表面不应出现折线、网状裂缝、起泡现象。

4　标线或底漆施划后，应放置锥型路标等护线物体，应待涂料干燥后才能撤走。

3．原因分析

（1）施工原因

1）反光度低：交通标线反光是通过热熔型涂料和撒布其上的玻璃珠来达到反光效果的。标线涂料在加热后流动性差，其表面层的玻璃珠粘结度不够，易被车轮磨掉；流动性过大，面撒玻璃珠下沉涂料底层，造成反光度低；玻璃珠本身质量问题，如成圆率低、透明度差、受潮等影响反光效果；划线车施工速度不匀，影响反光效果。

2）开裂、脱落、起皮：热熔标线涂层的脱落可以导致失去其标志功能，脱落严重的会失会标线诱导作用，对安全驾驶及道路美观带来严重影响。热熔涂料为热塑体，常温下为粉块状物质，加热到一定温度化为可流动的液体，冷却后呈刚性的涂层，本身容易在断裂处起皮脱落；涂料黏度过大或热裂解引起的涂料增稠而形成标线开裂；路面清扫不净、路面不干燥造成涂层与路面附着力差导致标线起皮脱落；路面凹凸不平，涂层必然薄厚不均，涂层薄处首先磨损，牵动其他部分开始脱落。

3）起泡微孔：微泡即气体和挥发性物质受热膨胀后穿透涂膜所形成的产物，起泡则是膨胀气体未穿过涂层而形成的泡状。原因主要是路面的凹部以及空隙中存在着小水珠，标线施工时高温作用下造成水珠受热膨胀现象；施工未等下涂层完全干燥就划标线，造成施工时在涂层下汽化膨胀，出现起泡微孔。

（2）材料原因：道路标线涂料和玻璃珠质量不符合规范要求。

4．预防措施

（1）施工措施

1）控制涂料及玻璃珠的材料品质、控制路面干燥清洁、控制底漆均匀到位、控制水线线形顺直及位置正确、控制划线机行走线形顺直、速度均匀和位置正确。

2）敷设标线的路面表面应清洁干燥，在水泥混凝土或旧沥青路面敷设标线时，需要预涂底油，水泥混凝土和沥青路面的下涂剂不能混用。

3）严格控制涂料加热温度，一般应控制在 180 ~ 230℃之间，防止涂料变色，要充分搅拌、混合和均匀。

4）标线施划后做好保护措施，凝固前不得碾压，开放交通前需修剔不合格标线。

5）定期复测反光膜逆反射系数。白色反光标线的逆反射系数低于 80mcd/（m^2·lx），黄色反光标线的逆反射系数低于 50mcd/（m^2·lx）时，应予重新施划。

（2）材料措施

道路标线涂料、玻璃珠符合《路面标线涂料》JT/T 280—2004《路面标线用玻璃珠》GB/T 24722—2009 要求，具备产品合格证、质量检测报告，并经抽检检验合格。

5. 治理措施

（1）发现刚施划的标线（涂层处于熔融状态）反光效果不良时，马上复撒玻璃珠。

（2）发现标线开裂、脱落、起皮、起泡微孔现象，需铲除后再重新施划。

6. 工程实例图片（图 3.3-11）

图 3.3-11　路面标线效果

3.3.4　通病名称：交通护栏松动、脱漆、生锈

1. 通病现象

交通护栏立柱、网片松动，脱漆和生锈严重（图 3.3-12、图 3.3-13）。

图 3.3-12　立柱、网片松动变形　　　　图 3.3-13　脱漆、生锈

2. 规范标准相关规定

（1）设计标准相关规定

1）钢材应符合国家标准《碳素结构钢》GB/T 700—2006 的要求。

2）焊接加工必须满足国家标准《钢结构焊接规范》GB 50661—2011 的技术要求。

3）立柱和护栏分别成型，立柱和护栏焊接需平整、满焊、焊缝不得有气孔、夹渣和未焊透等缺陷。焊口应打磨平整，表面不得有裂缝，成型均匀、圆滑，漆膜应平滑，不得有流挂或起泡现象。

4）护栏整体成型后，应除锈并作热镀锌防腐处理，立柱、横梁、栅栏的镀锌量为 600g/m²，螺栓、螺母、垫圈、紧固件的镀锌量为 350g/m²，热镀锌所用的锌应为《锌锭》GB/T 470—2008 中所规定的 0 号锌或 1 号锌。热镀锌处理后，表面烘喷白色面漆，面漆采用户外高光白 1 号色板。

5）护栏底座采用铸铁时，安装时立柱插入底座；底座与地面采用 M16×200mm 螺栓连接，若地面为混凝土路面时采用膨胀螺栓；若地面为沥青路面时先在路面打 20mm×200mm 孔，灌入合成树脂胶，安装底座及螺栓直接插入孔内粘结。护栏底座采用法兰板时，底座用 4 根螺栓 M16×150mm 固定在混凝土基础上，如人行道现有是混凝土结构且其厚度大于 25cm 的，可把立柱直接用螺栓固定在混凝土上，安装立柱时要控制好两立柱间的距离，保证护栏片的正确安装。如需安装在车行道上，沥青路面或路侧石，需加设混凝土基础；车行道为混凝土结构，且其厚度大于 25cm 的，可把立柱直接用螺栓固定在混凝土上，否则需加设混凝土基础。

6）护栏末端立柱只设单边连接板。护栏基础开挖施工后，基础保护层应按人行道面相同结构、样式恢复。

（2）施工规范标准相关规定

《城镇道路工程施工与质量验收规范》CJJ 1—2008

16.7.4 立柱基础混凝土达到设计强度 75% 后，方可安装隔离栅板、隔离网片。隔离栅板、隔离网片应与立柱连接牢固，框架、网面平整，无明显凹凸现象。

16.8.1 护栏应由有资质的工厂加工。护栏的材质、规格形式及防腐处理应符合设计要求。加工表面不得有剥落、气泡、裂纹、疤痕、擦伤等缺陷。

16.8.2 护栏立柱应埋置于坚实的基础内，埋设位置应准确，深度应符合设计规定。

16.8.3 护栏的栏板、波形梁应与道路竖曲线相协调。

3. 原因分析

（1）设计原因

网片、立柱及紧固构件没有进行喷白色面漆防腐处理措施设计。立柱基础设计深度不够，底座缺少加固措施设计。

（2）施工原因

1）施工人员施工技术经验不足，对设计规范、施工图纸和施工质量标准不熟悉、不了解，技术交底不够详细。

2）护栏运输过程中没有做好有效保护，碰撞导致护栏变形、刮漆。

3）施工时没有提前做好测量放线，基础深度不够，混凝土强度不够，连接部位没有拧紧。

4）施工过程技术人员没有执行施工组织设计质量保证措施，对出现质量问题的护栏强硬安装施工，对已安装的护栏用铁工具进行调直。

（3）材料原因

1）护栏钢材材质和力学性能不符合设计规范要求。

2）护栏网片和立柱没有经过除锈、镀锌、喷漆处理。

4．预防措施

（1）设计措施

对网片、立柱及紧固构件进行除锈、镀锌、喷漆系列处理措施设计。对特殊路面基层进行针对性加固措施设计。

（2）施工措施

1）施工人员技术经验丰富，技术交底到位。

2）组织图纸护栏位置勘察，了解基层情况。

3）运输过程中做好护栏成品保护措施，采用塑料膜包装，防止过程碰撞发生变形及刮漆。

4）施工时提前做好测量放线准备工作；开挖过程确保基坑深度符合设计规范标准要求，对坑底进行夯实处理；混凝土浇筑应振捣密实，强度达到设计的 75% 方可安装；各部位紧固连接，不能松动，必要部位（如基础法兰板与螺栓连接）需进行点焊防盗处理；用木条工具进行调直。

5）强化施工质量验收标准责任意识，严格执行施工组织设计质量保证措施，施工时严格执行护栏安装技术标准要求，禁止质量问题护栏进入施工现场。

（3）材料措施

1）护栏加工用的钢材符合国家标准规范要求，具备产品合格证、质量检测报告，并经抽检检验合格。

2）护栏热镀锌所用的锌和表面烘喷白色面漆符合设计规范标准要求。

5．治理措施

（1）对变形损坏较严重、存在安全隐患的护栏进行更换。

（2）对松动的部位拧紧处理，更换生锈的螺栓和螺母，对护栏网片和立柱现场打磨清理、喷漆翻新处理。

6. 工程实例图片（图3.3-14、图3.3-15）

图 3.3-14　钢结构栏杆安装

图 3.3-15　施工效果

3.3.5　通病名称：限高架破损

1. 通病现象

限高架损坏、歪斜、生锈、脱漆等（图3.3-16）。

2. 规范标准相关规定

（1）《公路交通安全设施设计规范》JTG D81—2017

图 3.3-16　限高架损坏

12.4.1　公路限高架设计应遵循下列原则：

1　公路上跨桥梁或隧道内净空高度小于4.5m时可设置防撞限高架，上跨桥梁或隧道内净空高度小于2.5m时宜设置防撞限高架。在进入上述路段的路线交叉入口处适当位置，宜同时设置限高要求相同的警示限高架。

2　根据交通运营管理的规定，需要限制通行车辆的高度时，可设置防撞或警示限高架。

3　限高架应与限高标志配合使用，限高架下缘距离路面高度不得小于限高标志限定的高度值。根据需要，可配置车辆超高监测预警系统。

4　限高架可根据需要设计为高度可调节的结构。

12.4.2　警示限高架与上跨桥梁或隧道的距离应满足驾驶人反应距离与制动距离需求，防撞限高架与上跨桥梁或隧道的距离应满足车辆碰撞后运行速度的制动距离需求。

（2）《城市桥梁养护技术标准》CJJ 99—2017

10.11.1　桥梁的防护网、隔离带、遮光板、限高门架、绿化夜间航空障碍灯、航道灯、照明设施、防雷装置、自动扶梯、垂直电梯等设施应完整、牢固、美观、有效。

10.11.4　限高门架应稳固，并应定期进行检查维护。对松动或被车冲撞的，应立即维修。反光警示标志应及时清洗，油漆褪色、掉漆应及时翻新。

3. 原因分析

（1）设计原因

1）限高架基础强度不足；

2）警示标识不够清晰。

（2）施工原因

1）限高架基础未按设计图纸施工，导致受力不良，稳定性差。

2）限高架安装或焊接不牢固，导致撞击脱落。

4. 预防措施

（1）设计措施

1）应验算防撞架抗倾覆能力；

2）警示标识应明显。

（2）施工措施

1）限高架基础按设计图纸施工，并做好混凝土养护工作。

2）安装时认真细致，焊接或螺栓锚固符合规范要求。

5. 治理措施

（1）日常养护

除锈：采用专用的除锈设备，经除锈后的钢材表面，用毛刷的工具清扫干净，才能进行下一道工序，除锈合格后的钢材表面，如在涂底漆前已返锈，需重新除锈。

油漆：钢材除锈经检查合格后，在表面涂完第一道底漆，油漆应按设计要求配套使用，第一遍底漆干燥后，再进行中间漆和面漆的涂刷，保证涂层厚度达到设计要求。油漆在涂刷过程中应均匀，不流坠。

限高牌：应定期清洗，损坏后及时更换。

（2）维修或更换

当限高架应车辆或其他事故导致限高架损坏、变形，失去施工功能，则需重新更换。

6. 工程实例图片（图 3.3-17）

图 3.3-17　修复后的限高架

参考文献

[1] 金荣庄，尹相忠.市政工程质量通病及防治 [M].北京：中国建筑工业出版社，2007.

[2] 聂策明，安关峰，董松.建筑工程质量通病防治手册（市政部分）[M].北京：中国建筑工业出版社，2013.

[3] 湖南大学，湖南省交通规划勘察设计院，广东省公路勘察规划设计院股份有限公司，等.二次张拉低回缩钢绞线竖向预应力短索锚固体系设计、施工与验收技术指南 [M].北京：人民交通出版社，2011.

[4] 广州市城乡建设委员会.井盖设施建设技术规范：DBJ 440100/T 160—2013[S].

[5] 全国交通工程设施（公路）标准化技术委员会.道路交通标志板及支撑件：GB 23827—2009[S].北京：中国标准出版社，2009.

[6] 全国交通工程设施（公路）标准化技术委员会.道路交通反光膜：GB/T 18833—2012[S].北京：中国标准出版社，2013.

[7] 全国交通工程设施（公路）标准化技术委员会.路面标线涂料：JT/T 280—2004[S].北京：人民交通出版社，2005.

[8] 全国交通工程设施（公路）标准化技术委员会.路面标线用玻璃珠：GB/T 24722—2009[S].北京：中国标准出版社，2010.

[9] 全国铸造标准化技术委员会.墨铸铁件：GB/T 1348—2009[S].北京：中国标准出版社，2009.

[10] 中国钢铁工业协会.碳素结构钢·GB/T 700—2006[S].北京：中国标准出版社，2007

[11] 中国钢铁工业协会.斜拉桥钢绞线拉索技术条件：GB/T 30826—2014[S].北京：中国标准出版社，2015.

[12] 中国建筑科学研究院.预应力混凝土用金属波纹管：JG 225—2007[S].北京：中国标准出版社，2007.

[13] 中国铁路总公司.铁路钢桥制造规范：Q/CR 9211—2015[S].北京：中国铁道出版社，2015.

[14] 中国有色金属工业协会.锌锭：GB/T 470—2008[S].北京：中国标准出版社，2008.

[15] 中华人民共和国建设部.钢结构工程施工质量验收规范：GB 50205—2001[S].北京：中国计划出版社，2002.

[16] 中华人民共和国建设部.混凝土用水标准：JGJ 63—2006[S].北京：中国建筑工业出版社，2006.

[17] 中华人民共和国建设部.沥青路面施工及验收规范：GB 50092—96[S].北京：中国计划出版社，1997.

[18] 中华人民共和国交通部 . 公路桥涵地基与基础设计规范：JTG D63—2007[S]. 北京：人民
     交通出版社，2007.

[19] 中华人民共和国交通运输部 . 公路钢筋混凝土及预应力混凝土桥涵设计规范：JTG 3362—
     2018[S]. 北京：人民交通出版社，2018.

[20] 中华人民共和国交通运输部 . 公路工程质量检验评定标准 第一册 土建工程：JTG F80/1—
     2017[S]. 北京：人民交通出版社，2018.

[21] 中华人民共和国交通运输部 . 公路交通安全设施设计规范：JTG D81—2017[S]. 北京：
     人民交通出版社，2018.

[22] 中华人民共和国交通运输部 . 公路桥涵施工技术规范：JTG/T F50—2011[S]. 北京：人民
     交通出版社，2011.

[23] 中华人民共和国交通运输部 . 公路桥梁钢结构防腐涂装技术条件：JT/T 722—2008[S].
     北京：中国标准出版社，2008

[24] 中华人民共和国交通运输部 . 公路桥梁伸缩装置通用技术条件：JT/T 327—2016[S].
     北京：人民交通出版社，2017.

[25] 中华人民共和国交通运输部 . 路斜拉桥设计细则：JTG/T D65—01—2007[S]. 北京：人民
     交通出版社，2007.

[26] 中华人民共和国交通运输部 . 斜拉桥用热挤聚乙烯高强钢丝拉索：GB/T 18365—2018[S].
     北京：中国标准出版社，2018.

[27] 中华人民共和国铁道部 . 铁路钢桥保护涂装及涂料供货技术条件：TB/T 1527—2011[S].
     北京：中国铁道出版社，2012.

[28] 中华人民共和国住房和城乡建设部 . 钢筋机械连接技术规程：JGJ 107—2016[S]. 北京：
     中国建筑工业出版社，2016.

[29] 中华人民共和国住房和城乡建设部 . 城市道路工程设计规范：CJJ 37—2012（2016 年版）
     [S]. 北京：中国建筑工业出版社，2016.

[30] 中华人民共和国住房和城乡建设部 . 城市道路交通标志和标线设置规范：GB 51038—
     2015[S]. 北京：中国计划出版社，2015.

[31] 中华人民共和国住房和城乡建设部 . 城市桥梁工程施工与质量验收规范：CJJ 2—2008[S].
     北京：中国建筑工业出版社，2009.

[32] 中华人民共和国住房和城乡建设部 . 城市桥梁结构加固技术规程：CJJ/T 239—2016[S].
     北京：中国建筑工业出版社，2017.

[33] 中华人民共和国住房和城乡建设部 . 城市桥梁设计规范：CJJ 11—2011[S]. 北京：中国
     建筑工业出版社，2012.

[34] 中华人民共和国住房和城乡建设部 . 城市桥梁养护技术标准：CJJ 99—2017[S]. 北京：
     中国建筑工业出版社，2018.

[35] 中华人民共和国住房和城乡建设部 . 城镇道路工程施工与质量验收规范：CJJ 1—2008[S].
     北京：中国建筑工业出版社，2008.

[36] 中华人民共和国住房和城乡建设部 . 城镇道路路面设计规范：CJJ 169—2012[S]. 北京：
     中国建筑工业出版社，2012.

[37] 中华人民共和国住房和城乡建设部 . 城镇道路养护技术规范：CJJ 36—2016[S]. 北京：中国建筑工业出版社，2017.

[38] 中华人民共和国住房和城乡建设部 . 钢管混凝土拱桥技术规范：GB 50923—2013[S]. 北京：中国计划出版社，2014.

[39] 中华人民共和国住房和城乡建设部 . 钢结构高强度螺栓连接技术规程：JGJ 82—2011[S]. 北京：中国建筑工业出版社，2011.

[40] 中华人民共和国住房和城乡建设部 . 钢结构焊接规范：GB 50661—2011[S]. 北京：中国建筑工业出版社，2012.

[41] 中华人民共和国住房和城乡建设部 . 钢结构设计标准：GB 50017—2017[S]. 北京：中国建筑工业出版社，2018.

[42] 中华人民共和国住房和城乡建设部 . 钢筋焊接及验收规程：JGJ 18—2012[S]. 北京：中国建筑工业出版社，2012.

[43] 中华人民共和国住房和城乡建设部 . 混凝土结构工程施工规范：GB 50666—2011[S]. 北京：中国建筑工业出版社，2012.

[44] 中华人民共和国住房和城乡建设部 . 混凝土结构工程施工质量验收规范：GB 50204—2015[S]. 北京：中国建筑工业出版社，2015.

[45] 中华人民共和国住房和城乡建设部 . 混凝土结构设计规范：GB 50010—2010（2015 年版）[S]. 北京：中国建筑工业出版社，2011.

[46] 中华人民共和国住房和城乡建设部 . 混凝土裂缝修补灌浆材料技术条件：JG/T 333—2011[S]. 北京：中国标准出版社，2012.

[47] 中华人民共和国住房和城乡建设部 . 建筑基桩检测技术规范：JGJ 106—2014[S]. 北京：中国建筑工业出版社，2014.

[48] 中华人民共和国住房和城乡建设部 . 清水混凝土应用技术规程：JGJ 169—2009[S]. 北京：中国建筑工业出版社，2009.

[49] 中华人民共和国住房和城乡建设部标准定额研究所 . 桥梁缆索用高密度聚乙烯护套料：CJT 297—2016[S]. 北京：中国标准出版社，2017.

[50] 中交公路规划设计院 . 公路桥梁板式橡胶支座：JT/T 4—2004[S]. 北京：人民交通出版社，2004.

[51] 中交公路规划设计院 . 公路桥梁盆式支座：JT/T 391—2009[S]. 北京：人民交通出版社，2009.